李陶红 著

三步之外是田野

知识产权出版社
全国百佳图书出版单位
—北京—

图书在版编目（CIP）数据

三步之外是田野 / 李陶红著. —北京：知识产权出版社，2020.10
ISBN 978-7-5130-7083-6

Ⅰ. ①三… Ⅱ. ①李… Ⅲ. ①社会人类学 Ⅳ. ①C912.4

中国版本图书馆CIP数据核字（2020）第135354号

责任编辑：李学军	责任校对：潘凤越
封面设计：刘 伟	责任印制：刘译文

三步之外是田野

李陶红　著

出版发行：知识产权出版社 有限责任公司	网　　址：http：//www.ipph.cn
社　　址：北京市海淀区气象路50号院	邮　　编：100081
责编电话：010-82000860转8559	责编邮箱：752606025@qq.com
发行电话：010-82000860转8101/8102	发行传真：010-82000893/82005070/82000270
印　　刷：北京九州迅驰传媒文化有限公司	经　　销：各大网上书店、新华书店及相关专业书店
开　　本：880mm×1230mm　1/32	印　　张：13
版　　次：2020年10月第1版	印　　次：2020年10月第1次印刷
字　　数：280千字	定　　价：78.00元
ISBN 978-7-5130-7083-6	

出版权专有　侵权必究
如有印装质量问题，本社负责调换。

自　序

自民族学人类学家从扶摇椅上走出来，开始迈向研究对象的具体生活空间以获取第一手资料的时候起，民族学人类学田野的序幕正式开启。这一田野以马林诺夫斯基在特罗布里恩群岛的调查为开端，其民族志《西太平洋上的航海者》被列为第一本真正意义上的田野民族志，马林诺夫斯基也因此被列为田野工作的第一人。自此民族学人类学的研究都没有离开过田野，田野成为民族学人类学学人的成年礼，成为学科必备的气质。

民族学人类学的田野在历史的发展过程中有一个重要的转向，即从"他者"到"我者"的研究。从西方社会而言，田野从作为"他者"的非西方社会的研究回归到作为"我者"的西方社会的研究；就中国而言，田野从作为"他者"的各个少数民族的研究回归到作为"我者"的汉民族的研究，或者从作为"他者"文化的研究回到"我者"文化的"家乡人类学"研究。通过这样的一种转向，民族学人类学田野的内涵得到了丰富。

同时，随着"个体化"的趋向，作为"我"的意识愈发凸显，"我者"与"他者"的伸缩性变强，"我者"与"他者"既可以是不同文明、不同文化、不同族别、不同社会背景的分野，也可以是作为个体的"我"与其他个体的分野。这样来看，民族学人类学的研究既可以恢宏的文明背景为关照，也可以小我的个体为关照，议题既可以是全球化、社会结构、国民性、跨国、流动、政治经济体系等较为宏大的议题，也可以是个体化、情感、身体、感觉、日常生活等较为细致入微的议题。

在我从事民族学人类学的学习与研究过程中，我的田野既有"我者"也有"他者"，我时时在"他者"的观看中来反思"我者"——"我者"的文化与作为个体的"我"。在实际的田野中，我会有"我者"与"他者"的混融之感，有时甚至感觉"我者"与"他者"的区分亦无必要。其实在全球流动气质、文化共联共享的时代背景下，对严格意义的"我者"与"他者"的区分也往往不是那么容易。我们回到民族学人类学开启田野的初衷，通过"他者"照见"我者"、反观"我者"才是田野的初衷。那么"如何看到'我者'"才是田野应该去努力追问的问题，而非纠结于"我者"与"他者"的分野。

在追问"如何看到'我者'"的议题中，我愈发意识到周遭一切均可以作为"我者"的镜像，我们通过各类"我者"的镜像来读懂"我者",读懂自我的镜像也就是更为广阔的田野的面向,既有背起行囊到达与我产生较大空间距离、有足够"文化震撼"的民族学人类学所谓的传统田野,也有对自己周边文化亲缘度较高的田野的把握,亦有对自己文化、自己家乡做"家乡人类学"的观察与体悟。甚至平时阅读一本书、看一部电影,也一样可以照见自我、反观自我。这不禁让我惊叹,古典进化一脉的学者不也正是通过文献阅读来把握田野的吗?因文献本身也正是镜像之一种。

那么从民族学人类学发展历程来看,学科一直在为照见"我者"而不断努力,只是用于照见"我者"的镜像不一样罢了。在我个人的学科体验与理解中,我实践的是在一种更为广义的田野中学习与思考学科,反观自我。一次传统的田野、一次返乡、一次短途的出行、一本书、一部电影、一个置于日常生活的片段,我将这些理解为我广义的田野范畴,因为,它们构成一个个镜像,一个个作为"他者"或者是"他者"与"我者"杂糅的田野,给予我民族学人类学学习与思考的平台。这样来看,田野无处不在,背起行囊置身异地与以我为中心的日常生活都是我的田野,在各类的田野里,都有我的学科理解与思考。

正如书的题目"三步之外是田野",正好可以表达我对个人学科体验之下的田野认知,田野无处不在,田野不仅来自有时空隔离的异文化,也来自脚踏实地的我的日常生活。田野是可以照

三步之外是田野

见自我的镜像,它触手可及,即在"三步之外"。"三步之外是田野"的灵感来自简内大哥,看到简内大哥在朋友圈分享了原创的诗句杯,其中一款诗句杯正好用了出自简内大哥小说《三步之外是春天》的题目。简内大哥如此解释"春天触手可及,但你发现无论如何你都触不到,又抑或是你已经习惯在寒冬里,不愿意面对这三步之遥的春天"。当我为我的这本学术随笔选择题目的时候,非常自然地想到简内大哥的"三步之外是春天",作为四季的自然更替,不管我们愿不愿意接受与感受,春天都在那里。这正如民族学人类学的田野,田野一直都在,关键是我们如何来理解田野。"三步"的距离,往往作为人为设立的空间屏障,距离貌似很短,人们因为屏障之故却不愿意跨越,而殊不知,轻松的三步之外就是田野。学科已经浸润了我的日常生活,在严格意义的田野、在日常的生活中、在平时的读书作文中。三步之外的田野,给了我很大的呈现自我与学科关系的空间。

在多年的学习与研究过程中,我对田野有了新的认识。田野从远离我的生活作为异域的田野,到离我越来越近,所谓"无处不田野"。学科不断在形塑着我,形塑着我的日常生活,形塑着我对周遭事物的观念认知。我往往会不自觉地在日常生活中植入我的学科思考与想象,时而严肃时而活泼,平添着学科的趣味。这样,我难以将生活与学术作一个明确的区分,田野也就变成了"扩大的田野"。不管是民族学人类学真正意义的田野,或是置于日常生活的所思所想，或是静坐在书房与智者的交流，都是我田野的一部分，是我与"我者"、我与"他者"之间的对话。所谓田野，就是通过他者或通过镜中的另外一个自我，实现对自我认知的方式。

这又让我不禁想起在和高瑜老师一起做田野的时候，她创作的"看山看水看风景，边走边玩做田野"，横批为"人间最美"的对联，这副对联也在一定层面诠释了我所理解的田野的内涵。田野，即在"三步之外"，是与我们个体的体验与成长紧密联系在一起的。对田野不做过于刻意的时空划分与抽离，这也应该就是"日常生活的人类学"的用意了，也应该正是民族学人类学最能"照见自我"的学科的表达。

在学术随笔具体篇章的安排上，我以"风花雪月""乡土味道""从心之旅""雨天书斋"四个篇章来呈现。"风花雪月"专门呈现我工作以来的三年与大理的际遇，大理作为我的生活工作之地给了我诸多的学科思考；"乡土味道"专门书写我来自乡村的田野调查与所思所感，"乡村"作为我儿时生活的底色呈现有一定"家乡人类学"的味道；"从心之旅"专门表达置于日常生活中我的所思所想，学术与生活在此交融碰撞；"雨天书斋"专门展现我与书籍的交流与学习，有一种古典进化学派"另类"田野的复归。

此书，也想起到行为世范的作用，身为人师三年来，经常会生发出一种危机感。作为科研型教师的身份，需要随时紧跟学术前沿，需要随时更新知识，然后将自己学习领悟到的东西反哺给学生，同时增进自己的科研能力。这个过程是自己与时间赛跑的过程，在这样一种高压的环境下，写作成为我汲取知识，较为迅速转化为自己知识体系的方式。

论文发表、课题申请、著书立说，这些都是一个科研工作者的本分。除却这些，我平时会写一写学术随笔，用文字的形式记录我的田野，记录我的学习心得。我喜欢这些文字，于我来说，这些是不被浪费的文字。比之发表的论文，学术随笔充满了温度，随笔的书写比较自由，对于十足情感派的我，这样的表达再适合不过了，自由的笔尖流淌着我对生活、工作、专业的所思所感。这些所思所想来自田野、来自书本、来自生活，学术的生活化与生活的学术化，已然不需要区分。因此，这本学术随笔得以产生，算是自己这几年专业学习过程中的一些所得，虽然是副产品，但也重要。

此学术随笔的出版，也算了却了我一桩小小的心愿，一直梦想有属于自己的一本小集子，任何人都能看得懂的文字，文字里刻写着我走过的路、读过的书，亦成全我始自大学的文学梦。大学时就读于汉语言文学专业，瞻仰大师的文字风采，而苦于自己文字贫乏，质疑自己没有书写的天赋与驾驭能力。但不想其后自己一直坚持的民族学人类学需要写作的东西比文学要多很多，研究综述、调查报告、学术论文等，不知不觉中，在既有的学术研究中我找到了当初放弃的文学梦，于是感叹原来梦一直都在。

自 序

有朋友建议我可以将手头写的随笔结集出版,我开始是拒绝的,想着这些文字是没有火候的,包裹起来自娱自乐就好了。但朋友的提醒也点醒了我,这样一本集子的出版,是给自己既有学术历程的一份交代,无论如何,它既是终点,又是起点,最为重要的是,我一直在路上。

李陶红

2019年11月17日于大理大学苍洱小筑

目录 / Contents

第一篇 风花雪月

日子里的"妙香佛国"……………………………………… 3
此处有神出没……………………………………………… 8
风云际会之大理…………………………………………… 13
白族村落对联……………………………………………… 16
白族院落与精致生活……………………………………… 23
村落不谈钱不谈时间……………………………………… 27
剪纸刺绣里的地方审美…………………………………… 32
老宅的过往………………………………………………… 36
民间仪式的掌管…………………………………………… 41
热闹的本主庙……………………………………………… 47
英雄记忆与历史感觉……………………………………… 51
葬礼中的文化孤岛………………………………………… 55
地方节日与社区营建……………………………………… 59
作为艺术的田野…………………………………………… 66
宗教与日常生活…………………………………………… 69
大学商贸空间……………………………………………… 75

祖先的庇护 ………………………………………………………… 79
大理社会的研究视角 ……………………………………………… 88

第二篇 乡土味道

彝族葬礼互助与生命体验 ………………………………………… 95
乡村的"富有"生活 ……………………………………………… 102
"我"的家园"他"的路 ………………………………………… 108
一个老缅和一个和尚 …………………………………………… 111
重访禄村与易村 ………………………………………………… 115
从"二月八"到自然节律 ……………………………………… 122
故乡的"插花节" ……………………………………………… 126
侗寨求雨仪式的世俗化 ………………………………………… 143
彝语"[mo^{55}]"中的女性地位 …………………………… 150
蛙图案中的壮族文化 …………………………………………… 156
壮寨坡芽村的人居环境 ………………………………………… 166
石羊古镇红色文化 ……………………………………………… 178
无荞不成席 ……………………………………………………… 202

第三篇 从心之旅

外婆小屋 ………………………………………………………… 215
做个园艺的梦 …………………………………………………… 221
杭州印象 ………………………………………………………… 224

此景成追忆 ……………………………………………… 227
给家乡孩子的话 ………………………………………… 233
家乡的李一平教育基金会 ……………………………… 249
一本书一种精神 ………………………………………… 254
爱恨交织的诗和远方 …………………………………… 257
被考与监考 ……………………………………………… 261
不做太久的独居者 ……………………………………… 267
永远的孩子 ……………………………………………… 272
传统书店何去何从 ……………………………………… 276
爱的能力 ………………………………………………… 280
亲情与婚姻的德育 ……………………………………… 283
性别的圈套 ……………………………………………… 288
未来的婚姻 ……………………………………………… 293
食物的语言 ……………………………………………… 297
食物的旅行 ……………………………………………… 302

第四篇 雨天书斋

人类学的现实关怀 ……………………………………… 311
部落的社会结构 ………………………………………… 318
经济与宗教的博弈 ……………………………………… 324
微信时代的民族志书写 ………………………………… 329
抚育的社会功能 ………………………………………… 334

云南的性别研究……………………………………… 340

爱情的修为…………………………………………… 344

精英教育的陷阱……………………………………… 350

乡土作家的乡土情怀………………………………… 354

一本雨天的书………………………………………… 359

吃与不吃的文化选择………………………………… 378

糖的社会生命史……………………………………… 384

云南的土地与人民…………………………………… 388

重新审视山地与文明………………………………… 393

后　记………………………………………… 401

第一篇

风花雪月

风花雪月是属于大理的,不知不觉间,我已经在大理生活了三年,在脚踏实地感受大理气息与温度的过程中,产生了一些与大理碰撞出来的文字。大理"苍山不墨千秋画,洱海无弦万古琴"的曼妙山水,遍布当地坝子与山地间的历史人文,都成为大理风花雪月的最好诠释。

日子里的"妙香佛国"

每次往返于下关和大理之间,总是被观音塘一带的佛教建筑群吸引。由琉璃瓦覆盖的主体建筑,山门外耸立的佛塔,在苍山的映衬下显得庄严、静谧。在雨天,在有雾的清晨,在有白云陪衬的日子,亦更增神秘。观音塘,既是这个周边区域的地域名,人们会说"我家住在观音塘",同时也是这一宗教建筑群落的名字,也不知是先有村,还是先有庙宇,细读了庙宇里的碑文之后才得知,观音塘这一名字连同村落和庙宇,都是厚重的历史沉积物。

现在的观音塘,承载着民众自发组织的民俗活动,农历六月十九日的观音会即是一例。在大理的白族地区,几乎每个村落都有自发组织的莲池会,莲池会由上了一定年纪的女性构成,莲池会成员定期在村落的本主庙内举行念经拜佛等佛事。而观音塘的观音会是大理地域内各个村落莲池会的连接点。根据目测,仅会期当日的中午12点,整个观音塘内布满了各个或大或小来自周边的莲池会,估计30余个。若再算上已经举行好仪式的和正在路途中的，数量就更为可观了。听观音塘的居士介绍，其实观音会的仪式从前一天就开始了，很多莲池会提前一天就住在观音塘周围，参加当晚的放生仪式，接着就是当天的念经活动。

观音会中莲池会的念经活动

传统的庙会，常有以庙促市的功能。随着都市化进程中人们居住范围的集中和交通的通达，传统的定期集市受到挤压，或萧条或沉寂。但观音塘的集市算得一个特例，在历史的潮流中逆行却也独显魅力。要想最真实地了解一个地方普通民众的生活水平和喜好，菜市场和定期集市是好去处，一个地方民众的生活就活现在此。

在观音会的集市上，多是日常的生活必需品，5元1件的厨房用品、5元1块的毛巾、10元4双的袜子、10元3条的内裤，东西能有多便宜就有多便宜，这样的价格似乎也成为过日子的老百姓所接受的市场价格。几个妇女在内裤的摊前欢喜地挑着内裤，尽管卖内裤的是一男子，递去10块钱便可拿走内裤。不提供袋子，身边也没可装的袋子，妇女们索性将内裤捏在手里，一切都是那么自然。我想10元3条的内裤就是老百姓的日子，满满的都是实惠。

各种小吃摊前，人气很足。一家老字号的豌豆粉店，老板利索地根据食客的要求搭配佐料，三五成群的人们围坐在临时搭建的桌子前，来一份生猛生皮，配个豌豆粉，或是白米饭，就可以吃得酣畅淋漓。和我一桌的是三位阿奶，一位阿奶拿出自带的水烟筒吸起来，一盘生皮上桌，阿奶连忙叫住老板"再来盘生皮"，待第二盘生皮端上来，阿奶皱了皱眉和老板说道，"怎么你家的生皮量越来越少了"。老板听罢，就又利索地端来盘，直往她们的盘子里添。这一添，可是有了多重意义，既是店家对食客的妥协，也是店家给常光顾此店的老顾客的特别优待。三位阿奶的午饭就是两盘辣得够味的生皮，三碗豌豆粉，裹挟着酸、辣的劲道味道，这一味道里重拾了多年来对此店的味觉记忆，也重现了多年以前正当风华的姑娘们的味觉喜好。

集市尽头，就是观音塘建筑群，观音塘成为很具包容性的场所，山门两侧有很多排列开来的乞讨人士，过往的人群一元两元给他们，给的或多或少，都是心意。在观音塘这一场域内，会聚的多是有宗教信仰的人士，他们投注给乞丐的关注也多些。是因为信仰所以慈悲，还是信仰与慈悲本就与生俱来？观音塘内也有众多人群，但有序而不杂乱。聚拢来的人们主要是从各地赶来的莲池会阿奶，还有其他善男信女。他们统一组织，抑或统一着装，抑或穿当地的白族服饰，精致之余又落落大方。他们带上准备好用于祭祀的贡品和其他祭物，或站或坐，念着经，敲着木鱼，手中的法器也精心修饰，点缀些花花草草类的饰品，显得独一无二。集体念诵经文的时长约半天，累了就稍事休息，喝点水，再接着念诵，他们的脸上没有倦意，只有虔诚。很多莲池会都准备有集体的饭食，一锅煮好的米饭，一些米线和豌豆粉，用酸醋辣椒类一搅拌，配些一起吃时的笑意，不失为美味佳肴，连我这局外人都忍不住想去蹭一碗。我连忙捕捉下他们念经祈福的场面，敬献给佛的精致贡品，有节奏的木鱼与念唱的声音，吃着简单饭食的满足笑容。

观音塘，流传着观音幻化负石阻兵的传说，在214国道上，能看到一块显眼的石头上写有"负石阻兵"的字样。1961年，郭沫若在大理的诗作中有云"老母负巨石，曾阻敌兵侵。此必农家女，断非观世音"。郭沫若看到的是观世音形象的地方化，观世音被塑造为一位典型的白族阿奶形象。山门处的老妇负石阻兵的塑像，观世音就幻化为当地的白族阿奶。观音塘内的观音阁，供奉的就是观音老母，相传此处即是观音负石阻兵处。观音阁用大理石建成，直接建于一巨石之上。各个信客和民众手持香火，一进观音塘,都要来此虔诚一拜,这一拜,连接了传说、信仰与祈愿。缭绕的烟火、念诵的经文、有节奏的木鱼声,这就是大理老百姓日子里的妙香佛国。

观音塘"负石阻兵"的雕像

此处有神出没

不来将军洞，就不算了解大理文化。

许烺光先生的《祖荫下》，分析了白族是一个活在祖先庇荫下的民族，且祖先不止是逝去的和自己有亲缘关系的祖先，还是"扩大的祖先"。在白族的信仰体系里，诸神被包罗进白族的信仰体系中，白族的信仰，成为了解白族绕不开的主题。

当地的朋友告诉我，来大理有空可以去去将军洞。"将军"，即唐代天宝年间太和城之战阵亡的李宓将军，他阵亡后，当地人奉他为本境的本主，关于供奉原是自己"敌人"的李宓将军，当地有"白族民众宽容，愿与唐朝共好"的理解。在云南其他地方也留有有关李宓的历史传说，这些传说也昭示李宓与云南的历史联系。李宓将军的余威在于，在1000多年后的今天，大理民众仍将其奉为地方神祇。现在的将军洞，常年香火旺盛，平日自不必说，每逢农历大年三十会有大规模的民众来此祈求清吉平安，除此之外，每年的中秋节，民众也会会聚于此为李宓将军庆贺诞辰。

将军洞处于苍山的斜阳峰山麓，有公交车直达。公交车上，有拎着瓶瓶罐罐去将军洞取山泉水的，也有拿着香纸到将军洞祈求平安的，这也就无怪乎这处于城市边缘的地方，也要有公交车直达了。

此次将军洞的出行，天下着小雨。到了将军洞，场景超出了我的预期。停车场早已停满了车，管理车位的工作人员忙于张罗大家如何停车，以腾出有限的地方给后来的车辆。

将军洞比较凸显的是自然景观，其背靠苍山，享有"斜阳胜境"的美誉，我总结为"水好，景好，人气足"。将军洞不缺水，且水是从苍山上直接流淌下来的，既有飞瀑，也有淙流。在将军洞附近的灵瑞庵，有泉水流出名为"观音钵泉"，当地民众对将军洞泉水有一如既往的执着，总要定期带上瓶瓶罐罐来取水，用将军洞的泉水泡茶做饭，认为此处出的山泉是最好的，我想下次再来，也要记得带上瓶瓶罐罐。

将军洞为占地面积颇具规模的建筑群，周边还有"古龙祠""灵瑞庵"，搭配上苍山的绿，院落里已生长 400 余年的大青树，山门处"唐李公庙"的匾额，足以显示将军洞的气度。

最主要的是，将军洞聚齐了人气。一早 10 点左右，将军洞就满是前来许愿和还愿的民众。人们大多举家前来，甚至还有几家亲朋好友一起邀约聚集而来的。将军洞专门设有做饭功能的建筑，都挤满了人，人们来时带上献祭的生食——猪肉、活鸡、鱼肉、米、水果等，先献祭给李宓将军，然后做熟，将熟食再献祭一次，最后大家聚餐，共享带有祝福意义的食物。

除了可以自带食物献祭之外，将军洞还有承包"宴席"的方式，即一家人在此以500元的价格承包一桌宴席，这样人们就不用从家里自带食物，直接用宴席的食物去献祭就好。做厨的阿姨告诉我，今天一天会有70余桌的宴席预定。目测了一下停车场停留的车多为当地牌照，也有少量为昆明及其他地方牌照。大概可以判断前来求清吉平安的人群多为当地人，也不乏外地人。沿途正好也遇到一位北方口音的大哥从昆明赶来还愿。

将军洞的院落里，几位老先生忙着帮人们写表，系着围裙的男人和女人们张罗着吃食。一家家老小、一对对夫妻带上纸烛，瞅准李宓将军神位前有了空位就立马迎上去，虔诚地磕头许愿，旁边主持仪式的阿奶嘴里念念有词："祝娃娃学习好，考好学校，考上大学考博士。"这一信仰空间是跨越年龄、跨越性别的，可以看到小孩子们也由大人带领来个正儿八经的磕头；穿着时髦的女子，也不会吝啬她那一跪；一位具有都市白领气质的大叔，也抱着猪头来到庙里献祭。

将军洞所见，给我的触动挺大。其后在周边转悠的时候，也发现各类的庙宇、文庙、土主庙、三清殿等。一旁是现代性标志的高楼林立，一旁是传统标志的宗教建筑，我们不能简单说传统被取代，"进村找庙"，在此处也是可行的。在将军洞，我看到更多的是传统的安然无恙。当地人的观念，也从对神的那一拜中显现出来。所以，来了将军洞，就感知了当地人的"有神"观念，"有神"观念又深深融入他们的日常生活中。

支撑一个城市较为稳固的精神气质的应该就是文化了，文化是成为城市特色必须谈及的对象。在全球化时代，城市经济多为全球化形塑下的市场经济，同样的产品在不同国家的不同城市出场。在全球的各个城市的政治体系中，大致也可以做出有限的划分。然而唯有文化，更多表达的是共性背后的特性。每个个体想要探寻的一个城市的温度，就是拨开一样的商铺、同质的银行背后刊刻有历史印痕的人居建筑、日常的方言俚语、可以概括的基本人格结构、涌动内心的精神信仰。

走进当地满蕴民俗味道的将军洞，我对大理的文化又有了新的认识，姑且概括为大理民众延续至今的信仰体系，在当今科学主义盛行、以现代化为样板的城市化进程成为主流声音的社会背景下，当地的"有神社区"依然独显其魅力。就此来看，我们不能简单地认为现代化的进程中传统必将被淹没。在大理这样一个颇具规模的城市空间中，庙宇空间很容易找到，围绕将军洞方圆不过两公里的区域范围，我误打误撞寻觅到了灵瑞庵、古龙祠、下关文庙、普济寺、三清殿、魁星阁等，历时数个小时在宗教空间的富集地来了一场宗教文化之旅。

许烺光先生曾经说过，"面对传统与现代的议题，我们主要不是关心传统变没变，而应关心传统变了多少"。许烺光之意在于传统之变具有必然性，不应纠结于这样一个价值不大的议题，在承认传统之变的事实上，我们要探究的是哪些变了、变了多少、为何而变的议题。而以将军洞为代表的地方信仰空间,呈现的又是与之相反的维度,即在都市化强力的挤兑作用下,民间信仰是以怎样的方式存续的以及何以存续的。地方信仰体系存续至今,就是地方血脉相延的文化肌理。将军洞之行,触摸到的是作为平常百姓延续下来的城市文化和信仰温度。

风云际会之大理

小鸟问:"风儿都去哪儿了?"云儿回答:"到大理去了。"风云际会,又是大理的一景。

未来大理之前,耳熟能详的是大理的苍山、洱海,来到这儿,惊喜地发现当地的云也是一绝,因为当地有风的缘故,无意间酝酿了变化万千的云朵。看云,大理绝对是个好去处。在大理,会情不自禁地抬起头,感受由自然酝酿的得天独厚的风云际会。

每天上下班往返于下关与古城之间,也不觉得疲倦,反倒成为蛮有趣的事情,因为沿途每天绝无仅有的天气酝酿下的天空,时而是黑云压城,时而是晴空万里,时而是飘飘摇摇几朵闲散的云朵,时而是让人无法判断下一刻是晴是阴的心机云,时而是充满奇思妙想的智力拼图。面对琢磨不透的天空,我每天都在探奇,每天在往返的车上,我总是兴奋不已。

一早 7:40 出现的彩虹,它的出现完全不按常理,是我见过

三步之外是田野

一天中出现得最早的彩虹。今天是冬至，天气瞬间转冷，加之整个天空的黑云，压得周围环境也一片黑。路上的车灯还开着，车灯不停地闪烁，烘托出一种诡谲的气氛。万万没想到，只见苍山间的一角，天空乍亮，一时间还没明白这是怎么回事。随着乘坐的车一个转弯爬上了坡，彩虹便带着一抹惊艳，"刷"地一下出现在我面前，在这样的清晨里，天空以她调皮的方式向我展示了既有常识认为阴天里不可能会出现的彩虹。常说大理的天一天有四季，可现在亲眼所见，一天中的天空，也是阴与晴、黑与明的糅合。光影的变化，带着不确定的意味，让人深感捉摸不定。像是一个故意的玩笑，彩虹一景的变化速度之快，只在一瞬之间，未多给我哪怕一分钟的时间，等我拿出手机下车奔向有利位置拍她，一忽之间，她就消失了，取而代之的是漫天的黑云和微雨。周围微微湿润的空气让我明白，这，是一道雨前的彩虹。

看云的过程，时常被云朵牵引着跑了很多路，在不同位置，感受到的云是各有不同的，在前一分钟和后一分钟，看到的云朵也形态各异。十多分钟时间里不禁拍了各个角度的云，有几十张之多，每一张都各有风格，让我舍不得删除。云朵时而圈圈圆圆从紧凑到扩散，从低空盘旋到高空；时而从苍山上冒出，在苍山顶峰或高或低地被风牵引着、变化着；时而呈现被风吹皱了的折痕，白色或深或浅，印染在蓝色的底幕上，如一幅不可复制的白族扎染。

大理的云

  大理当地人也善于观察云朵,根据云的形状命名了"罗汉云""玉带云""望夫云"等,不过哪怕人们再怎么想象比拟,也不及云朵无常变化的任性。常常被云的不循常规的变化震惊,上一刻,云朵浮在苍山之巅,乍一看,像是壮志满满的勇士追逐着满目狰狞的山妖,可是一转眼,勇士和山妖就都融合在一起,成为静静躺卧苍山十八峰、俯瞰百里洱海的老者,气度非凡。

  大理的美,是你每天都觉得她美,每天都忙不迭地拿起相机来记录美景时刻,忙着与朋友分享,所以请原谅大理的朋友总是有赏不尽的美景在刷屏,包括原谅此刻我无法抑制地对大理的云的分享。只因我对大理爱得深沉。

白族村落对联

对联成为白族村落的一大文化景观，在我专门调查的荷村，对联除了部分来自市场上的印刷品之外，较大部分是根据自家需要量身定制的。对联是荷村人各类仪式中的重要表达物。对联类型多样，有常规的婚丧嫁娶类，也有具有民族性与地方性的竖立新房、吃斋念佛、孩子满月、竖碑仪式等的专门对联。对联的颜色除了常规的红色之外，有表示有人去世的白、绿颜色，也有和当地一切佛事活动有关的黄色对联。各种类型、各种颜色的对联，成为当地特有的人文风景。在当地，想要看主人家家里在办什么事，办了什么事，透过对联就能得到大量信息。

首先来看作为私人空间的对联。比较常见的如当地的结婚对联，全用红纸写成，在大门一旁用大约一尺见方的红纸写上"某某与某某（新郎与新娘的名字）结婚纪念"，此种做法接近现在婚礼中所见的电子显示屏，有告知作用。一家举办婚礼所贴的对联为"经国才华二南布北，齐家典则两姓观型"，横批"喜气生辉"。

如果当地家里有人去世，通常用白纸来写对联，一户刚有人去世的对联这样写道："风吹秋水起珠浪，雨点春山满眼悲"。从对联纸张的颜色选用，亦能表示当地人去世的年份。当地的杨恒昌大哥告诉我，在莿村当地，遇老人去世，会在家里贴白色对联。如遇在出殡当天一起举行立碑仪式的情况，会在立碑仪式的时候用红对联掩盖既有的白对联。因在当地人的理解中，立碑属于红喜事，出殡当天举行立碑是"红盖白"。一般情况下，家里有人去世的人家，会在第一年的春节贴上白对联，第二年贴黄对联，到第三年就可以贴红对联了。

对联中，比较凸显地方特色的是关于吃斋念佛活动的对联。比如当地家里若有举办与吃斋念佛有关的佛事活动，里里外外的对联都会用黄色的纸张来书写，且对联都是请当地人来写。一天遇到一户人家的儿子给母亲举办莲池会入会的吃斋念佛仪式，这一仪式会邀请老母亲所在的莲池会成员，和与之关联的洞经会成员，也会请家里凡是有亲属关系的成员，包括周边的邻里。这户人家举办此次活动，摆了30多桌。仪式起初，在大门外、院落里、祖堂上点上高香，家里凡是有门的地方都贴上了对应的对联。在大门的一侧，用黄纸书写办事的内容"供经志庆"，大门对联"建善诵经伏乞人眷平安，修斋上表祈求家庭清吉"，横批"集福迎祥"。初来莿村，我被这样颜色与形式的对联弄得不明就里，后来才发现，很多人家都有贴类似黄色对联的机会。若是这户人家的老母亲加入莲池会，入会需要"整经"仪式，对联及其一系列的仪式表达，就算得当地的特色。

当地吃斋念佛活动中特有的黄对联

在一户人家的门头上，写着"韬扬清操"四个醒目字样，左边写有"扬风仁政"，右边写有"卧雪清操"，除字醒目之外，门的造型也很特别，门顶上还有个斗，据主人介绍，以前的斗大得正如"斗大一个"，现存的斗是原有斗被破坏后重做的，比以前的小了很多。就连主人家也讲不清楚这门的历史，仅大概能说出这个院落在清代道光年间，出过一位名叫袁根常的武生，因为他的地位高显，所以得以建与他地位相匹配的大门。而于一般人家而言，如果不按规矩建与自己身份匹配的大门，大门是要被强制拆除的。进入这户人家，通过对联，我也可以明确地判断这户人家刚刚举行完"整经"仪式。通过询问，我的猜测得到了证实。堂屋的对联写"献花酌水整经礼忏求平安，焚香炳烛迎真接圣祈清吉"。旁边的房间也贴满了关于整经的对联，有"作善祥凝□春水，供斋瑞增共日长"，横批"善由人积"，中间的门上贴"和乐家庭"四字。两边的侧门处贴有"福田广种缘修善，香烟篆就平安宅"，横批"平安赐福"；"登楼□天天赐祥，入室敬地地生财"，横批"敛祥聚福"。厨房对联"供斋席上位，建善厨中调"，横批"善斋赐福"。

其次来看作为当地公共空间的对联。文昌宫大门处的对联"斗正□明辉□世宇，朝仁德政福泽人民"，横批"斗极流恩"。在当地的村老人活动中心写有对联"霞披夕阳清无限，霜染秋枫叶正红"；"党恩浩荡老年生活更□□，国运昌隆暎民共享太平年"，横批"党恩浩荡"，是村落老人群体的生活写照。"迎君门"写有对联"干贞故里人杰地灵多俊秀，宝邑王都义忠仁德励□□"。

除了从对联的公私划分来理解当地对联外，还可以从对联的颜色区分来解读当地的对联。在当地经常能够看到用黄色纸张书写的对联，黄色对联多用于四类活动。第一类是供经会，包括整经理忏，当地上了50岁或是当了奶奶的女性，多会加入村里的莲池会，进行吃斋念佛的活动。加入莲池会三年以上的，会由家里人，主要是家里的儿子和女儿辈，筹划为母亲举办供经会。供经会作为母亲加入莲池会的认可，也表达母亲吃斋念佛给家人和村落带来清吉平安的感恩，供经会亦有表达儿女孝道的意义。第二类是平安经，主要用于祈祷个人家里的平安清吉而专门举行的仪式。第三类是大（小）荐拔，我在当地第一次看到"荐拔"二字，大大的"荐拔"二字，由黄色纸打底，挥毫泼墨写就，贴在大门的中间，成为整个大门最显眼的装饰。举行荐拔仪式出于当地人对灵魂观念的理解，在当地人观念中，人死后，灵魂也就伴随着死者而离开了。当地在家里人去世三年以后，会举行荐拔的仪式，通过仪式，可以将死者的灵魂接回家中来。大（小）荐拔的区分根据举办仪式所投入的时间来区分，一般而言，大荐拔举行三天，小荐拔举行一天。第四类是安龙奠土仪式，是房屋建盖过程中的仪式之一。当地围绕房屋建设有各种类型的仪式，在选好建房地址，打算建房子之前，需要举行建房的奠土仪式；在房子建设到上梁环节（即房屋的重要部件完工），就要举行上梁仪式；房屋全部建成，要举行房屋的落成仪式；人移居到新房屋时，要举行迁居仪式；在房子建成几年后至最多 20 年左右的时间里，需要举行安龙奠土的仪式，以感谢房屋建成以来所获得的清吉平安。安龙奠土仪式，对联需要专门用黄色的纸张写就，而其他的房屋仪式中用到的对联，一般用红对。

红色对联的使用，除了与其他众多区域相同的诸如婚礼、孩子满月、周岁、升学庆典、过寿、竖柱、工程竣工、立碑等喜庆仪式中，在当地用红色对联比较特别的仪式是名为"汤饼"的仪式，这于我又是一个陌生的词汇,但对于当地寻常百姓来说却是再熟悉不过的。只要家里生了孩子,或是有了不再生育孩子的计划之后,家庭成员均会到村里的天子庙、老太庙、本主庙报恩,即举行"汤饼"仪式。

过寿仪式中所贴的对联

在与当地人聊对联的时候,我与一起调研的伙伴们也和当地人玩高兴了,高瑜老师草拟了一副对联让当地的张绍才老先生帮她写,"种瓜种豆种春风,茶来饭来咖啡来",横批"人畜平安",这极是高老师的风格,张老先生一看,也呵呵笑个不停,加入我们笑的行列。问他"这副对联写得好吗？"老先生边笑边回应"看个人喜好，喜欢就好"，然后开始在我们面前挥毫泼墨，写毕，谦虚地说着"我这小学生在你们高材生面前献丑了"，老人家也"害羞"了。过后，我们拿着张绍才老先生写就的对联回住处，边走边晾，顺便拉风地炫耀我们的对联，几个老奶奶看到我们手里喜庆的对联，连忙着急地问我们"要过年了？要过年了？"着急得怀疑起自己是否记错了时间。

下午去一位大姐家访谈，我们聊得正起劲，一旁的老公鸡"咯咯"叫个不停，女主人拎起两片菜叶，跑到鸡圈旁，用菜叶敲打老公鸡的头，嘴里说着"别闹！"这一场景，让我将场景回放到上午的"人畜平安"，两个场景有异曲同工之妙。于是，我和他们家分享了我们的"人畜平安"对联。男主人一看到"畜"字，立马着急了，忙不迭地说："畜字，我们是用来贴在牲口圈门上的！"这样一个我们围绕对联与当地人互动的小插曲来看，对联一方面是作为个体表达自己心声的途径之一，个体不同，诉求不同，所以也就创造了不同表达形式的对联；而对联另一方面也作为自我表达的严肃场，在他们眼里，对联不能像我们的"人畜平安"一样乱来。

白族院落与精致生活

不管生活如何辛苦，从白族人家的院落里，总能看到在尘世的诗意栖居。当地不论贫穷人家还是富有人家，都会有一个宽阔的院落，院落里布满主人家喜好的花花草草。

在调查期间，村里的几个小朋友神秘地和我们说，要带我们去一个最漂亮的地方，我们好奇地追随小朋友，目的地便是杨文泽老先生家的院子。杨老家的院子，不论家里有人还是没人，都一样对外开放。带领我们的小朋友便是像进入自家大门一样走入杨老家的，看来小朋友是熟悉了这个地方，杨老的院子自然也就成了村里人常来常往的地方。杨老随时敞开大门，为村民提供了随时可以参观院子的便利。杨老的院子，可以用大气与文艺这两个貌似互为冲撞的词汇来形容。两棵花费40余年心力修剪成孔雀开屏形状的石榴树，是整个院落的主要风景，寄托了杨老40余年精心呵护给予的陪伴。我们去的时候是冬天，"孔雀树"虽然没有了绿衣，但根根或粗或细的枝干无不储蓄着能量，等待春天的到来，准备抖抖羽翼开屏，惊诧整个春天。庞然壮观的"孔雀树"，配上置于厢房二楼的"帝王之乡欢迎您"几个字，让这个院落气场十足。敞开的门，"帝王之乡欢迎您"的字样，让我们感受到所在的院落不只是杨老的私宅，更是属于村民的公共空间。自然而然的，外地来的人们都会来杨老的院落转转，杨老也乐于展示他院落的每道景致。

　　大气之外，杨老的院落又不乏文艺，一草一木也融入了杨老的精致审美。一排橘子树，果实结得茂盛，这儿一簇那儿一盆的多肉着实可爱，乡间的葫芦被杨老精心地用来装饰墙面，假山上的植物在冬日里仍是绿意盎然。杨老动手能力强，为了重现儿时村落用水动力磨粮食的情景，他玩乐着制作磨粮食的微型景观，这个景观占地两平方米左右，"麻雀虽小但五脏俱全"，杨老一打开开关，整个场景顿时让我们惊呆了，水流顺着水槽流到水车，带动水车转动，水车的转动又带动舂米的杵运动，杵一上一下，富有节奏地舂着臼里的粮食。一般根据需要磨粮食的多少来调节水量，如果需要磨的粮食多，就让进入水车的水更多些。在舂粮食的小房子门口，杨老放置了一只玩具狗，杨老乐呵呵地与我们分享道，"以前的磨房里，一般都会有只狗，专门在主人回家吃饭的时候帮忙看守磨坊的粮食"，人与狗，在磨坊各司其职。从杨老处，我们也得知，过去的一个磨坊，一天最多可以磨粮食3000斤，在完全利用自然机械动能的前提下，这个数字是很高效可观的。当地水资源丰富，完全满足了本地磨粮食的需求。杨老制作的磨粮食的微型景观，勾连了过往与现在，以视觉的力量，带领我们进入到过往人们的生产生活中，亲切而有时间发酵的味道。

　　当地文化精英董泽清先生，当地人多称他为"老董"。老董的院落，则富有更遥远的历史感。院落的精致是老董在对家族历史、村落历史理解的基础上建构的，当然，整个院落造价不菲。我玩笑着和老董说"您的整个院落是用钱堆砌出来的"。在老董看来，院落布置全凭嗜好，哪怕花费再多也在所不惜。老董请了大理地区有名的工匠，雕凿了两个水缸，置于照壁前，有聚财之意。老董在水缸的设计上也颇花了些功夫，一个水缸上刻有"大义宁"，另一个水缸上刻有"大天兴"，分别是茈村历史上出过的两位皇帝赵善政和杨干贞的国号。老董是这两位皇帝的粉丝，他还专门写了《大义宁国国主——杨干贞》《大义宁国国王故里——茈村》两本书籍，对两位皇帝作了自己的解读。出于对历史上两位皇帝的敬仰，他还专门建造了香炉，香炉体侧分别刻有《洱海河洛图》《杨干贞礼佛图》，整个香炉寓意当地吃斋念佛颂扬皇帝给地方带来庇护的恩德。

　　石头摆件之外，最为醒目的就是院落里的照壁。照壁上请当地著名书法家写了"三策流辉"四字，上面的题字需要深入到白族的文化中去理解。白族人家的照壁是有名头的，照壁即是文化，从照壁上的字就能读懂这家人的姓氏，老董家照壁的"三策流辉"自是和"董"姓对应的，见"三策流辉"，就知这家人姓"董"。

聊天期间，还听老董说，他家是清代进士的后代，位于海东挖色的清代光绪进士董维埛故居，便是老董家祖上的房子。至今在老宅居住的后人还有"甲科奕世"的牌匾，老董专门告知我们他的想法，过一段时间他想要将大门重新修葺，原样制作一块牌匾置于门上，以教育后代，学习祖上德才。从老董的石缸、香炉、牌匾来看，他是一个喜好在历史里钻研，并将历史活现于当下的有趣之人。

印象比较深刻的还有杨占北老师家的院落，门口一条守护院落的机灵小狗，整个院落由绿意填满，各种品种的绿树，在冬日里也一样绿得温柔、绿得惹眼。院落里还有杨老师亲手培植的多肉，趁着院子里阳光好，一直在努力地生长。我连连称赞，杨老师于是补充，"这只是其中一部分，等我将这边的房子修好，将我在县城种的花全部搬回来，再邀请你们来看"。扑面而来的绿植与多肉，都摇曳成杨老师退休后的闲淡时光。

花花草草不仅种于院落，也缝在了白族人家的服饰上。小孩的帽子、新娘的嫁妆、老人的绣花鞋，都是院落里精致花花草草的移植，换了一个空间长久绽放。

村落不谈钱不谈时间

带学生进行田野调查之前,到当地联络解决学生食宿问题。我们请了当地的董泽清先生帮忙联系,当时向他告知我们可以接受的价位及一些具体的要求。之后,董老师没给我们明确的关于食宿的价格,我想应该是董老师不方便与当地讨价还价的原因。我们来的时候,我原想着,我作为消费方,得以见到我们住宿的房屋主人段大哥,我可以"单刀直入"和他谈价钱了。当时我直接问段大哥:"我们的食宿是怎么收费的?"段大哥表现出不重视这个问题的样貌回答我:"这个就按董老师说的,他说多少就是多少。"然后他看了看旁边的董老师。我直接问钱的问题与段大哥不提钱的回答,形成较大反差,我将目光转向一旁的董老师,我的眼神里还是执着,期许他告诉我具体的金额到底是多少。董老师搭上我们的话:"这个不着急,我们下来再说吧。"这样的回答,又给了我触动,我习以为常地将市场体系中物与钱的交换观念嫁接到一个传统的小村落。在我的逻辑里,物与钱的交换,重

三步之外是田野

要的必须是要有明确协定，即多少钱换多少物，若是二者含糊不清，就会使得交易没办法进行，这也就是我为什么要连续追问具体价格的原因。而作为对方貌似的"含糊其辞"，放在地方逻辑里，也是可以理解的。当地长期以来是一个人情维系的关系社会，在人情社会里，谈钱有时难免伤和气。作为与董老师打了这么多年交道的我们单位，更多是靠情意的东西在维持着，我在他们面前冒昧谈钱其实也在戳破二者之前建立起来的情感维系。自从收到董老师的回复，我开始默不作声了，我确实表达得不合时宜。

那不谈钱，我想我可以谈谈我们每天吃什么吧，即我们的房东给我们的食宿标准。不过在谈之前，我也担心我会犯错误，于是提前先小声地问了一下董老师可不可以谈。董老师很打包票地回应我："这个事情你就不用担心了，做饭的大姐会处理好的。"听到这样的话，我本应该放心的，但我还是忽地紧张了，开始各种揣测，是房东不重视我们吃什么和怎么吃吗？还是这样的不明确可以有游走的空间，可能导致我们吃不好饭？我们带来田野调查的学生都是家里的掌中宝，我们当然是会尽量给学生提供好的吃住条件。面对这样的不确定性答案，我的心着实慌乱。直到吃第一餐饭的时候，我都一直忐忑，怕学生们吃不好，或者更严重地会出现吃不饱的情况。可事实是，菜饭上桌的一刻，我的担忧顿时烟消云散。做饭的大姐很用心，人长得漂亮，家务干得好，饭菜做得香，人又很勤快。碗里的菜饭才下去一点就又立马添上，连我们都有些承受不了这样突如其来的热情。我既有建构起来的契约、交易观念，在当地容易被抹去，反而凸显出来的是人情。

因为学院与当地的关系，老董帮我们找了段大哥家，段大哥家的段大姐每天变换着花样给我们做吃的，让我们很容易因为盛情难却而吃撑；晚上会提前问我们冷不冷，要不要加个被子，担心我们被冻着，还专门一再强调"被子多得很"，甚至段大姐要一个房间一个房间地问。晚上段大哥回来，段大姐立马让段大哥到房顶将热水器的电插上，这样，我们得以在阴雨天用到暖心的热水。得知我们队里有一名回族姑娘不能吃猪肉，大姐很是抱歉，在餐桌上就心疼地和回族姑娘说，"晚上段大哥回来，让他将家里的鸡杀了，明天做鸡肉给你们吃，后天再去买个鱼给你们"，听得我们的心暖暖的。

  这样的情境与相处模式，我哪还敢提钱，问大姐说一天的人均伙食是多少，我想我问了可能又得打破当地人不谈钱的习惯了。过了两天，董老和我说，段大姐很喜欢我们，我们很礼貌，一天人均55元的标准，本来三个菜，现在都是四个菜，一高兴就超标了。段大姐给我们的四个菜也丝毫不含糊，有荤有素，味道与色泽也是经过精心准备的。我们一伙人暖在心里，有时段大姐与我们一起分享我们的烂笑话，也乐得笑开了花。我们一起笑的时候，我认识到，我们已经在友好自然地相处了。

  当地人也不谈时间，总体看来，当地人的时间有农业社会的基底，伴随社会变迁在农业基底基础之上有一些变化。我们来到当地，将我们的时间带进来，段大姐问了我们具体三餐的时间，我们暂定8点早餐、12点午餐、晚上6点晚餐。凭借田野调查的敏感，我们问了当地的吃饭时间，段大姐说，当地的吃饭时间也不定，有些人家一日三餐、10点早餐、下午3点午餐、晚上8点晚餐，也有些人家11点早餐、晚8点晚餐，只是两餐制。也有些人家的家庭成员到外打工、工作、求学，回到当地就会延续在外地的工作时间，即8点早餐、12点午餐、晚6点晚餐的模式。我们向段大姐说出了我们的顾虑，担心我们延续我们的既有用餐时间，当我们吃完菜饭，外出找访谈对象的时候，他们恰好在做饭、吃饭，没有时间接受我们的访谈。段大姐连忙和我们强调，我们不用考虑当地的吃饭时间，因为当地各家的吃饭时间也非常不统一，没办法摸出规律，所以就依照我们的时间就好。

于是我们很是担心的问题解决得如此轻松自如，实际情况是，我们的原计划时间并未影响到我们的具体行程，我甚至也难以揣摩到当地人的具体吃饭时间。从吃饭时间的多条具体脉络来看，当地呈现的是生计方式的多重奏。于纯粹农业社会脉络的人们来说吃两餐是比较适合的，这样可以较大限度将时间投注到农业生产中；于家里有孩子上学或是上班的情况下，那时间安排均是整齐划一的学校时间或是上下班时间，这样一来，家里的整个饭点与作息时间就会容易因此发生改变。从当地饮食时间看来，当地正处于多样生计嬗变的过程阶段，在此，多样的生计样态引发的多样生活习惯逐渐代替了传统的农业生计样态。

当地的不谈时间，也可以体现为当地有我们认为的"不太有时间观念"的面向。一般而言，我们会提前约好我们的田野调查对象，以示对对方的尊敬，毕竟贸然前往并不礼貌。一次，我和访谈对象约了晚饭后时间，而在下午2点的时候，对方对我说"已经来到你们住的地方，但没见到你们"。我连忙让对方等我几分钟，我立马回来，还好，没有错过与调查对象的访谈。这一小小的事情，让我意识到，如果我在与别人没有约定的情况下找了我的访谈对象，我会有些抱歉，所以一般而言，我不会做不速之客。但置换为我的报道人，他认为提前赴约是更为礼貌的做法。他更换时刻前来，我会稍微有些反应不过来，但一般在没有特别紧要的访谈在身的话，我会努力去与我的报道人赴约。同样的情况，调查组的一个学生也遇到过。她约了一位老奶奶下午2点在天子庙见面，但等了半个多小时，老奶奶也没来，后来沿路去到老奶奶家，也没看到老奶奶的身影，只能说，老奶奶去做了另外的事情。面对此类情况，我们不会表现我们的小抱怨，抱怨地方人的不守时。在村落社会，人们都在不紧不慢地度过摇曳的慢时光，很多人不会在日常生活中带个表，来根据钟表时间准确到要在定点的时间回家。当下手机普及的情况下，人们也不会时刻看时间，将时间作为规训自己生活作息的媒介，他们想的更多的是我的事情做完了，我可以回家了，或者太阳落山了，我可以回家了。所以，我们精准的时刻认知体系不可能嵌入到不需要每天精准时刻表的村落社会中。基于这样的理解，我们就能很好地理解当地人的时间观，将原本的小抱怨化为小误会就平缓度过了。

剪纸刺绣里的地方审美

初来㧽村,参观了当地列入非遗的剪纸艺术陈列室。此陈列室由当地文化遗产传承与保护协会一手操办,展品均由村民自发捐赠。我们自从见识了当地的剪纸刺绣艺术,便一发不可收拾,我们院里的寸院长从一个剪纸图案中获得灵感,以此为参照做成了民族文化研究院的院标,当我们拿着我们的院标去问当地人"这是什么图案"时,当地人都能确定地回答我们"是蜜蜂"。而置换下场景,将院标拿着去问我们学校的同事,得到的是各种各样的回答:蝴蝶、鲜花、花瓶、蜜蜂,答案千差万别。对同一事物的不同认知,表达了在不同文化习惯之下塑造的不同文化认识立场的差异。在㧽村的文化里,蜜蜂的图案伴随着当地人对剪纸图案自小耳濡目染的理解,成为一种无须猜测的肯定表述。在当地人对剪纸图案的理解中,贯穿了他们对剪纸图案形象塑造、寓意象征等的审美意趣。

村里的剪纸艺术传承人段奶奶,已经87岁,行动自如灵活,爬起楼梯比我还利索。院子里最醒目的一角便是段奶奶用来剪纸、做衣裳的台面。段奶奶兴奋地从各个角落给我们寻找她的剪纸图案，并一一向我们展示她的宝贝。我们对各类图案也好奇，问起段奶奶一连串的问题，她总是对答如流，于我们是无尽烟云环绕的问题在段奶奶那都是可以轻而易举解答的。比如当我们问及"这是什么图案"时，段奶奶利落地回答我们"莲花"；当我们问及"这个图案主要用在哪儿"时，段奶奶示意我们等等，然后利索地起身进入房间，拿出一个垫子，向我们展示刚刚看到的莲花图案绣在垫子上的绣品。段奶奶接着向我们强调"这个垫子是我们专门到庙里吃斋念佛的时候带着去用的"。通过段奶奶的解说及实物的展示，我们又轻松地了解到剪纸、刺绣图案、地方民间信仰等之间的多维关联。段奶奶一高兴，就对我们说"你们想剪什么？我剪一个送你们"。我们可是着实惊了一下，一般来说，应该是奶奶会剪什么她就剪什么给我们，而不是我们想要什么她就给我们剪什么。我们问一句"真的吗？"段奶奶爽朗地一笑，确定地告诉我们"你们要什么我就能剪什么"，这话里面全是段奶奶剪纸艺术的底气。后来，我和高老师分别带走了段奶奶的"狮子滚绣球"和"小猫"图案，我将段奶奶送的剪纸贴在我的书桌旁，很民族、很艳丽的剪纸在我的房间展露生机，与周围环境亦很和谐，这正是当地剪纸的独特魅力。

我们调查期间，很容易看到当地的妇女们三五成群聚集起来，一起将剪纸变为绣在服饰上的图案装饰，一边探讨手里的活计，一边聊着各类家常，日子就在这样的云淡风轻中度过。当地妇女最容易向我们展示的是绣给家里的男人在天子节接天子仪式上佩戴的龙帽，虽说只是顶帽子，却做得精致。做好一顶龙帽需要花费两个月的时间，这还需要妇女很勤快才行。龙帽大概有一尺见方，整体构图为圆形，也有方形和三角形图案做配角，层次分明，色彩明丽。龙帽上绣有不重样的图案，牡丹、莲花、桃花、佛手等，代表不同的吉祥寓意。妇女们精心地缝制、配色、配图案，每顶龙帽在不同妇女的心力倾注之后，都是旗鼓相当。每顶龙帽就是每个女人和男人的脸面，站在一旁的男人不停称赞家里女人绣的帽子好看，脸上乐呵呵的。

正在制作的刺绣作品

在当地的剪纸艺术被评为非物质文化遗产的过程中，剪纸刺绣艺术也被悄然内化为当地村民的面子，成为可以向外地人展示的艺术品，由此，我们才得以在村里看到村民自发捐赠建成的剪纸刺绣艺术博物馆。受非物质文化遗产风潮的影响，当地也对这一名头尤其热衷。一些有这方面艺术天赋的能人，也将其发扬光大，积极申报各种层级的剪纸艺术传承人称号。非物质文化遗产的传承与保护，由层级政府主导的工作，转变为村民自发进行的非物质文化遗产传承与保护的事业。当我们与当地正在申报剪纸非遗项目的张志兰大姐访谈时，她大方地分享很多用封条保护起来的剪纸，数量多，类型多样。

与段奶奶、张志兰一样的当地人，将所经历的生活都表达为剪纸艺术，将生活浓缩进灵动的剪纸中。当一件件剪纸艺术变为男人的龙帽、小孩的帽子、姑娘的衣服时，当地的艺术又变成流动的艺术，穿行于节日、集市和日常的生活中。当地的审美、审美背后对生活的理解、对后代的德化教育，就都凭借流动的艺术彰显出来。

老宅的过往

荍村的段家大院是现今荍村房屋中最古老亦保存得最完整的一进大院,可惜现已人去楼空,原先住在里边的主人要么索性变卖了房产,要么另找空地盖新房。幸得房门的钥匙,推开厚实木板做成的大门,一进标准的四合五天井形制的院落展现在我们面前,楼上楼下全木结构,木构上精致的雕花,属于历史味道的木质颜色,房屋不语,但我们懂得房屋的语言。

各个门上有不同类型、不同时间段贴上的对联,最新的对联仍还鲜艳,不出三年的样子。因此,从对联里我们很容易嗅得原在同一屋檐下的人们的生活。听原来住在这里的段维驻老人讲,老宅全部属于段家的家产,是大家庭的居所,一般二三十人共同居住。随着划分地主、富农、贫下中农的时期,同一大家庭中被分为地主的,其房子就被没收,没收后的房子由其他姓氏搬来居住,段家大院由同一大家庭变成不同家户的居住形态。荍村长期以来地狭人稠,段维驻老人亦长期居住在这狭窄的院落里,院落居住 30 余人是常态。于是，整个院落就是一个小型的社会网络，你家吵嘴、我家买了糖果，都不是秘密。

段家大院

有意思的是，我们最想听的当时大家同处一院的"集体生活"场景，在段维驻老人那里却变成云淡风轻的诉说。相反，老人更想向我们表达的是他的厉害之处，即在其他地方找到了空地，在空地上建盖了房子，让自己的后代有更宽敞的居住之所、立足之地。老人不经意地表现出对新房子的偏好，也可以大致表达原来同处一个屋檐下的人们为什么要纷纷撤离老宅。与我们在村落调查所得的人们对新房子与旧房子居住意愿的表达相符，于村里的绝大多数人来说，愿意真心诚意住在老宅中的人毕竟屈指可数，更多是没有经济能力建盖新房的无奈之举。

荞村的荞头，是荞村整个传统建筑的核心区。伴随着整个村落民众生活的烟火味道，配搭村落里古老的石板路、历经年代的古井，一切的景物都不难让我们有置身当地历史上属于茶马古道节点的繁华体验。但历史在当下渐渐消停了下来，传统建筑越来越少，人们越来越主动地搬离老宅。老宅迎来了垂暮之年，至多换来如我们一样的外地人惋惜的叹声。在大众意愿驱使下，建盖新房的意愿与行动越来越明显，走了整个村子，在建的新房清一色为钢筋混凝土结构，在当地人的眼中，钢筋混凝土的房子意味着时髦、干净、卫生、安全、省钱。加之这几年如火如荼的国家扶贫政策在地方的施行，更是加剧了当地老宅的退场。据村支书解释，国家有各类针对房子建设的扶贫政策，当地人也都将其变成嘴边的香馍馍争相争取贫困的指标，这样的贫困认定意味着利益。经过过关斩将的轮轮筛选，被评为贫困户的人家即可取得丰厚的房屋建设资金，最好的政策是"6+6"政策，即在这一政策中，一个贫困户建房共可以获得12万元的补贴。参与到扶贫建房政策中的贫困户，房子的建盖验收有统一的标准，即钢筋混凝土框架下的标准而非传统土木结构下的标准。因此，整个村落在建的都为清一色钢筋混凝土结构也就容易理解了。

莇村村落全景

于"脱贫"而言,在实际操作层面,一个贫困户的房屋建设被看成是显性的、重要的指标。这不由得让我想到一次偶遇的乡村标语"人生小康第一步,土房变洋房"。在我朋友圈内专门从事扶贫工作,有对口帮扶任务的朋友,他们表达贫困户成功脱贫的标准照片,都是清一色的在贫困户刚刚建盖好的钢筋混凝土房前的合影。钢筋混凝土建筑在扶贫验收中简单易行,深得扶贫人员和村民的喜欢,钢筋混凝土建筑也就成为"脱贫"的标志物。

一面是村民对钢筋混凝土房屋的普遍期待,一面是整个扶贫

三步之外是田野

政策下清一色的钢筋混凝土房屋建盖标准，人们已经无心对老宅修修补补。人们的观念，执行的政策，已经无暇顾及积淀历史感的老宅，人们攀比的是谁家的钢筋混凝土气派。若干年后，老宅的生命只有在零星的书本里与当地的口述史中去找寻。

民间仪式的掌管

"这个东西段维驻比较懂,我们的这些都是他教的,你们去问他吧。"——同心堂成员

"我们不懂,段维驻都懂。"——莲池会老妈妈

"我们这些都是段维驻教我们的,我们都找他一模一样地学来的。"——洞经会成员

在财神殿得以见到段维驻老人,䒵村同心堂堂长。一进财神殿的大门,他就招呼了我们,身材矮小瘦弱却又精神有亲和力的老人。临别时,他热情地邀约我们到他家玩,我们也非常想要去看他家的各种宝贝。

第二天一早,找到段大爷家,推开门帘,又是昨天所见的熟悉笑容,看来老人在专门等待我们的到来。80多岁的段大爷,完全没有因为他的年老而省却待客的环节,非常利索地招呼我们坐下,又连忙给我们倒水。

在我们坐的客厅的中心位置,放置了一张颇有年代感的照

片。黑白照片，细看是画出来的。一个妇人，穿着当地的传统服饰，裹了小脚，造型极具汉族的特点，坐在椅子上，活脱脱一个雍容华贵之家的大小姐。既然是在作为一个家庭公共空间的客厅出现这样一张照片，主人必然愿意让客人知道，我们应该可以继续询问关于这张照片的故事。出于对照片的好奇，我继续开启我的话题。段大爷的神情渐渐舒展，多了自己的东西被人欣赏与讨论的欣喜。照片中的画像是他的老母亲，80多岁时候的影像。他指着画像缅怀道，当时老母亲家庭成分好，但是被迫害，生活艰难，饭都吃不饱，看照片里她很瘦。如果老大爷不解释，我从画像上感受不到一个女人在艰难时代写满的忧愁，相反，在这张照片中，我看到的是一个瘦削老人挺直腰杆的坚毅，简约却又精心穿着打扮的服饰，一位大家闺秀展现当地繁华富庶的历史姿态。如今，这位老母亲的照片，由后人置于家庭的核心空间客厅中的供台，每天以柏枝、香火和食物供奉，这让我想到和当地村支书赵书记聊到的前辈对后辈的意义，即一种潜移默化的教育意义。我想后辈应该也如我一样，问起如这幅照片一样代表前辈历史的故事，在故事中寻得触动与启发，前辈与后辈也就互为关联，跨越时空生成"在一起"的生活空间。

段大爷的"传奇"在于他满腹地方民间信仰经典教义，能够自如掌握与运用。他40多年前就加入了同心堂，入会时间长。伴随周围同心堂会员渐渐老去，没人来接过同心堂的衣钵。凭借着热心与对经文的超强记忆，他将既有经文进行整理誊抄，将原来只是口传的经文书写成文字，并继续教新会员念诵与传唱。他很乐意和我们分享，段大爷的老伴默契地拿出经文，经文被放在公文包里，每本经文都是由段大爷亲自手写于手工纸上。纸张有些时日了，且因为频繁翻阅的缘故，每张纸都有了毛边。当一本本标有《莲池经》《小荐拔利幽科》《垫土真经》《皇经三品》等封皮的自制书放在我面前的时候，我如获至宝。

这些教义经典也成为我了解当地民间信仰的关键切入点。当地各类民间信仰的仪式场合，老爷爷老奶奶们念诵的正是诸如此类的经文。当地凡是在仪式现场的人们，不论身份、年龄、学历，均能在带有当地浓厚方言或汉语白语夹杂的念诵中听出什么念诵内容需要磕头、什么念诵内容需要敬献食物，这些程序他们都耳熟能详。我参加了一个"祛火神"的仪式，仪式中出现的主人家是一位中年妇女，穿着时髦，不需要年长阿奶的指导，便可以熟练地从莲池会老妈妈手中接过三炷香，念诵与乐器敲击到某个点的时候，她便伏地三拜。当地人在这样浓厚的信仰氛围里，自然有耳濡目染之后的准确表达。无怪当地同心堂举行仪式的杨叔叔对我说，他一年平均170多天都在为当地举行各类仪式。

正因为段大爷对当地民间信仰教义经典的专门掌握，他成了地方文化的特别持有者。人们都很敬重他，见他亦会很热情地招呼他，凡是当我们问及相关内容当地人不能解答的，也多会直接告诉我们可以问段大爷，他这方面很清楚云云。

我们来拜访段大爷，他不加考虑地认为我们是冲着他的经文来拜访他。经文,是段大爷的另一种生命呈现,让老伴拿出经文也正是基于这样的理解。其实,80多岁的段大爷于我们,还是一连串历经岁月韶华洗练之后的故事。在一张照片背后我们想知道一位母亲与儿子的故事、一位女人与时代的故事等,这些我们都想知道。而在段大爷那里,我们这方面的问题引导都是无用的,他多边笑边回答"这没什么",以这种方式巧妙地拒绝了我们。这从另一侧面看出,段大爷认为最值得向外人道来的资本就是他那一堆颇为厚重的教义经典。

  接下来的时间,我们被段大爷主导了。配合着段大爷的节奏,我们沉浸在他给我们讲述的教义经典中。他一摊开书,就直接对我们道来,"给大家唱一段《皇经三品》里边的内容吧,村里没有比我唱得更好的了"。这话可不是段大爷自命不凡的自夸,从当时在一起听段大爷念唱的人们的表情里,就知道这可是货真价实的。他的老伴就坐在他旁边,认真听着,神情里满是仰慕和对老伴始终如一的欣赏。

  两位同心堂的会员同样听得陶醉,脚板伴随念唱有节奏地轻拍地面。我虽然听不大懂段大爷的念唱,但结合现成的文字,配合他的神情,大概也能懂得经文所表述的内容。段大爷给我们念唱的是请佛仪式中的部分片段,随后他向我们解释道:"在举行仪式过程中,我们先要将各路神仙接来,这时候念'迎驾文',神仙迎来之后,我们要告诉他们我们人间的规矩,这时候我们会念诵我们的'圣谕',这类仪式结束后,我们还要将我们请来的神仙送走,这时候念'送驾文'。"当我问段大爷,为什么"迎驾文"上迎接的是16位神仙,但"送驾文"上写的送走的神仙仅6位。段大爷解释:"这是礼数的原因,各位神仙来的时候,出于我们的诚意,我们要一一提到,而送神仙的时候,我们人毕竟不舍,但又不得不送,所以我们就先送位置高的那6位,剩余的10位作为他们的随从自然就会跟随他们的头头离开。"诸如此类的细节,在段大爷那里都有头头是道且逻辑缜密的解释,灌输了当地观念的礼俗逻辑,是日常生活逻辑的活态表达,貌似缥缈的神仙体系与很接地气的日常生活勾连在一起。

  段大爷念唱得行云流水,每个与神灵表达的字词都情真意切。念诵到"接祖先"和"送祖先"唱文部分的时候,表达的是哭调,哭调常常会主导环境的氛围;当听到"想说想说真想说"之类的想与别去的亲人促膝长谈等戳中情感的唱词时,整个氛围变得悲伤,对逝去亲人与祖先的思念变为欲要夺眶而出的眼泪。然而,当念唱内容转变为"奠土仪式"之时,整个节奏又是欢快顺畅的,其间包含了人神之间的有趣互动。段大爷给我们来了一段有趣的表达,在"奠土仪式"中,他作为仪式的主导,念诵吉利话语"桃弓柳箭射凶神,可射着了?"之类可以镇土的念词时,一旁仪式参与的人员就会大声回应"射着了",以问答的方式来作出神已经得到认可的肯定,是人神沟通的方式,同时也是仪式现场的互动方式。于是"土公土母可安镇了?""安镇了!""土公土母可喜欢了?""喜欢了!""土公土母可吃饱了?""吃饱了!"之类的应景念词与回答,会让整个仪式现场的场景感与画面感更足。段大爷在一问一答的演示中,仪式的有趣与画面的鲜活被清晰地表达出来。

从段大爷对各类经文的念诵中,看得出段大爷是一个有趣的人。80余岁的老人,经常是一副乐呵呵的脸。他有自己的兴趣爱好。在民间信仰仪式的传承方面,应会员的学习之需,教会员读诵经文,也应村民之需,将一年差不多一半的时间投入到给所需的人家举行仪式,以仪式祛除当地的多灾多难,安抚了多少不安的家庭。在我们面前呈现出的这位活泼的老人形象,时不时在伙伴面前发根烟,一起叼根烟与伙伴乐呵乐呵,更添了快乐、不被拘束的有趣形象,再伴之旁边老伴投来的欣赏眼光,增添了乐趣与温情。我们临行前,他对我们说,他有的东西只要我们有需要尽管来取。他的慷慨亦让我心生感激。

热闹的本主庙

在大理白族地区,进村找庙,进庙看碑,这样的田野路径大致是可行的。打开百度地图,在当地村落明显被标识的空间会有当地的庙宇空间。庙宇空间成为村民社会生活的重要公共空间,而庙宇生活成为民众的重要集体公共生活。其中的本主庙又是白族地方独具地域与民族特色的庙宇空间,是民众庙宇空间与庙宇生活最为集中的空间地带。要读懂白族村落的日常生活,就必须读懂作为集体生活面向的日常生活部分,为读懂集体生活,以本主庙为中心的集体生活就是当地集体生活的鲜活呈现。

在大理的下关市,距离市区不远的将军洞,作为下关一带的本主庙,每天人来人往,求神拜佛,香火不断。于旁边高楼林立,整个区域被都市化进程紧密覆盖的空间而言,将军洞的存在算是一种强烈的反差,以至于每次去,都会被强烈的空间反差触动,似乎逆转了时间,模糊了空间,不得不重新反思伴随都市化裹挟之下的现代化效力。从将军洞一窥下关城,实质而言下关仍然还是一个超大规模的村落形象。再看都市化剧烈嬗变之下的广州，其间也有大大小小的庙宇空间布局在寸土寸金的都市里，同样在现代化标签下的都市聚落里显现其独特存在。结合田野感觉，结合下关城、广州作为不同层级的城市同样存在的庙宇空间，让我重新回到民族学关于信仰的主题。

在莿村整个行政村，大大小小的宗教空间有十余个，主要集中在莿头位置。其中在当地的庙宇空间中，被置于首位的是本主庙，本主庙背后的本主信仰亦是村落主流的民间信仰形态。莿村整个行政村有四个本主庙：莿头本主庙、莿中本主庙、黑家邑本主庙、毛草坪本主庙，四个本主庙一共涵盖了八九公里的范围。凡是莿村的村民，一生中都会因或大或小的"事"与本主庙发生联系，我们依次走访了这四个本主庙。

莿村本主庙

根据所辐射地域与人口的范围来看，苅头的本主庙是最为热闹的。在我们到这个本主庙不到一个小时的时间里，就有四群人到本主庙祭拜。第一户人家因为家里小孩身体不好，于是带上活鸡、生肉来庙里献祭，还带了一位老先生来庙里打卦。第二家是家里杀猪，主人带着猪头、猪肉、猪腰、猪肝和其他贡品到本主庙献祭，意在与当地本主一同分享好东西。第三家是家里高寿老人做寿，家里主人就请莲池会的老奶奶们带上贡品来祭拜本主。第四个进来的是一群在读初中的学生，看他们手里拎着肉、菜，扛着啤酒，就知道他们打算在本主庙吃上一顿。他们放好食物后，十多个人不约而同地在本主面前磕头，包括旁边的一些神像他们都一一地认真拜过。

　　这群小伙伴立即引起了我的注意，进到本主庙必有约定俗成的祭拜，这成了当地人的习惯。我们作为外地人，与当地快速融入的方式就是理解他们做事的方式，有时我们也会效仿，参与其中。进入本主庙，最佳的方式就是像当地人一样，在本主庙面前拜一拜，抑或捐点功德钱，表达自己的心意，这样的细微之举会让你立刻与当地人贴近。因为在当地人看来，进庙拜本主就像吃饭一样顺其自然，就如同当地的初中生进了本主庙，也受前辈影响，自然到本主面前拜拜一样。在本主庙里，如何找出"我们"的方式就是在本主面前的一拜。

　　从孩子们在本主面前的祭拜来看，也是很严肃的。很显然，家庭的教育在其间起了很重要的作用。在耳濡目染的传承中，孩子们养成了到本主庙必拜的习惯，同时也知晓了本主背后的系列知识。当我问及孩子们"本主庙里面拜的各个神怎么称呼"时，孩子们就开始头头是道地讲起来，"有本主、本主夫人、龙王、财神、文武判官、千里眼、顺风耳、猪王、牛王、马王"，并且他们在讲的同时与手所指向的神像都是可以一一对应的。本主信仰内容成为当地孩子的常识构成，孩子们的祭拜与回答，正是本主信仰在孩子身上自然传承下来的模式。

  他们在拜完本主庙内的神祇之后，就开始张罗起来，之前的严肃气氛快速消解。他们烧火、洗菜，小伙伴们打算在本主庙聚会，涮个火锅、打个扑克，顺便喝个啤酒。本主庙作为每个村民共享的公共空间，于每个村民而言都是可以公平享用的，哪怕是未成年的孩子。本主庙在当地算是很亲民，空间的包纳性也是极强的。本主庙接纳村民所谓的"事"，不管是大事小事、好事坏事。村民逢买车、结婚、建房等好事，人去世、生病、家庭不顺等坏事，都会到本主庙，或分享或让本主帮忙打点。在村民看来，本主是万能的。本主的逻辑，可以看成是人的逻辑。在本主的逻辑建构中，本主庙塑造了一个不需要身份、有求必应、舒适惬意展现自我的空间。

英雄记忆与历史感觉

来到䒷村,自会感受与众不同的气场,这种气场来自于当地形塑的王者风范的表达,这还要追溯当地表述的历史。在当地的历史中,关于重大人物与重大事件的表述,都会提到村里在南诏时期出过两位皇帝的事。两位皇帝中,一位是大天兴国的皇帝赵善政;另一位是大义宁国的皇帝杨干贞,这足以让从现在看来偏居洱海一隅的䒷村村民津津乐道,以地方英雄的历史来作为当下生活的余晖。地方一直以地方历史的方式在表达着属于地方的英雄历史,表达同时基于清晰的历史考证。

在报国寺的主殿壁画中,专门绘制有《南诏图传》中第十一组图《杨干贞国王礼佛图》,以寻得杨干贞这一地方英雄的正统记载。并于礼佛图的右下角专门醒目地写出此图提供者的信息"此图由云南史研究专家梁晓强、南诏大理历史研究首席专家张锡禄提供",意在用知名学者的话语来强化地方皇帝的正统性与合法性。当地对英雄的表达即是在正统历史书写的脉络中延续的,

三步之外是田野

从南诏的历史史实沉淀为当下地方历史记忆与历史感觉的具象表达。

在当地的空间呈现中,我们能显而易见地发现当地的历史感觉如何具象为能看能感的真实。在财神殿大门延伸出来的墙体上,写有"弘扬南诏帝乡美德,传承干贞故里文明"的对联,字迹醒目,居于村落主干道,人来人往皆能看到,成为公共空间的文化展演部分。

在作为村落的公共空间里,仅属于地方历史部分的英雄叙述被挥毫泼墨般地得到大手笔表达。茍村的村头,建有天子庙,专门供奉当地历史上的国王赵善政。在正殿之中,有"恩昭万古"的匾额。一旁刻有《赵善政天子庙传序》:

赵善政生卒年月,故居生平无资料可觅,只有《南诏野史》中略有眉目,大天兴国一作兴源国,赵善政伪谥悼康帝,后唐、明宗天成三年戊子公元九二八年,东川节度使杨干贞所立,改国号为"大天兴",建元尊圣。善政守北佉逸捞人,微时樵于山中,倦卧梦神告曰"柴有矣",觉后果得数十束,后告其母,母不信潜往山中窥之是真,果然及仕,郑氏为清平官,出行途中,天坠一石,于前石裂有"善政为天子"五赤字,杨干贞奇之,乃弑隆亶而拥立,明宗己丑天成四年,善政待干贞恩礼寝衰,凡干贞所有请乞辄不许,干贞恃怨望,遂赂结诸臣,废善政而自立,善政在位仅十月。

据传:善政其母乃沙址人氏,为贤淑貌美之女,有一日在溪边洗菜，见漂来一鲜桃，捞起食之则囫囵而进肚，遂得娠。因未婚妊娠之事败坏村规民约而被族绅遣出，流落至莤村西边的深山老箐里栖息，后生下善政。

以上碑刻内容叙述了赵善政的帝王之气，尤其是作为帝王的灵异故事，用灵异来神化与英雄化地方的历史人物。

天子庙和本主庙一道并列于当地的神灵体系，这与一般的白族村落有些差异。于一般的白族村落而言，本主庙作为地方民间信仰的核心空间，其所供奉的本主亦成为地方各类仪式祭拜的核心神灵。而在莤村，民间信仰的核心空间多了天子庙，祭拜的核心神灵多了赵善政与杨干贞。

在田野期间搜集到一个有趣的个案，一户人家因为年幼的小孩子玩火，不小心烧了房屋，这户人家于是请同心堂成员为家里举行"拜火神"的仪式以消灾免难。仪式举行到中场的时候，同心堂成员准备好五份同样的斋饭，包括米糕、包子、茶水、开水、酒、油炸花生、油炸豆腐、油炸干拉。干片是用米制作成的，分为红、黄、绿三种颜色。红色代表日子红红火火、黄色代表家庭和睦、绿色代表平安，这些都是白族地区最为常见的祭品之一。午饭过后，家庭成员带上这五份相同的斋饭，分成两批到村落的五个庙宇分别祭拜。分开的两批人员中，一批先到天子庙，另一批先到本主庙，这样一个家庭仪式的表达，显然传递出地方在严格按照传统延续下来的仪式中，将天子庙和本主庙置于同样重要的神灵空间。虽然具体而言，二者在功能划分上会有不一样的面向，天子庙的象征意义在于以天子节为代表的整个村落集体感觉的呈现，本主庙在于个人化的和家庭化的小我的诉求表达。不管二者象征意义的不同面向如何，天子庙与本主庙正表达了村落社会集体感与个人感并驾齐驱的主线。天子庙与本主庙的并列，赵善政与本主的并置，道出了"帝王"形象作为地方集体历史感表征的重要意义。

葬礼中的文化孤岛

宝丰寺是莐村的一个自然村，仅有一个村民小组，共220余人，是莐村人口最少的自然村。宝丰寺的特殊性在于其所居住人口的民族特性。整个宝丰寺的人口均为傈僳族，而宝丰寺周边，是白族、汉族为主体的民族聚落。宝丰寺的傈僳族的生存空间仅限于宝丰寺，且没有向周边村落延展自己生存空间的趋势。一般而言，他们的婚姻形态多是傈僳族找傈僳族，鲜有傈僳族找其他民族的情况，因此，就有了宝丰寺村民与远至怒江一带的傈僳族通婚的情况。

在调查期间，我们遇到当地傈僳族的葬礼，于研究而言，葬礼于我们是可遇不可求的，我们丝毫不会考虑葬礼带给人的晦气观念，征得当地人同意就认真参与到仪式现场。我们先询问礼节，然后到死者棺材前磕头，最后找一个不妨碍现场又可以看到仪式整体和细节的地方，认真观察仪式流程。这样的直接参与观察要比书本上的葬礼仪式分析更为直观，亦便捷得多。也正是在现场的参与过程中，激发了我要写作此篇小文的灵感。

观感整个傈僳族的葬礼，有与既有认知和假设反差太大的触动。我们来到的当天，村里空无一人，所有人都聚集到了这家人的葬礼现场。从这次仪式中的人群聚合方式来看，以村为单位的聚合方式是当地重大仪式活动的主要聚合方式。就葬礼所展现的文化面向而言，它一方面是一个民族文化中最为深入的面向，透过葬礼文化，能看到一个民族的生死观念、灵魂观念。另一方面，葬礼文化又是民族文化中最为固化、鲜有变化的面向，不像饮食文化、服饰文化等层面的文化，葬礼文化中往往藏着一个民族最历史的面向，如仪式中祭品的要求、仪式中的禁忌等，都是不可能被轻而易举打破的。因此，偶遇的傈僳族葬礼，向我们展示了当地的族性层面。

在葬礼上，所有人均穿着麻布衣服或火草布衣服，手持蓖麻杆。穿着此类衣服的均是傈僳族，且和这户人家有亲属关系。我目测了一下着此类衣服的人为大多数，个别没穿戴的是死者的长辈或同辈或是其他村落来的朋友。从几乎全为傈僳族在场的专属于傈僳族的葬礼来看，当地村民的社会网络范围主要集中在村落即本民族内部。因为葬礼上特殊穿着的客观需要，当地村落还有种植蓖麻的传统和制作火草布的技艺。在当地傈僳族的观念中，仪式的重要环节是帮助死者找到归宿。亲戚送来的几尺长的麻布，层层叠叠悬挂于棺材旁的竹竿上，寓意死者的灵魂可以借助长长的麻布攀登到灵魂的驻地。其中，麻布中最长的一块由死者的儿子提供。这块麻布在出殡的路上会由所有女性牵引着,几步一个跪拜,一直到墓地,意味着继续帮助引导死者的灵魂抵达目的地。这一套葬礼仪式与我其后几天在耇村看到的白族葬礼完全不一样,而两地的距离仅相隔不到10公里。

葬礼后,我与傈僳族大姐罗富花聊天,问及"你们与其他地方的傈僳族有联系吗?"她告诉我"以前没有手机的时候,我们都不知道还有和我们一样的,现在有手机方便了,尤其是微信,我们有几个专门的傈僳族的群,也会时不时走动走动,交流交流"。在宝丰寺村落里考察的时候,当地村落因为特殊的民族元素,被打造成了一个当地政府的特色民族旅游村寨,因一笔大额的资金投入,当地已经是清一色新建的房屋,同样的屋顶,同样的墙面,墙面上是同样的图腾。罗大姐还专门用心地向我们解释了他们有弓、有"三脚"的民族图案。弓表示傈僳族用弓狩猎的传统生计方式,"三脚"是在传统的傈僳族家中的核心区域——火塘,用于做饭的主要用具,表明有饭吃的美好生活。在交流中,我还得知带给村落巨大变化的原因还有交通因素。在通往鸡足山的旅游公路还未修通之前,宝丰寺是当地出了名的偏远山区和贫困村落,部分人尚处于没有解决温饱的境地。现在,修好的旅游公路就经过村落,村落的通联度提高了。几户特别有头脑的人家就索性将房子新建到公路旁边,开起小饭馆,经营当地特色羊汤锅,将原有在政府帮扶下建盖的房子叫作老房子。

在村落新建的民族广场一旁见到的一座遗留下来的老房子,

勾连起我所认识到的傈僳族村寨。老房子简陋至极，茅草做顶，至多起到挡雨防寒的作用，这是当地傈僳族的过往，而除了这所老房子，周围统一建盖的新房及沿着公路而建的小餐馆，是外界推力的结果。信息的、国家政策的、交通的因素，层叠作用于宝丰寺，葬礼所见的傈僳族"文化孤岛"现象，也将会随着新的因素的涌入而悄然发生改变。

地方节日与社区营建

大理州云龙县宝丰古镇自1955年就中断的白族民俗活动——接"观音公",得以在2019年3月14日(农历二月初八)重新举行,这无疑是一个小地方施行的文化大梦想,有一种文化复兴的意味。想到人类学的经典案例"千禧年"运动,族群有植根于内心深处欲要去实现的理想,这个理想不会被苦难消磨,不会因时间流逝而消失殆尽,而会恰逢其时地出现,如寻找"千家峒",如侗寨因久旱歉收复又举行的求雨仪式,如宝丰古镇得以恢复中断60余年的接观音仪式。这是一场由地方文化带来的村落呈现,呈现当地民众虽奔波于生计却又不失对梦想与浪漫的呵护,呈现村落整体在仪式中表现出来的巨大整合力。整个活动的第一感觉是人多,当地人也和我有同样的感受。"现在参加的人比以前还多",此话出自一位话风严谨的、亲历过当年仪式的老者,我对此深信不疑。此外,当地人口的增长以及当地人们闲暇时间的增多,都可以佐证此话。

一、仪式表达

一早 8 点前后,民众纷纷来到观音庙。人群中既有直接参与到仪式队伍中的人员,也有仪式之外自发前来的个人,他们带着香纸,接观音公仪式还未真正开始,庙里已经被厚重的香火围绕。临近上午 10 点,仪式正式开始。为观音公塑像擦去灰尘,念诵"南无大慈大悲,一百八化,现长者身,观音圣父大天尊",一系列严肃又繁多的仪式后,观音公被抬上专座,由众人从庙里抬出。队伍的最前头,由两位妇女抬了一个炉子。炉内熏着清蒿,以表示预先为观音公开辟出一条干净的道路。其后是放鞭炮之人,鞭炮一来可震慑邪恶,二来也取热闹之意。接着是几位抬着竹子的妇女,用来比拟观音曾经待过的环境——紫竹园。在其后是舞龙队伍、各个文艺队伍、仙鹤与鹿的造型、负石造型、文官扮演者、道教念诵人士,之后才是抬观音公的队伍。整个队伍配合着各类吹拉弹唱与舞蹈动作,围绕村落绕行一圈,历时一个半小时,结束之后,观音公被置于静觉庵旁的广场上,待下午演戏给观音公看。

接观音公仪式,是民众获得感的表达路径。现在的接观音公仪式,尽力地去还原过去接观音公的仪式现场,老人兴奋地与我分享仪式队伍里的"仙鹤与鹿""负石阻兵""牛与犁"等造型,老人传递的欣喜里有重现当年"原汁原味"记忆的满足感。当下的仪式是过去仪式的延续,此次仪式打着"宝丰古镇民间'迎春纳福'盛会"的横幅，据此来看仪式要表达的主题也是一样的，即典型的农耕社会在开春祈求谷物丰茂的农业民俗类仪式。只是当下预祝丰饶的主题更多变成一个象征的标签，因农业生产不再是当地唯一的生计方式，外出工作者、经营生意者、为地方旅游发展蓄积能量者，已然跳出了单纯的农业生计。祈求农业丰饶的仪式用意弱化之后，仪式的其他用意又被强化，比如祈求家庭、村落的平安用意。但总体看来，仪式表达要寻求的实质也大同小异，不管是期待农事平安，还是家庭与村落平安，都是民众对未来生活充满希望的表达。

接观音公仪式

接观音公仪式，是村落民众日常生活中的浪漫活法。仪式中各个栩栩如生的造型艺术，正是民众生活浪漫维度的表达。具体在仪式中，此维度呈现为器物造型、人物造型、象征表达。一是仪式中的器物造型。做得活灵活现的仙鹤、马鹿、耕牛、马匹、巨石等造型。当地人想做什么就像什么，倘若没有十足的想象力，是不可能逼真呈现的，同时也需要娴熟的制作技法。二是仪式中的人物造型。接佛仪式中的队伍着装颜色异常明丽，红的、绿的、黄的，大面积的喜庆颜色，再配以队伍中各个绽开的笑脸，就知道喜庆的节日定当配以喜庆的颜色。我也深以为，所谓"红配绿"是最接近自然的质朴配法。看大自然的红花与绿叶，往往是这样的朴素搭配。除了醒目的颜色搭配外，配饰就显得更为讲究，系于腰间围腰上精美的花朵、手提的花篮、赶马用的马鞭，都显得精致用心。大胆的铺陈与细节的打磨，都恰到好处。三是仪式中的象征表达。用众人参与仪式中的锣鼓喧天来表达对观音公的喜迎，用现实生活中的待客之道来比拟接观音公与送观音公的礼节，既娱神，又娱人。在整个仪式造型的设计、流程的安排背后，你会发现其实创造者就是平时在农地里操持，手上长了老茧的农人，或是平时在大榕树下乘凉打发时间貌似难以发挥社会价值的老人家。在仪式中的造型艺术与仪式呈现中，鲜活的不仅是仪式本身，更是之前藏匿起来的能工巧手与富有精妙想象力的普通个体。

接观音公的马匹造型

二、仪式互动

虽然是村落一级的活动,但周边村落及周边乡镇的个人与民间组织也参与到这次仪式中,所以在仪式现场出现的花花绿绿装束的人们,实则是从不同地方会聚而来的,但大家都很熟络。当地呈现典型的日常小社区与节日大社区的特点,即在日常生活中,人们生活在宝丰这样的小社区中,而因为节日,宝丰的社区形态扩大开来,与周边区域一起形成更大的社区,社区内的人也因为节日互动,社区以此形成整合力。在仪式中,有举家出动参加仪式者,父亲做仪式主持,母亲加入老年文艺队,儿子扮演文官,女儿扮演手持莲花者。在仪式中还有背着孩子参与到仪式中来的奶奶们,有上了年纪参与不了仪式全程但在幕后制作道具的老人,有全程跟随仪式拍照录像的退休人士和村委会工作人员。亦有没有在仪式中扮演具体角色,但也全程参与了仪式的。他们走在仪式队伍里,用历时一个半小时走完了观音公绕境的路线,用身体亲自体验。仪式队伍所到之处,家家户户在门口烧起象征清洁意义的蒿枝,点上香火,以清洁的环境迎接观音公的到来。这样看来,在这一仪式中,全村直接或间接都参与到仪式中。仪式参与者由不同身份、不同年纪、不同职业的人群构成,看得出仪式所具有的包纳性。

三、仪式与社区营建

在社区治理中,我们较为强调社区感的营建,即对自己所居之所有归属感与集体感,每个个体能切实为社区的发展贡献一己之力。所谓社区,可以是我们所生活的村落、学校、街道办、城市等。从社区个体的凝聚度可以简单将社区分为两类:松散型社区与凝聚型社区。凝聚型社区有较强的聚合力,在社区建设层面往往能凝聚人心,村民往往也能在小我的家庭之上有一个社区的关怀。在凝聚型社区整合力的营建中,社群活动如社区节日是社区整合力营建的重要连接点,宝丰古镇的接观音公仪式就是社区营建的典型个案。在此仪式中,社区成员通过仪式前后的交流协作,增进社区成员交流,形成协同意识。接观音公仪式正好呈现了以节日带动社区凝聚力的典型,节日成为社区营建的较好方式。在节日筹办前后,资金筹集、流程安排、人员参与、饭食操作等,都需要人力人心的操持。整个仪式看似松散,却又井然有序地进行着,一边是节日的主流队伍抬着观音公的绕境活动,一边是在静觉庵里为队伍准备午饭的人们。饭食简约却不简单,现磨的豆腐,下饭的豆豉,菜的搭配都是精心准备的。大约上午十一点半,接观音公仪式结束,队伍井然有序来到吃午饭的地点,自助的形式,一人一个碗,饭和蔬菜就置于一个碗里,在有限的空间里或站或蹲,边吃边说笑,场面十分有趣。吃完饭,大家都会很自觉地将用过的碗置于洗碗处,然后将碗洗干净。在这一过程中,没有总管类人物为了维持秩序的各种安排,而是民众自然形成的一种规矩与默契,呈现出集体感、社区感的表达。

一个节日的复兴,是对过往记忆的重塑,节日正好成为衔接过去与当下的链条。而节日的具体操持过程,又是社区营建的过程,即村落的集体感、社区感被重新激活继而延续与固化的过程。正是节日,为我们重新找回了遗失太久的社区人情的味道。

作为艺术的田野

这里,想专门谈谈如何进入田野的问题。以 2018 年 1 月 3 日下午 2—4 点在荊村村委会和杨副支书的访谈为例。第一天我和高老师带领学生到达田野,为获取我们的身份认可,在当下村委会权力普遍作为村落关键权力代表的情境下,我们需要向村委会告知,并建立常规"从上到下"的身份认可。

我们调查组一行 12 人,在董泽清老先生的引荐下,主动联系上村里的杨副支书。作为学生的第一次田野调查,且是田野调查的第一天,大家未免太热情,也未免太心切,一些细节的呈现就是参照教科书的一套,是来自课堂讲授的田野调查技术模板的再现。一见到杨副支书,我简单地向他介绍了我们。调查组这时就想开始工作了。不想杨副支书本来就紧张,面对一群高校的老师和研究生要来到村落里住两个星期,已经大为惊叹。他心里也颇多问题要问,比如,学生不都是在学校学习的嘛,为何要跑到这里待这么久。其实,在田野里,我们也会成为别人的问题。别人正好怀着好奇想要了解我们,而正当这个疑问未解的时刻,我们却已经猝不及防地扔出了我们的问题,这足以让对方手足无措。

同学们围绕杨副支书而坐,立马拿出记录本,开启录音,端起相机,架起拍摄机,我从原本就紧张的杨副支书脸上看到了更紧张的局促,很多字词表达出来的都是颤音,以至于我们仅能从他口里得到百度层级的答案。学生在访谈过程中同样表达了急切,杨副支书说了一个点,学生完全可以立马跳跃到与主题完全不一样的频道,且频道频繁切换,大概烧到了杨副支书的脑子,总之我是被烧到了。我和高老师在一旁观察,也时不时帮大家挽回局面,力图示意学生不要这么急切,我们下次有明确的问题之后再访谈杨副支书,访谈才得以暂告一段落。

这样一个案例提醒我们,学了民族学相关课程,不等于就会田野调查。田野调查与其说是一门技术,不如说是一门艺术。明显的,在这个案例中,学生们的理论所学在实地田野调查中遭遇了瓶颈。在实地田野调查中,我们需要用心探索与当地人的相处之道。

怎样才能使我们的田野调查自然而不突兀与尴尬,我们的原则应该是多站在调查对象的立场上换位思考。如果我们作为被调查者,一开始就摆开记录本,放上录音笔,抬起照相机,这样一系列的动作亦足够让我们紧张,将自己完全暴露在陌生的研究者面前,对方要夺取我的容貌、我的声音、我的信息。再换位思考一下,作为调查者的我们,也就很容易暴露我们田野调查初期容易犯下的问题。太过心切,只考虑自己调查的问题,而忽略了调查对象是否愿意告诉我们,情境对不对的问题。这样的急切于别人而言,太不尊重,也太过无情。由此,田野调查的初期几天,我们可以先从熟悉当地人开始,告知当地人我们来了,我们是做什么的,在渐渐的问候交流中得到对方的肯定,之后再进入细致的调查访问。这样,我们才能在田野里自然而然地与研究对象交流。

宗教与日常生活

听了学生的中期检查,其中一位同学做的是"印度教对印度留学生跨文化适应影响研究",从题目来看是不通畅的,且根据题目分析,研究将宗教放到文化适应的相关议题,还稍显狭隘,仅涉及印度教的研究。这一研究选题让我进而思考"宗教信仰群体的文化适应研究"的相关研究议题,将宗教与文化适应结合,非针对具体的某一宗教,而将宗教作为文化适应的重要要素来看待,这样的研究显然很有意义。

我之所以不愿局限于某一宗教的研究,并非认为这样的研究不可行,而是于专门的研究者而言,精晓某一宗教类型的研究固然好,但要更深入了解宗教整体形态,就必须有比较,有基于各个宗教研究基础之上的总结提炼,即对宗教的全盘研究,以此来探索宗教的普世意义。宗教在日常生活中存在,其共通性要多于差异性。我们既有的研究太专注于强调各个宗教的差异因素或者是将宗教作为抽离于日常生活的上层建筑来做出"与众不同"的书写，向我们的认知里灌输了太多各个宗教之间的差异性，却忽略了更为重要的同质面向的考量。

　　从作为研究者眼中的宗教中走出来，进入到民众的宗教信仰世界，又是另一维度理解宗教的方式。从我的体验而言，在民众的日常生活中，宗教仍扮演为生活服务的角色，即宗教并非束之高阁，而是嵌入习以为常的日常生活中。形如我们衣食住行的生活，内化为一种定义"我"的形象表达，而这些标志"我"的形象表达作为"我"理解世界的途径，不同宗教背景下的"我"的表达实现了对世界的多维度共享，分享自我的同时也在欣赏他者，而不影响各个侧面立场对世界理解的阻碍。在人们的日常交往中，宗教要素尤其是宗教差异并不必然时时作为关键要素来衡量，不同宗教信仰间充满张力的通达度有能力将每个不同宗教信仰的个体聚拢在一起。

　　我亲历的一次由不同信仰群体会聚的一顿饭让我记忆深刻。第一次和我们学校的留学生一起聚餐，他们均来自印度，十余人，正好一大桌。因为对他们的文化不甚了解，于是就让他们选就餐地点。他们对就餐地点没有表现出选择困难症，而是立马就敲定了名叫"聚鑫园"的餐厅。他们敲定的理由出于两个，一是他们中间有穆斯林，所以选择不吃猪肉。"聚鑫园"属于非清真餐厅，当我询问他们当中的穆斯林，餐厅是非清真是否介意的时候，他们回答我说没问题，在自己的家乡，他们遵守严格的清真标准，但外出留学，难免有各种问题。于是，在不方便找到清真餐厅的时候，他们也会选择非清真餐厅，但会坚决排除猪肉，所以，关于非清真餐厅的选择就变得可以接受。二是他们均来自印度，食物或多或少呈现一些印度的特色，正好他们所选取的店有这样的特色。"聚鑫园"虽然从名字上看是十足中国特色的饭店，老板也是中国人，但是后来才知道，因为餐厅开在学校门口，学校又有很多留学生尤其是印度留学生的原因，老板会请印度学生教他制作带有印度口味的菜品。老板也富有人情味地和我交谈："这些孩子（印度留学生）很不容易，他们就像我自己的孩子，想想如果自己的孩子在外，吃不到想吃的食物，身为父母都会难过的。"老板的换位考量，让他的餐厅赢得了印度留学生的青睐，在这里，他们能够品尝到若隐若现的印度味道。

从以上两个方面来看，貌似选取"聚鑫园"餐厅聚餐是一个偶然事件，但此地却确实成为印度留学生们聚餐的好场所，从场所的选取来看，信仰层面居于第二位，不同信仰个体的聚合，纯粹清真与非清真的区别被自觉弱化，同时，其他信仰群体对穆斯林信仰也显示出了尊重，在食物的选取上排除猪肉，因此，穆斯林与其他信仰群体的聚合也就顺其自然。聚餐地点的选取，体现在第一位的是叫作"印度情怀"的深层内涵，在饭食选取来看就细化为印度食物的味道。

老板富有人情味，他特地琢磨了印度留学生的餐桌礼仪，一

三步之外是田野

看印度留学生来了，会拿出专为他们准备的盘子，以方便他们的"手抓"进食礼俗。不过，我第一次和他们聚餐就显得太不具有洞察力了，一坐到餐桌上就程序性地让老板提供我们惯用的成套餐具，还一一拆开餐具给他们倒了茶水。那时我忽略了周围人的神情变化，现在想来老板肯定一脸疑问，怪不得问我是否需要成套的餐具？留学生应该也一脸疑惑，不过我感受到的是他们立马转换为的舒朗，想来是要给我这位他们心目中的"客人"充分的尊重，来迎合我用碗筷的习惯。这种迎合的味道在真正就餐的过程中表现出来，其中有两位留学生，他们不能立马接受使用碗筷的习惯，所以换成了他们惯用的盘子，后来陆续有几位留学生转为使用盘子，到用餐后的几分钟，仍有五个人和我一起用碗筷。从对碗筷的使用来看，他们显得很笨拙。

出于好奇，也出于人类学学科的一种接近研究对象的特别直觉，我主动提议想和他们一样使用盘子，他们一同显露出惊讶的表情，还用语言和我确定"Are you sure？"当听到我"Yeah, I am sure."的回答时，他们一脸兴奋，并且将我的碗筷替换为盘子，就在我自愿将碗筷换为盘子的一瞬间气氛活跃了。接下来，一同陪我使用碗碟的几位留学生也换成了盘子，一脸轻松，似乎有种一下子扔掉一个自己不擅长的重负之后的轻松感。当他们换为盘子的一瞬间，我也感动了。我预设，如果在整个用餐过程中，我继续使用碗筷，他们也会陪我笨拙地使用碗筷，默默用细节来尊重我的就餐习惯，并且刻意避免因为我一个人用碗筷而变成"异类"的尴尬。在我们全体转用盘子的过程中，我的操作是笨拙的，原本认为用手抓起食物放到嘴里的手法应该不学自会，但在具体实施中，尤其在和周围的娴熟派比较后，才发现自己的笨拙。我立马向他们请教，他们兴趣盎然地和我分享，先用勺子取了食物放到盘子，用手将蔬菜和米饭捏合在一起，放在几个手指的指腹，然后用大拇指将捏合在一起的菜饭轻轻一拨，自然、轻松、优雅地送入嘴中。渐渐地，我也享受起他们特殊的取食方式，我们的交流也变得越来越轻松自如。

在整个就餐的交流中，我得知他们的不同宗教信仰形态，一桌十余个人，有信仰穆斯林的，有信仰印度教的，有信仰基督教的，还有如我什么宗教信仰都没有的。但餐桌上，若不是我专门询问，并不能看出他们的宗教信仰标签。相反，通过一顿饭，我感受到的是大家同为印度籍留学生的身份。他们相互关照，一桌子大大咧咧的男生互相给对方取食物，将某人特别喜欢的食物摆放到他的面前。我看到的是作为一家人的相同形貌而非因为宗教信仰差异所表现的不同形貌。

从这样一个不同宗教信仰的就餐个案来看，从最初就餐地点的选取，到有意迎合我的就餐习惯，到我从碗筷取食转为盘子的手抓形式，到我们所有人的手抓取食，整个过程都是彼此的互相尊重，就餐的氛围也在这种细节的转变过程中变得其乐融融。整个过程，信仰因素是被淡化的，反倒成为不同个体交流过程中重要的彼此理解、彼此尊重、彼此欣赏的一面表现出来。以此来看

三步之外是田野

作为普通大众的宗教信仰方式，主要是基于互相尊重基础上的坚持，而非因为一己的坚持去否定对方，保持价值中立而不去干涉。普通大众的不同信仰，是理解世界的一种途径，并不妨碍民众之间的平等交流。不同宗教的相处之道，自在一顿简单的聚餐中得到体现。

大学商贸空间

大学作为学生群体聚居的空间，除作为学习的居所，还是重要的生活空间。走出宿舍，不出几分钟就可以买到日常所需，一份水果、一块蛋糕、一杯奶茶，这些都构成学生生活体验的重要一环。大学的商贸空间往往成为不在总体规划设计里但又不可或缺甚至是自发形成的空间。从大学的商贸空间，大致能感受到学生是否能吃好、休息好，是否生活安逸。

我感受过不同大学周边的商贸空间。原来自己读大学时所在的云南师范大学与云南财经大学之间的商贸街，抚慰了多少次我曾经饥饿的胃。那时的感觉是，东西又多又好吃，不过都贵。所谓贵，是与自己在饭堂的消费相对比的，一般在此消费一顿小吃的费用多于食堂两三倍。这样看来，此处就不是天天来的地方，仅隔三岔五邀约三五好友，边逛边买，轻松愉悦，逛完也就都是满满的饱腹感。这个商贸空间不仅是食物的味觉体验，还是不同种类的店面带来的视觉体验，更是几个好友叽叽喳喳闹腾的情感分享。直至毕业后十年，那家苗家酸汤鱼米线的味道，还是我经常怀念起来的味道。某日，重回店里，来碗同样的米线，时间便流转到十年前。与我的那帮好朋友们，当初吃完米线，喝足鲜汤后的满足感也就重现在现在的舌尖上了。

同是在大学时，我也去过云南艺术学院、云南农业大学、云南民族大学、云南财经大学等周边的商贸街。简单总结，每个学校总是有自己的一些特点气质，这些也会潜移默化地影响到周边商贸街的空间呈现。比如，财大附近的商贸街不免有些"财大气粗"，和财大的名字一样，东西种类多，品质也好，学生的购买力又强。而云南艺术学院和财大在"有钱"方面也有得一拼，周边除了小吃，也有一些稍贵的餐馆，而且艺术学院商贸街兼具些潮流与时尚的气质，卖的服饰总是比较新潮与讲究，时不时冒出来几家很艺术的店，专门卖乐器，出租演出服。走在商贸街上的学生也漂亮与帅气，衣服比较彰显特点。而农大的商贸街就较为简易而实在，在路边搭个篷就是摊位，卖个炒饭、做个麻辣烫、来个烧烤，东西总是便宜、量足，又好吃。

研究生阶段，经济条件也宽裕了一些。学校周边商贸街成为我主要消费休闲的地方，仅仅因为喜欢就买个配饰、围巾、衣服，往往也都能有称心如意的获得感，还会利用空闲和朋友约个电影、约个饭。在那里有我延续至今的友情，在那里，也有我的爱情，无论如何，我都感激那段时间，感谢那个空间。

校园商贸街，也就变成校园文化之一景，是学生文化的一个窗口。那里有学生的消费、学生的需求、学生的惬意休闲、学生鲜活的生活。当细致了解了一个大学的商贸街后，你会发现一个学校丰厚圆润的生活。就拿我现在所在的大理大学商贸街来看，初体验，一条不长的街，周边的店铺整齐划一地简单，并且单调，多服饰类的店，衣服谈不上有质量，款式谈不上好看。而当看到这样的服装店有三五成群的学生光顾，不亦乐乎挑选的时候，我领悟到了什么是消费升级。现在是教师身份的我，已不愿意关注这样的小店，买衣服尤其注重质量。此刻的他们，又与学生时代的我何其相像。学生时代，大家多在花父母的钱，手头自然不会太宽裕，不敢也不愿肆意消费，因此，时不时光顾小店，买件自己中意的衣服，也是满心欢喜的。

我对这条商贸街的初体验非常一般，因此，去商贸街也多因为取包裹等不得不为之的事务，自然没有好好光顾每一家小店的想法。就这样，商贸街被我遗忘了很久。一次，一位同事陪我去取快递，她顺便带我去她学生开的店，一家花店和一家泰国特产店。花店的主人是一位男生，人胖胖的，但手却特别巧。见到他的第一眼，他正在细心地摘着玫瑰花瓣。店面虽小，但鲜花种类挺多，在我看来作为一个类型的玫瑰，却被他叫出了各种好听的名字。比如，我很爱的一款玫瑰花，花瓣镶嵌一道粉色边，然后粉色渐渐从外到内淡去，最后淡为白色的"梦露"，确实，花如其名，透着几分性感、妩媚与妖娆。这时，一对情侣走进来，挑选自己心仪的花束，搭配上店名"初遇·初语"，加之一缕花香、

三步之外是田野

一抹花色,顿然生出一种强烈的感觉,这家花店正是给学生生活增添色彩的所在。这对情侣可能如我一样,若干年以后,在大理大学的回忆里,一定有这家花店,和那位精致细腻的花店男店主。

鼻腔、胸腔填满花香之后,我们又到了一家泰国特产店,亦是由大理大学的学生开的。刚进店,店里空空如也。同事给店主打电话,发现店主的电话就在店里充电,我们也就自助逛店休息。店里全是来自泰国的商品,包括食物、化妆品、服饰,此外,店里还列有两排文学书,同事解释道,她的这位学生创作了自己的作品,已经在出版过程中。我更加好奇与期待,颠覆既有我对商贸街的认知,尤其是商贸街背后的人立刻变得鲜活,且特点鲜明。过了一会儿,店主才回来,所见之人正如他所看的书一样,充满厚实的分量。同事连忙紧张地说了她的学生几句"出去了不怕丢东西"之类,而对方回应的是轻松的笑容,"都是学生,很安全的"。大学的商贸街,学生是消费群体。他们消费简单,简单到只是10元一束的花朵、10元一支的唇膏。大学的商贸空间,又是除教室、宿舍之外,学生的别样呈现。

因此,在大学,要舍得驻足学校的商贸空间。当我停下来了解的时候,我亦重新认识了大理大学。当我停下脚步,来了解、感受、消费大学商贸空间的时候,我身处学生气质塑造出来的这一独特空间,感觉就如同听着一首久听不厌的民谣。

祖先的庇护

许烺光是心理学派代表人物之一,强调社会与文化因素对人类心理的影响,同时注重跨文化的比较研究。他一生著述颇丰,有近 20 本专著及 130 多篇较有影响力的论文。主要代表著作有《祖荫下:中国乡村的亲属、人格与社会流动》《驱逐捣蛋者——魔法·科学与文化》《中国人与美国人》《宗族、种姓与社团》等。西南联大时期,许烺光得以来到云南,在大理喜洲展开田野调查。在喜洲,许先生充分发挥了其文化人格学派的研究范式,通过对喜洲人格的个案研究,去看更为广阔的中国,观点思想会聚到《祖荫下:中国乡村的亲属、人格与社会流动》[①]。正如许先生在此书中所言,"不谦虚地说,本书可以让读者了解到中国一个边远乡镇在社会大变革之前人们的生活方式"(1967 年再版序)。对喜洲人的人格分析,许先生找到了切入点,即当地人与祖先的维系,

---

① 许烺光:《祖荫下:中国乡村的亲属、人格与社会流动》,台北:台北南天书局 2001 年版。

通过呈现当地人在祖先庇护下的生活,来开展整体的人格研究。

"从喜洲镇的文化看来,在祖先庇荫下,对人格有着重要影响的两个因素是权威和竞争。第一个因素包括'父子同一'(Identification)的关系和大家庭的理想这两个概念。第二个因素包括以下三点,或为其中一点所做的努力:一为共同祖先的荣耀,二为宗族内某一支系的荣耀,三为祖先们最宠爱,最有才干的后代的社会地位。"在喜洲,不论穷人还是富人,竞争是激烈的。然而,穷人仅仅为了生存而竞争,而富人则为了权利和名声而竞争。尽管父子关系形式上相同,但经济条件的差别把贫富两个阶级的年轻人造就成两种完全不同性格的人。穷人的孩子有所得必付其力;而富人的孩子则坐享其成。本书不仅描述文化对个性在婴儿时期的影响,还探讨了文化对个性在成年和老年期的影响。个性的形成不仅仅是早期教育的结果,更是在文化及其习俗中不断发展、不断融合的产物。

从喜洲人的居住空间来看,有阴宅与阳宅之分,阴宅包括墓地、祠堂、神龛等,是去世的祖先居住的空间。阳宅是活人居住的空间,多是"四合五天井"的建筑形制。"四合五天井"之下的生活,呈现的是在祖先庇护下的大家庭理想。在大家庭中,家庭成员的关系呈现如下特征:亲属关系以父系为根本,其中最主要的亲属关系是父子关系。母子关系就是生育关系,或者说是父子关系的延伸。夫妻关系就只能是父子关系的补充,只能服从于父子关系。兄弟关系是父子关系的延伸,但并不从属于父子关系。

总而言之，父子关系是喜洲亲属关系的核心，其他所有的亲属关系都是父子关系的延伸和补充，或是从属于父子关系。

父子关系，一是可以通过由长子继承全部财产来疏散家中其他男性成员的方法得以延续；二是可以通过保留祖先财产的完整性，强调整个家庭为一个整体的方法得以实现，即"大家庭理想"。在喜洲，社会习俗所鼓励的大家庭理想，强调的是家庭的完整性而非长子继承制。"同宅分家"使大家庭依然存在，小家庭也有一定自由的生活方式。分家后仍然同住一宅的生活方式缓和了祖先权威与个人奋斗之间的矛盾。大家庭之上是宗族，一个宗族的的威望和势力取决于它与官界的关系和宗族的财力。宗族之间时时刻刻为了宗族的声望和势力明争暗斗，如在编撰家谱、墓地、宗祠、公益事业方面的竞争。

续香火是实现大家庭理想的重要方式，所以，在喜洲，婚姻与家族要素是当地社会生活的要点。婚姻，从说媒，到订婚，到婚礼，都有各种细枝末节的讲究。在以传宗接代为至关重要之事的喜洲文化背景中，"上门"、再婚、娶妾等婚姻形态很容易得到人们的承认。婚姻是延续父系家族的一种手段。同宗族内部成员的联姻被认为是上等的婚姻。当家族面临"断香火"的危机时，人们就通过母系的婚姻（"上门"）来维持父系家族的兴旺。"上门"婚姻仅仅是"男婚女嫁"婚姻形式的一个补充，但这种婚姻使"上门"男人和他原来的家庭获得很大益处。"上门"婚姻往往能够帮助家境贫穷的男人在生活中获得更大的保障、更多的机会。

喜洲人认为灵魂的世界包括天国和阴曹地府，包括对魂、鬼、神三位一体的诸神的崇拜。灵魂分为四类：亲属以及姻亲的灵魂、非亲属与非姻亲的灵魂、灵魂世界的官吏、外族死者的灵魂。灵魂的世界不仅仅是人间世界的一个简单对应，更是后者必不可少的一个补充。一个人在灵魂世界所受的赏罚与他在人世间的行为密切相关。来自灵魂世界的奖惩不仅影响一个人死后的情况，而且能够影响他生前的生活，例如祈神会的主要目的在于清洗人们的罪恶。在喜洲镇，举行葬礼是为了达到以下几个目的：一是送灵魂早日平安地到达灵魂世界；二是为了灵魂在灵魂世界里能够平安舒适；三是表达亲属悲痛的情感和对死者的依恋之情；四是保证这次死亡不致引起任何灾难。

在喜洲人的日常生活中，会有很多与祖先进行交流的机会。如清明节上坟、日常祭拜神龛、农历七月祭祖节、农历七月全镇的祭祀。祖先是"扩大了的祖先"，不仅仅局限于亲属关系的祖先，其他如孔子、观音等也包括在了祖先的行列。在祭拜祖先的同时，喜洲人热衷于通过求神、守诫、祭祀来积攒阴德，但他们这样做的目的主要是为了一些更加实际的东西，诸如免除病灾、祈求富足、祈求后嗣、体面的葬礼、大片的墓地、世代兴盛、宗祠内受人尊敬等。当地认为子孙后代的兴旺取决于他们祖先安息的地方，因此也格外注重墓地的选择、祖先的祭拜。

祭拜祖先的方式，也是喜洲人向祖先学习的方式。在喜洲，教育几乎完全承袭祖先的传统。过去即是今天的模式，而过去和今天便是明天的模板。家庭的责任在任何时候都仅是按照祖先的愿望传宗接代。以祖先为示范，带有强烈的前塑文化的影子，这样文化背景下达成的教育，主要基于对孩子的三点期待：一是培养谋生的能力；二是培养适应社会的能力；三是努力形成适合传统习俗（祭典礼仪）的人。其中，在培养社会适应性方面包括培养孝顺之心，灌输男女授受不亲的思想，强调个人对家庭、宗族、姻亲以及乡镇的忠诚之心，培养竞争意识。

许先生从以上喜洲人与祖先共处的生活方式中，总结出喜洲文化的特质：首先是"父子同一"的关系。用"同一"来表示父子间的关系，同一性既是作为支配整个亲属结构的两大主要因素——父系和辈分的根本，同时又是以这两大因素为根本而存在的。"父子同一"是一个大家庭范围内所必需的一条纽带，它一边连接着众多的祖先，另一边维系着无数的子孙后代。其次是性别疏远，这不仅表现为男女之间的不平等，而且还极力消除男女之间的一切性爱表示。这些都旨在贬低夫妻关系，进而加强父子关系。再次是大家庭理想。为了保证大家庭理想的实现，必须注重两个因素，一方面是要有集体精神，另一方面目标要一致。最后是教育模式。教育建立在这样的观念之上，即所有活着的人是生活在他们祖先的庇荫下面。死亡并不意味着与在世的人永远分离，它只不过是将生者与死者的关系改变了一下。

同时，"父子同一"与大家庭理想的喜洲社会，也存在"安全阀"。在明确某种文化模式的基本方向之上，寻找与之基本方向相反的情况,将这些相反的、次要的习俗称为安全阀,因为它能够保证建立起来的文化模式不因其内部矛盾而破裂。安全阀正好调和"父子同一"与大家庭理想之间带来的紧张感,正好也成为"父子同一"与大家庭理想继续存留的衍生物。第一个安全阀存在于父系权威的模式之中。只要父亲在世,儿子就几乎不能自作主张。而"同屋檐下分家"的习俗在一个强调父亲对儿子拥有终身权威的文化模式中,可谓起到了安全阀的作用。这表明过分的父系权威受到抵制,年轻人有争取独立的愿望。第二个安全阀存在于男女关系的呈现上。传统规定,当生理上的性要求得到满足之后,一切其他的性意识都必须清除。所有示爱的行为,诸如温柔体贴和占有对方的欲望都是不被允许的。但"同屋檐下分家"的习俗在这里同样起着安全阀的作用,因为它缓和了习俗上的夫妻关系。既然大家庭中各个小家庭独立了出来,那么夫妻之间显然有更多的机会共同发展他们的小家庭。第三个安全阀存在于人们对形式的重视之中。重形式的习俗使孩子辈的孝敬义务有了更大的余地。

  本书的结论,在于总结出喜洲人的基本人格结构。基本个性结构指某种文化群体的共同特征,服从父亲的权威和权威下的竞争,奠定了喜洲人基本个性结构的基础,在此基础上发展出了谦逊过度、没有创新力的行为特征。地位个性结构指某种文化中一部分人的个性特征。喜洲个性类型包括男性与女性、富人与穷人。例如,喜洲地位低下的穷人和出身高贵的富人各自的地位结构有着鲜明的差别,穷人竞争的基本方向是经济,而富人竞争的基本方向是炫耀阔绰的铺张浪费。富人的孩子倾向于表现出许多将最终导致家庭衰亡的弱点,而穷人的孩子则培养起生存竞争中不可缺少的进取品质。这些地位个性差异是家庭周期性兴衰的原因,解释了为何"富不过三代",同样认为,这些差异至少是朝代周期性兴衰的部分原因。

整个研究试图描述和分析喜洲文化,以及喜洲人个性形成和发展的普遍特征。喜洲文化最基本的因素就是密切的父子关系模式。这种关系的具体表现是父亲的权威和儿子的顺从。家庭内所有其他的关系,以及亲属结构都以父子关系作为基本的出发点。与父子关系同时并存的是另外五种相互关系的基本行为模式:两性之间相互疏远、大家庭的理想、效仿古老传统的教育、强调生者与去世亲属之间的密切联系(祖先崇拜)、同一代人中间男女的平等。

在总结出喜洲人基本人格基础之上,许先生将视野放置到更为广阔的中国。许先生在假定个性结构类型都是大家庭理想下"父子同一"文化传统的产物基础之上,将中国个性类型分为五类。类型1:父子贫穷社会地位低;类型2:父亲有权势,家境富裕,社会地位较高;类型3:父亲富裕,但社会地位居中;类型4:父亲富裕有权势,社会地位高;类型5:父亲贫穷,社会地位低,但有可能勤劳。五大类型所占比例由多到少分别是类型1、类型3、类型2、类型5、类型4。许先生认为科举制度的废除及家庭行为的变化等因素是影响个性类型改变的可能性因素。

本书还重点阐释了中国家庭和亲属结构内部造成社会变动的因素,说明外界的变化怎样巨大地破坏内部因素,以及可能产生的后果。研究试图通过对于喜洲的研究将整个中国的朝代兴衰与中国家庭、亲属、宗教和个性形成的规律联系起来。随着新的法律、新的社会结构、新的意识形态的出现,新的人与人之间行为关系的价值在100年前开始更为有力地破坏传统性的中国家庭和亲属结构的时候,"父子同一"关系的模式,影响社会变动性的传统因素将逐渐减弱。传统的方式究竟能够在多大程度上适应新的要求,这二者究竟怎样才能有效地结合以达到平衡,这是许先生留给我们的思考。

受许先生《祖荫下:中国乡村的亲属、人格与社会流动》的影响,自20世纪80年代中后期,大理喜洲便成了研究大理的热点村落,成为学术名村。如张锡禄先生对喜洲的家谱进行了梳理,提出了有价值的观点。1989年,日本的横山广子进入喜洲以北的周城做田野工作,并发表了一些论文,开始探讨白族的族性(Ethnicity),特别是白族的本主崇拜。1994—1995年,密歇根大学人类学系博士候选人贝斯·诺塔尔(Beth Notar)在喜洲东北的3个村落进行了一年的田野作业,并于1999年完成了博士论文《野史:中国西南的流行文化、地方与历史》(Wild Histories: Popular Culture, Place and the Past in Southwest China)。1999年,段伟菊调查喜洲,于2000年完成了硕士论文《西镇的家与祭祖》。梁永佳剖析喜洲地域崇拜的复合文化现象,于 2003 年撰写了博士论文《地域崇拜的等级结构——大理喜洲仪式与文化的田野考察》,其后亦出了很多关于白族研究的成果。由许先生开创至今的喜洲研究热土,仍有很多可以探讨的空间。

大理社会的研究视角

以连瑞枝女士的研究《隐藏的祖先——妙香国的传说和社会》[①]为例，可以看到大理社会研究所呈现出的四类研究视角。

一是宗教视角下的大理社会。现有关于大理可圈可点的研究，多以当地的信仰形态入手，如《隐藏的祖先——妙香国的传说和社会》里重现10—15世纪南诏大理时期佛权建构与王权施展的关系，佛权不是简单的工具性发挥，而是成为嵌入到顶层社会的基因，并且渐渐地被民众社会所吸纳，以至于我们从当下的大理社会中，不管是城市气息浓厚的下关城，还是偏居一隅的大理村落，仍能感受妙香佛国的氤氲之气。

在大理社会的既有研究中，《地域的等级——一个大理村镇的仪式与文化》里探讨神灵体系与人存在的地域空间结构之间的关系，神的等级正好是人的地域等级的衍射。《祖荫下：中国乡

---

① 连瑞枝：《隐藏的祖先——妙香国的传说和社会》，北京：生活·读书·新知三联书店2007年版。

村的亲属、人格与社会流动》认为"祖先的崇拜"成为民众日常生活的核心，成为塑造群体性人格的先天赋予要素。许烺光先生与连瑞枝女士的研究都涉及以信仰为中心拓展出来的对大理社会的深层提炼。相比较而言，二者之间的差异在于对"祖先"认知的不同维度，许烺光的"祖先"是以"我"为中心可以追溯的具有血缘纽带及其扩大的人群类别，普通民众是此"祖先"的信仰群体，在他们的认知中，"祖先"是其一生的庇护，因此，个人与家庭的要事即围绕如何侍奉"祖先"而展开。而连瑞枝的"祖先"是南诏大理时期大理王室基于权威的确定而建构出来的对象，"祖先"在于确认了王室权威的合理性，尤其是宗教赋权的合理性。

二是"相对中心"视角下的大理社会。此研究跳脱中原为中心的视角，将大理置于南亚东南亚的地域范围内。从信仰体系来看，连瑞枝将当地的信仰渊源置于印度的信仰核心圈。南诏大理的佛教体系是对印度佛教脉络的延续。从信仰体系推展开来，继续相对中心的视角，大理的整体文化置于南亚东南亚的佛教信仰圈，而非中原地区儒教信仰圈。但需要商榷的是，从"佛—儒"脉络来看，大理历史中的"释儒"群体实则是"佛—儒"共同作用下生产的群体，用佛教信仰圈显然不能对此作出最周全的解释。作者跳脱中原（中央）的视角，是此书的出新部分，但这样的视角也出现问题，显然，在作者的研究中是弱化了中原来谈大理的，因此缺失了整体的关照，对大理研究进行了化约的处理，少了对大理复杂面向的考量。

三是时间连续体视角下的大理社会。时间性问题是研究中需要考虑的惯常维度,不管是显性还是隐性,在对研究对象的研究过程中,需要有时间性的考量。大理社会的研究就是典型的一例,我的老师与同事不止一次地提醒我,在大理做研究,哪怕是做当下的研究,历史的关照是无法回避的。这于我而言也有切身体悟,大理当下的文化事项,如大理人为什么食乳扇?大理地区的村落庙宇为什么如此密集,且民间信仰为何呈现全民信仰的状态?诸如以上问题,如果不回到"历史的现场"就很难摸清问题的答案。不同社会的历史呈现不同的表述,如无文字社会的历史是传说口述的表述形式,而有文字社会的历史是文字书写的表述形式。连瑞枝的《隐藏的祖先——妙香国的传说和社会》,其历史呈现面向是多样精彩的,既有文字的也有口传的,多途径叠合呈现以"佛"为根基的南诏大理国形态与此形态何以生成及变化的过程。正是此书提供的对历史的一种表述形式,使得我在此书历史的梳理中,找到了一些可以勾连当下与历史过往的线索。

同时,连瑞枝在历史呈现与表述的过程中,难免出现对于文献运用与解读的力度问题。南诏大理算得文献名邦,但因为在明代大量文献被毁之故,作者所研究时段的文献少之又少,总体体量不大,除却一些基础核心文献外,作者新增了诸如碑刻、家谱等资料,这些资料的一个特点是呈现内容与内层事实之间可能存在差异,虽然历史人类学路径偏好这样的历史资料,但重点要看运用这样的资料来呈现什么,如若为了显现地方感面向,那不失为良策，但作者用其呈现高于地方的"国"的面向，类似资料在解释力来看就难免有力不从心之感了，读来，会偶有过度解释的嫌疑，即没有把握事实陈述与文本解释的力度。

四是性别视角下的大理社会。《隐藏的祖先——妙香国的传说和社会》从性别的角度，专门用一个章节，呈现南诏大理时期女性的位置，让我看到通过交换下的婚姻和拟制亲属建立起来的社会关系网络中，女性在社会中的位置。性别视角下的南诏大理社会书写，为社会中一半的群体投注了特别的关照。但作者对于女性的书写，似乎又在夸大女性的位置。因为显然通过婚姻实现的大姓结盟，不同利益集团的关系强化，婚姻时时有作为工具性的需要。如果加入婚姻出于利益结盟和缓和矛盾的目的考量，那么婚姻中的女性显然是脆弱方，那对婚姻中的女性就该增添新的注解，而非作者表述中的"神母"形象。

连瑞枝女士的《隐藏的祖先——妙香国的传说和社会》力图通过多视角的大理社会书写，呈现大理社会的丰富饱满面向。我在一气呵成读完此书之后，叹服于作者强大的学术功力，感谢这道学术的大餐。

第二篇

乡土味道

因我生在农村,所以文字里总避免不了一些土气息、泥滋味。我喜欢这样的味道,这样的味道给了我生命的给养。不管是每次的返乡之旅,还是踏足乡村的田野调查,我都能够在青草、牛粪、炊烟里获得能量,生发学术的灵感。

彝族葬礼互助与生命体验

正月中旬,我妈妈老家的一位亲戚去世,在名叫水磨的彝族小村落,那是妈妈嫁出来的地方。虽然是亲戚,但我对这位逝去的亲戚没有一丁点儿容貌的记忆,或许之前我从未见过他,所以得知这样的消息,我的心倒算得平静。妈妈就神伤了,得知这个消息的她眼神顿时黯淡下去,嘴里和我念叨着这位逝去大爷的各种好,表达对他逝去的诸多难过。从妈妈那儿,我才建构起一个从未见过面,也从未当面叫过一声"大爷"的他:他去世时才59岁,按彝族人的年龄算法,勉强能凑足61岁,也算六十出头的老年人,但不管怎样,也无法抹去他正当年去世给亲友们带来的伤痛。他无儿无女,老婆三年前去世。就因为没从老婆去世的痛苦中走出来,他终日饮酒,甚至拿酒当饭食。去世前不久,他被检查出肝癌晚期,这个消息家人没让他知道,在医院里,他还和家人说道:"等我出院了,我要……"听得在场的人赶紧转过身擦去喷涌而出的眼泪。妈妈说,这次她要回去一趟,正好也几年没有回去了。我正值假期,也想陪妈妈一块回去。虽然我身为彝族,但长这么

三步之外是田野

大，还未真正亲历一场彝族人的葬礼，此行，我也可以感受一下，自己本民族的葬礼文化是什么样的。

  下了车，离村还有三公里的路，我们决定走路进去，也想用脚步丈量和触摸妈妈的这片故土，好好感受于我印象中时而隐隐约约时而又依稀可见的地方。这片土地对妈妈来说再熟悉不过了，妈妈一路和我不停地说着，"看，前面那个小山包就是你外公家的祖坟，是当时最好的坟墓，可惜被破坏了；以前呀，一到冬天路边滴水的地方全是一缕缕的冰棍，现在冰没有了，山里的水也少了很多；以前很小的时候哪，每逢赶街天，我们村里的几个小玩伴就坐在村前的这块石头上，等待大人回来。一早起来的时候，我们也会来这儿玩一会儿，因为这儿总是太阳最先照到；稍大一些的时候，我和你外婆就是沿着这条路，背着大蒜、洋芋、麻线到30公里外的地方去卖"。听着妈妈的话，我又建构起妈妈的少女时代。少年时代的美好回忆总是伴随着妈妈，给了此刻有了皱纹又有了白发的妈妈一些活泼和孩子的气息。我想，妈妈对这片故土应该也是越来越陌生的，陌生得我们成了外人，手里一直拎着对付村里家狗的棍子。属于村里的人，或者周边村落来这里的人，是从来不需要拿棍子的，村里的狗自然待他们为村里的一员。狗都能对村里村外人有个区分，足见村落的小。在我的印象里，这个村落就20来户人家，现在看来也未增未减。而妈妈，离开村庄这么多年，对付狗的能力也退化了，唯独寄希望于手里的棍棒。快到村口时，我们便高度防备起来，停止了说话，还恨不得踮起脚尖来走路。到了村里，更是紧紧地拿着手里的武器，直到一个人用彝语对妈妈说"没事没事，村里的狗现在不咬人了"，我们才如释重负地扔掉了棍棒。

我们进村之前，爸爸打来电话叮嘱记得买香和纸，一到葬礼人家，得先到棺材面前烧香烧纸，还有磕头。我这才明白，我们即将赶赴一场严肃的仪式，参加葬礼不是简单的亲戚的到场和与主人家的陪伴。进了村庄，我们直接到了葬礼的人家，妈妈较少亲逢这样的场面，大概也忘了葬礼的习俗。平时妈妈这边亲戚的婚丧嫁娶，也是爸爸张罗得多。葬礼人家院落里、屋檐下，都是人，也就是这样的场合，得以聚拢各路亲戚和周边四村八寨的人们。人们都是自愿到来，而不是主人家亲自登门告知。虽然是小村落，但一个人去世的消息总是以最快的速度奔走相告。与此地相隔十多公里的爸爸的汉族村庄，习俗有所不同，有人去世，家里的长子需要披麻戴孝，亲自到每户人家的门前磕头告知死者故去的信息，一一磕过头的人家才会聚拢到葬礼现场。而在与此地相距30公里的石羊小镇上，死讯是通过街头巷尾张贴讣告的形式传达的，人们看到讣告，愿意来的就自愿拢场，张贴讣告成为大理、昆明等城市采用的方式。我目测了一下，来参加葬礼的有男人、女人，壮年、老人和小孩，即不分性别和年龄，而在爸爸的汉族村落，长辈一般不出席晚辈的葬礼，孩子也不会在葬礼中出现，而性别构成上，男人多于女人。死讯的传播方式和聚拢葬礼参加人员的方式，体现明显的地域特色和民族特色。这让我不敢说，我亲历的是彝族人的葬礼,而只敢说,我亲历的是水磨村彝族的葬礼。

院落里,最显眼的是死者的棺材,在当地,棺材置于屋外而非屋内。棺材上方是用特有的树枝搭建起来的青篷。棺材一边是披麻戴孝的死者的晚辈,有20多人,嫁进来的、招进来的,一律在此行列。一边是前来吊唁的人们烧纸火处,供有一堆食物,旁边是一堆在燃烧的香纸火。我们进入这户人家,专门询问了礼节,确认无误后才在棺材前烧了香纸,磕了头。礼毕,一旁披麻戴孝的队伍步调一致地给我们回磕了一个头。接下来,我们被引领到堂屋,堂屋里主要坐着死者的同辈和长辈。死去的大爷的妈妈,已近80岁,见到我们,已经泣不成声,我想,到场的每一个人都是主人家需要的,帮忙之需要,倾诉之需要,陪伴之需要。

彝族葬礼

在一个小村落，于一个没有太多复杂社会网络的家庭来说，且逝者没有后代，葬礼有 300 多人，我有感于这么多人的聚集。葬礼于"关系"的维系，比婚礼，比一般的宴请都要更加重要。葬礼的尽量到场和帮忙，是当地乡村社会"关系"维系的最好例证。在当地，葬礼一类的事情，不是仅仅有钱就可以全部办得好的，这里，没有负责挖坟地、抬棺材的专业化人员，这些人都出自前来帮忙的青壮年。到场的每个人，都不会闲着，总会在葬礼中，找到自己可以帮忙的事情来做。青壮年帮忙做各种法事和抬棺材之类的体力活；妇女们在厨房里进进出出，帮忙做饭食；小孩子也会跟在妈妈身后帮忙；年长者则坐在主人家旁边，以缓解主人的悲痛。在当地人的理解中，人情的你来我往，人与人之间的互为帮忙，是必不可少的。正如有人告诉我的，"你现在不拢场帮忙，等你死后也是不会有人愿意来帮忙的，这样的悲惨谁都怕"。到场之人，虽然是"不请自来"，但其背后有一套观念与惯习的约束力。主人家有这么多人前来帮忙，也是平日里主人家会做人，打点得好的写照。

葬礼包含了邻里之间的互帮互助，正是互助机制的运作，才得以顺利完成葬礼的全部过程。葬礼也是凝聚人心、加强村庄凝聚力的时刻。在葬礼的过程前后，整个互助机制被激活和被调动。这样的互助，形成一个人的去世不止是一家人的事情，更是全村的事情。妈妈小时候经历过的葬礼，村里的每户人家都要背来柴火、米、蔬菜等，以供葬礼的饭食之用。现在在沿袭旧俗的基础上发生了一些变化,村里的每户以人头数凑份子钱给主人家,用于买香、纸、鞭炮等,拼凑的数额不多,如一个五口之家凑了18元的费用,数额虽不多,但每户人家都会表示。此外,村里的每家均会蒸好一锅饭,做好几个粑粑,在抬棺材之前呈列出来,作为死者去往灵魂归所行程中的干粮。这些由村里人拼凑的钱和物品,到了葬礼结束会清算,剩余的部分再添上主人家给的一些东西,又平均分发给每一户人家。整个葬礼,主人家不需要特意安排,主人家也不需要很辛苦,活计都由前来的人们分担。

除了葬礼中互助机制的呈现,对我的触动还有当地生命观的呈现。除一般葬礼的悲痛氛围外,其中还有浓烈的地方宗教感。人去世之后,主人家会请来毕摩为死者举行仪式,过去为期三天三夜,现在是24个小时。24个小时过后就可以发送死者了,因此不需要选定具体的发送时刻。24小时里的仪式是不会间断的,吹喇叭、敲锣打鼓的两班人马轮流上阵。主人家彻夜不休息,前来聚集的人也不休息,晚上和白天的人的数量并无二致,因为死者的灵魂需要彻夜陪伴。关于灵魂,我在既有的彝族研究里得知,彝族人认为死者的灵魂有三个:一个在家屋、一个在墓地、一个在《指路经》所说的灵魂归所,这点与我在葬礼上的观察是一致的。人死后,毕摩会刻一个小木人,作为死者的化身,置于主人的家中,这个木人也成了逢年过节家人祭拜的对象。在仪式过程中,毕摩会念《指路经》,欲让死者跟随念的地名,找到祖先来时的路。仪式不仅是毕摩的仪式,更是全村青壮年男子参与的仪式。仪式中无一例外的没有女人，全是青壮年男子，有十多个。他们配合毕摩，成为仪式的表演者。他们一会儿是死者的化身，到厨房找饭吃、找酒喝，象征有了酒食的死者可以安心上路；一会儿是驱赶村落因人的去世产生的一切恶的角色，他们在主人家进进出出，跳着舞着，象征因人去世带来的不好的东西不要影响到村落的前程；在发丧之前，参加葬礼的每一个人必须穿过由这群男人搭建起来的桥，以这样的仪式，让人们从一个人的去世的颠覆感中挣脱出来。喇叭配合仪式的各个环节，除发丧时候的调子外，其他调子也会用于婚礼等场合。从调子氛围来看，葬礼并非自始至终都是营建极度的悲伤，而是到了发丧前，悲伤的调子才出现，这时，家人和在场的人都是悲伤的眼泪和哭号。一些妇女也跟随调子，以唱调的方式表达死者一路走好。

一场彝族的葬礼，背后是当地人通过互助的方式，将这巨大的震颤解除的过程。于每个人，也是一场生命的体验。

乡村的"富有"生活

"土房变洋房,生活变小康",这是我在回乡路上看到的醒目的标语,10个红色大字在山路边一字排开,老远就能看到。给我视觉冲击的不仅是字的"大气",更是其内容。后来得知,这里涉及十多户农户的搬迁,农户所在地由相关部门检查,从当地斜坡地形出发,指着偶有裂缝的墙壁,认定此处有滑坡危险,不适宜居住,正好配合国家的一笔自然灾害风险安置专款,让村民们考虑搬迁。逻辑虽然是这样,但搬迁谈何容易,这次搬迁并不是集体搬迁,而是有名额限制,名额最后如何敲定我不得而知。我关心的是以下几个问题。首先是是否必须搬迁的问题。周边村民的话提醒了我,"这个村世代居住在这儿,也没发生什么自然灾害"。从村民的历史经验来看,这个村子的选址具有合理性,在历史发展中,周边也没有大的生态破坏。其次是搬迁的动机是什么?于选定的十多户村民,更多的考量是希望搭上政府帮扶的顺风车。于当地的收入水平而言,难有一次性拿出钱来盖个房子的,尤其是盖所谓的洋房,在这个村,至今还没有一栋洋房出现。对于自家的房子破烂不堪且有洋房梦的村民来说,无疑是具有诱惑力的。这样,村民想进入到政策的帮扶行列,住上众人梦寐以求的洋房的诉求就变得顺理成章了。最后是搬迁的代价问题。作为学者,我首先想到的是"土房变洋房"带来的生态问题。在这个政策中,为了保障搬迁的彻底性,原有村民居住的房屋会被不留余地地推倒,不推倒原有住房,国家给当地的补偿款是不可能领取的。原本可以另作他用的旧住宅顷刻间化为乌有,丧失了它原本可以再发挥的作用。从生态的角度来看,土木结构的传统住宅比钢筋混凝土的洋房具有生态价值。土木结构的房子,其材料可以直接取自当地,即使是房子推倒之日,土木回归自然,也不会对生态环境造成负面影响。而钢筋混凝土的洋房,其材料多需要从外地运输,材料本身不菲的价格和长距离的运输,无疑增加了建造成本。且以后钢筋混凝土结构的洋房拆除,又是一场生态的灾难,拆除物作为一堆生态的垃圾,毫无用处。大范围的建筑垃圾已经在大城市成为头疼的事情,不想,这样的难题也将会在乡村上演。

  作为当地人,我看到的是搬迁给当地生产生活带来的诸多不便。从生产而言,此次的移民搬迁从山脚搬到山腰,两地相距3公里左右,且为上坡路,行程多有不便。村民原有耕地都在山脚,搬迁以后,人地分离,村民得经过一段路程到山脚耕作。从生活而言,原有村民的居住环境靠山面水,地势较为平坦,取水比较方便，而搬迁到山腰后，水成了生活的不便因素，村民需要从别处引水到新的居住点，增加了难度，日常的生活也会受到影响。从人均享有的居住面积来看，新居地的人均面积较之以前少了很多，且既有的一切生活空间、牲畜空间等，都得在有限的空间里重新布局。

从我的理性考量，作为当地村民，搬迁之事是需要谨慎考量的。但是这样的搬迁政策，还是得到了当地人们的响应。我想弄清楚的是，如何从他们的立场出发看他们是如何做出这种举动的？此举背后的推动力又是什么？

这儿我需要讨论一下当地人眼中的"富有"。以我对当地农村的认知，一户人家的富有主要通过住房来体现，而关于什么是富有身份的住宅认知，又很容易受主流价值的影响，尤其是在当下的都市化浪潮下，乡村价值在都市价值面前渐渐被挤压，都市价值的凸显在地道的农村地区也表现明显。记得在我小的时候，当地农民穷尽一生盖一栋土木结构的三间架构瓦房，这在当地就是很富有的家庭。在我的记忆里，我家1992年盖的土木结构的房子，当时家里爷爷奶奶都还是劳动力，爸爸也拿工资，但盖房子也不免需要借债。而那个时候，村里还有不少的茅草房，人们的主食还是米和玉米面掺和在一起，鲜有单独吃白米饭的人家。

大约到了2000年，当地人认为的富有的住房形式主要体现在家庭的内部装修上，而在主体构架上还是土木结构的。好面子的家庭，无论厨房、卧室如何不堪，也要将客厅弄得体面些。富有家庭的住房，从客厅就可以看出。客厅采用现代的花哨的材料做吊顶，地面从泥土的地面或水泥地面改为瓷砖地面，墙壁刷得雪白。这样窗明几净的客厅形态，对当地人日常的生活其实是极不方便的，这意味着以前以火塘为中心的家庭空间格局被打破，我们仅仅能在厨房看到火塘和被烟火熏黑的柱子。干净的客厅让主人不敢在里面架起火塘，甚至放弃了烤炭火。正是为了"面子"，为了保持客厅的干净，日常一家人待得最多的地方还是厨房，从一家人在厨房准备食物，到吃饭与聊天，到饭后借着厨房的柴火烤火，这些都在厨房里进行，厨房成了另一种形式的家庭公共空间。客厅的作用简化为小孩子在沙发上玩耍和看电视。这样的客厅于农村人来说，少了很多的人情味，少了围着火塘喝酒吃肉聊天的畅快。有了这样的客厅，生活顿时变得拘谨起来。但是，这样的客厅被标签化，于当地人的认知而言，有当地城里人的生活烙印在里边。客厅成为逃离农村泥土味道的独有空间。即使这样的客厅给生活带来诸多的不便，村民仍是"趋之若鹜"。

而近几年，当地的住房又发生了改变。村民开始向往钢筋混凝土结构的房子，当地人将之统称为洋房。在前几年，家乡所在地的小学和村委会是村里仅有的洋房。这两处洋房似乎引领了当地的时尚。2018年我回老家，发现仅有20多户的村落里在建家庭洋房有6栋。面对这一视觉冲击，我的第一个反应是村民生活越来越好，因为建一栋洋房，主要材料不可以就地取材，造价自然比传统的土木结构高很多，一般不下 20 万元。但后来才得知，在一年之内拔地而起 6 栋洋房，并非村里一夜暴富，也并非今年风水好利于建房之故，而是正好赶上了国家的扶贫项目。

  这些住户的房子，一般保留在土木结构的初级版，即还没有走入讲究的客厅装饰行列。房子多为 20 世纪八九十年代修建，也会面临一些危房存在的问题。他们急于修建新的住房。但问题来了，这部分家庭普遍没有什么积蓄。国家政策补贴 6 万元，其余一部分可以享受国家的无息贷款，剩余的部分就需要向亲戚朋友借。借钱非容易之事，他们常常苦于如何借到钱，因为既然开工了，就不可能停工，工期完不成不可能拿到国家补贴全款。于是他们只能硬着头皮到处借钱，借到钱了，就盖一点，钱没着落，就只能暂时将工期搁浅。因此，他们会打紧手头仅有的钱，这样一来，常常在工程的质量上退而求其次，柱子里包裹的钢筋很细。我甚至看到一户人家仅用 4 根钢筋来支撑柱体的情况。话说自家的住房，哪敢在质量上犯迷糊，但此举也是缺钱的无奈之举。据我了解，当地纯粹农民出身的家庭，较少贫富分化，整个家庭的所有积蓄也就几万块钱，更别说那些贫困人家了。所以，10 多万元的债务，加之利息，实在远远超出了他们真实的支付能力。他们所做的不是生产性投资，在农村，新盖的房子没法出租，不能成为开启新收入的手段。这样的投资于生产来说并无助益，甚至限制了以后他们的生产消费，因高额举债带来的深度贫困可想而知。

我的理解是，当地对于"富有"的认知，已经沾染了现代化、都市化语境下城市维度的攀比，作为个体的认知很容易在这种认知中被裹挟。由此，总有一部分人，宁愿冒着再度陷入贫困的风险，也要去实现坐拥洋房的"富有"生活。

对家乡未来忧心忡忡的我，也在等待着时间带来的答案。

"我"的家园"他"的路

路过一个正在建设中的高铁站,其附近所见的景观震撼了我。一群异样的建筑,连我这个不懂建筑构造的人一眼看上去即可判定这样的建筑是不能住人的。经我观察,确实如此,这些建筑全然没有用钢筋混凝土,仅仅是砖块的简单累加。但这建筑简易而不"低调",在这一穷乡僻壤建起高至九层的群体建筑,算得当地村民的集体行为。临时拔地而起的建筑本就突兀而有震撼力,加之这些建筑建盖的用意并非居住,而是为凸显其特殊性。

如果与周边正在建设的高铁站联系起来考虑,便也明了事出有因。高铁站除了连通高铁线路之外,也带动了旁边一条高速路的发展。高铁站和高速公路附近原是零星的村落。在高铁修通之前,村里传出要建高铁站的风声,于是当地"闻风起舞",有空地的在自家空地上纷纷搭建简易建筑,没空地的在自家房顶上加盖楼层,因为用料简单,建筑粗糙,既有建筑与新有建筑就形成不伦不类的冲撞感。这些建筑之景也就如我之前所看到的,唐突跃入我的眼帘。

选取了几张这样的建筑照片分享到朋友圈，朋友的讨论如出一辙，无须解释，全国各地的朋友一看就知道这样的建筑就是为了坐等拆迁。看来在全国不同地区或多或少有类似的呈现，这一类现象的背后呈现的是同一个问题。朋友圈也普遍认为，这样的村民就是"刁民"。

从貌似同一声调的表述来看，似乎是不需要质疑的，但我面对这样的同一答案，仍然眉头紧锁，我并不满足于这样的逻辑解释。首先，对他们冠以"刁民"的标签明显是"他者"的视角。而"刁民"之外，我们没有看到事件当事人对自己认识与行为的判断与认知。其次，这样单独的个体行为何以上升到一个村落的行为，又何以在全国范围之内成为难以解决的问题。我想，作为普遍的问题，就应该放在大社会、大历史的背景下来考量，以便深层次解读其行为背后的推动力。就我的理解而言，不管是历史上的中央王朝，还是现在的国家与政府，在村民看来都是"他者"的存在。于村民的村落生活而言，于私的自己不用关心国家事务，也不用理解关心国家事务与我何干。所以村民的生活仅在每天鸡毛蒜皮的日常生活中就可以运作，这样从村民的观点来看，国家、政府与日常生活没有什么干系，国家、政府仅是村民们遥远的"他者"形象。一旦发生以国家、政府之名进行的国家工程，村民必然以作为"我者"的眼光来看待与他们相距遥远的"他者"之国家、政府。"我者"与"他者"之分就构成了村民的行动逻辑，以"他者"

之名在"我者"家园上利用土地筑路,村民习惯观念驱使下的"我者"与"他者"区分进而催生出建造房屋这种非常规的方式。

在追溯问题的深层原因之外,回避不了的是如何解决的问题。当下,当地的高铁和高速公路建设即将完工,这样一批建筑仍然并未自发拆除或是强制拆除,未拆除的建筑仍然是村民眼中"我者"与"他者"矛盾未化解的写照。那么问题的解决可以一并解释为如何从"我"的家园"他"的路到"我"的家园"我"的路的观念转变上来。"自家各扫门前雪,莫管他人瓦上霜"的俗语,体现的是一种注重私德的文化。用私德与公德的解释也就很容易理解为什么村民会有既存的"我者"与"他者"的区分。从"我"的家园"他"的路,到"我"的家园"我"的路,需要逐渐强化民众的公德意识,模糊"我者"与"他者"的区分。具体而言,村落共同体可以定期组织活动,内容围绕生成村民公民身份意识展开,在公民身份意识主导下,自然就不会有对"我者"与"他者"的显著区分及对"我者"权利的极端捍卫。

一个老缅和一个和尚

一、一个老缅

来到云南瑞丽,可以看到与我们日常不一样的生活。当地人棕色的皮肤,穿着筒筒裙,脸上抹上防晒的植物粉末,完全听不懂的语言。很多店名除了中文之外就是类似蝌蚪形状的缅文标识,甚至很多地方有缅文标识却不一定有中文标识,这些足够让我和同事好奇。就因了这样的好奇,我们足足在瑞丽口岸目瞪口呆了半个小时。在那里,穿着与众不同的人们就更多了,不止女的穿裙子,男的也在穿裙子,这让我身边没有见过"奇风异俗"的男同事大为震撼,见此景,足够保守的他着急了,连呼这男的穿裙子,岂不是不男不女。我呵呵一笑。我更多的是好奇,好奇之余是欣赏,还和同事开玩笑说:"男的穿裙子也不错。要不陪你去买一条?"他必然是毅然拒绝的,我则迫不及待地想要拥有这样一条小裙子。

打听到卖裙子的地方，立马展开搜索大战。在和卖裙子的老板交流中，我发现我错了，她严肃地纠正了我："这不是裙子，这是笼基。"哦，原来裙子有这么美丽的名字。笼基其实就是一块布，但似乎越简约的东西越难驾驭，我诚心诚意向老板学了如何穿戴，在老板面前演示了几遍，还好老板很有耐心。为了第二天出游可以穿上笼基，我回到住处还反复练习了几遍，觉得第二天可以成功穿上笼基出去玩才敢睡去。第二天一早为了顺利穿上笼基也起得比较早，且为了不出意外，特意在裙子里边穿了裤子。于是乎，做好万无一失的各种准备之后，我自信满满地出门游玩，想着会去有傣族和缅甸人的村寨，展示如他们一样的服装，也算是一种融入。出门向路人问路，一个阿姨回了我的话之后，我还是按捺不住问了阿姨："阿姨，您看我的笼基穿对了吗？我第一次穿笼基。"阿姨惊讶地看着我，回了我："我还以为你是老缅呢！"面对阿姨的惊讶，我又惊又喜，喜在成功通过穿着打入当地社会，这样的路径着实有效。就因为阿姨的一句肯定，美丽心情维持了一天。似乎通过一件笼基，我已经成为当地人而不是游客。一条笼基，让我实现身份的转换。

二、一个和尚

正逢边境小镇弄岛的傣历新年及当地宗教空间经堂的建成典礼，整个寨子聚集在一起举行念经和赶摆。征得当地人同意后，我们进入到他们的念经队伍中，脱了鞋，坐在经殿里参与仪式。过程中，想要有意和周边人多交流，但发现当地人没法听懂我们的语言,很多四五十岁的人对于汉语也是一知半解,这样,我们只得多看,似乎我们好奇的眼睛,与周围环境不一样的穿着打扮,也"惊扰"了当地人,他们亦会投来如我们对他们一样好奇的眼光。我旁边的一位妇女,脸转向我,欲言又止,应该是如我一样有着语言的障碍。后来,她再也抑制不住,指了指我一侧的同事,然后问:"和尚?"她的肢体和语言的配合使得我明白了她要表达的意思,意会之后的我,强忍着笑赶紧摆摆手回应:"不是不是。"这样的笑话也并非空穴来风。想想我同事高大魁梧的身材,和庙里供奉的神像相似的脸型和神情,加之几乎光头的造型,也就无怪乎民众会有如此疑问了。

弄岛的赶摆仪式

这样想来,我们如此顺利地进入到他们的宗教仪式现场并且参与其中,可能正因为他的和尚造型和我的笼基造型。好笑之余也在想我们的田野,当我作为调查者带着文化震撼的好奇眼睛去调查的时候,他们亦很容易将我们从一般的旅游者身份区别开来,亦会如我们好奇地观察他们一样来观察我们。在他们的眼中,也有了对我们的猜想。正如这期间我们去一个寨子,一个10岁左右的小孩子,跟了我们好大一会儿,我也有些纳闷,和他搭话,他终于没法憋住自己,非常大胆且好奇地问了我们:"你们是来做什么的?"好笑之余我也在反思,如果是真正的田野调查而非纯属玩乐,到了田野,我们是什么和我们要做什么的问题,是需要我们在田野调查过程中自然而然向田野调查对象解释清楚的。

于是乎,别人眼中的一个老缅和一个和尚,就这样在一起足足调查了六天。从仅仅是同事的一般了解,到后来的长辈与后辈的关系,随着彼此聊得深入,我对这位比我大20岁的老前辈也不再拘于礼数。一路陪伴,一路玩笑,这几天的田野调查,愈发像一个老缅与一个和尚演出的喜剧。

重访禄村与易村

一、禄村：中心村到边缘村

费孝通先生笔下的禄村,是一个比易村富庶得多的村落。它的富庶源于它较优的地理位置。20世纪三四十年代,禄村仍位于盐运交通线上,在费老的笔下,也就有了以背盐为生的背夫。禄村周边保留下来的两座颇有气度的石桥,就是黑井盐出禄丰到滇中、滇西等地的必经之路。处于交通中心位置的禄村比起周边村落显然富庶,费老笔下的当地人有小富即安的优越感。

当下,因交通格局的变化,禄村由中心村变为边缘村。因区位优势的丧失,当地人的优越感渐为减弱,一些有机会搬迁的人家搬到了县城居住。禄村人延续旧有的农业生计,同时,纯粹的农业难以为继,就到周边县城或其他地方打工。当地有几家以做豆腐为生的,主要供应县城。被边缘化的禄村愈发依赖县城,且被县城的城镇化影响。禄村所在的金山镇正展开金山古镇重建工程，机器声轰鸣，尘土漫天飞，一片片房屋被推倒，禄村也被卷入其中。可能若干年之后再访禄村，禄村旧有的村落形貌将不复存在，进而被整齐划一的复古建筑形貌取代。当一个老奶奶问我们"这些老房子要怎么办"的时候，我能领会到她因为老房子年久失修将一去不复返的痛。

  费孝通先生当年居住的老屋还在。老屋是典型的四合院，当时房屋的主人是禄村有名的富裕人家，从当下房屋的形制仍能看到当年的风华。只是房屋的主人已经换了几位，但也无碍我们找到属于费老当年生活过的那间房子。房子的主人将我们的视线引向正房中的左边一间。从房间的安排来看，费老当年在禄村是受优待的。村里一些人亲历过费老1990年重返禄村时的盛况，当时有警务人员维持路况，陪同的是一些官员，人们夹道看热闹。费老来了之后，村里的路铺上了水泥，禄村人对费老是感激的。

二、易村：土地与市场

  在易村的路上，一路绿色的田野，一路有毛驴出没。一条河流时隐时现，山脉倒显苍凉了些，盛夏里也仅有荒草与低矮的树木覆盖。山上的土不够肥沃，当地人在山上的耕作很少，因此缺少山地作物的产出。我们绕山绕河，到了由绿竹掩映的小村落，陪同我们的花长忠大哥说出"这就是易村"的时候，我便急切地参照1940年写就的易村调查报告，报告里许多景象真真切切地呈现开来。沿河分布的翠竹，横跨在河上的吊桥，河周边栽种的水稻,路中摇摆的鹅,团团聚合在一起的村落,这些似乎未曾改变。不管是当年的易村还是当下的李珍庄村,依然真真切切地存在着。

然而,细水长流中的变化带来了易村的变迁。水稻已不再是当地的主要收入来源,所产的大米自食的比较多,鲜有出售。水稻收割完毕,全村人开始在稻田里忙活大棚蔬菜,经过三四个月,大棚蔬菜送上了外地人的餐桌。大棚蔬菜成为全村人的主要收入来源,当地的农业节律亦围绕大棚蔬菜展开。大棚蔬菜种植的季节,季节性外出务工的男人们回来了,大棚蔬菜收获,钱揣进腰包之后,男人们又出去打工了,剩余的活计就交给家里的妻子和老人。因此,毛驴身材小、负重强的特点正好适合留守家中的妻子与老人。当地的土地因大棚蔬菜的种植推向了市场,农民收益的多寡由市场来决定。沿河分布的竹子长势喜人,不过竹子的主要用处不再是竹编与造纸。当地原有通过造纸为生的生计已经不复存在,唯独存留的一家造纸户是以非遗的形式保留下来的。竹编手工业也消退了,偶有个别人家会在农闲时节做点竹编赚取些零花钱。

张之毅先生当年居住的小屋还在,是位于山腰上离村落200米开外的一个小庙,又小又破,现在已经风雨飘摇。当年张先生每天夜里有诸神的陪伴,不知是安慰还是寂寥。探访给张先生做饭的后人,当年10余岁的小孩子如今已经繁衍了四代人,他的孙子拿出一张爷爷与张先生的合照,孙子对爷爷当年与张先生的交往显然知道得不多,唯有照片成了有力的见证。

张之毅先生易村调查居住的小屋

三、费孝通先生：神话与传说

重访禄村与易村，在我看来是我们同行的"创举"，殊不知，到达田野点才知道，与我们类似的探访费老足迹的人员一波波都来过。只是因为对接不同的部门，当地人也难以说全他们的身份。而费老本人也于1990年重返禄村与易村。当地人面对我们的来访，多显得"驾轻就熟"。说到费老，他们眼前一亮，接下来便对我们侃侃而谈，俨然颇有研究的专家形象。我们来到恐龙山镇镇政府，分管文化的副镇长引我们坐下，给我们泡上茶，然后也安稳落座，叼上烟，这显然是给我们来段精彩演说前的预备工作。

副镇长一开口便滔滔不绝,从费老与王同惠女士的大瑶山调查,到费老的江村经济,再到费老的云南三村,都如数家珍,还问我们"你们知道费老的初恋是谁吗?我是知道的"。说到禄村,他非常娴熟地从自己的资料堆里找出《云南三村》,是2006年由社会科学文献出版社出的原版书。我不禁惊讶,原版书只能从图书馆或淘宝上偶然遇到,我手头有的也仅是复印本。

我们去禄丰县档案馆查看费老于1990年重访禄村与易村时留下的"禄丰恐龙博物馆"的题字。当我们说明我们需要查阅的档案时,工作人员显然也很熟悉这份档案,还说到有很多人来查阅过这份档案呢。不大一会儿,工作人员就套着手套将题字慢慢铺开在我们面前,这是一个瞬间被赋予了神圣感的仪式,这显然也引来了在场之人的围观。吩咐工作人员前来帮助我们提取档案的博物馆刘馆长,说起这幅题字时也表达了自己的想法。他想和档案馆交涉,将费老的题字移交到博物馆来保存,一是便于展览,二是为了新博物馆建成,可以采用费老的题字。后来了解到,当年博物馆建成的时候,负责人向在任县委书记要题字,现在我们看到的博物馆的题字不是费老的,费老的题字留存在了档案馆。这让我想到中山大学费老的"社会学与人类学学院人类学系"题字俨然成了一道景观,过往的人们总会在题字下留影,这与禄丰当地费老的题字沉寂在档案馆形成强烈对比。还好,在新博物馆落成之际,费老的题字有望重新回归。另外,我们在查阅《禄丰县志》的时候,在扉页上看到了费老"禄丰县志"的题字,欣慰与亲切之情油然而生。一在于费老在禄丰县的行迹可触可感，二在于《禄丰县志》里，将费老放对了地方。

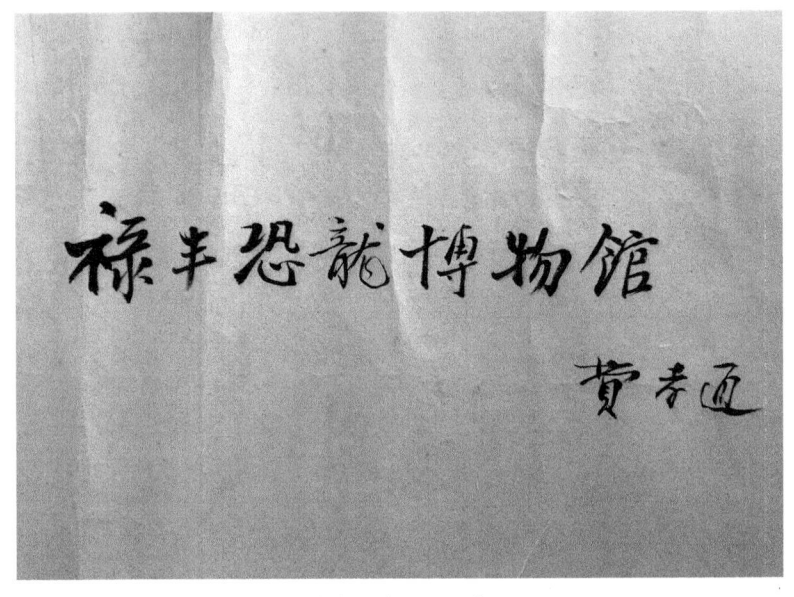

费孝通先生的题字

我们在禄村与易村的访谈中接触到当地的老百姓，在他们的表述中，有这样相同的说法"当年他们是来避难的"。第一次听得这样的表述，我纠正了，当第二次、第三次，还能听到同样的表述时，我开始有些思考。20世纪30年代，因时局变化，费老一行来到作为后方的云南。那个年代，上到国家下到地方，战争还是常态，为躲避战乱来到偏远的小山村，在当地百姓那里确有这样的认识，逻辑上是成立的。此外，当地人多目不识丁，他们很难理解费老一行人深入到从未被关注过的农村为何要问东问西，也未能理解费老访谈研究的意义。因此，当地人的表述就成了直来直往的"他们逃难来到这儿，住了一段时间，事后写成了一本很厉害的书"。这也难怪张之毅先生在易村田野调查期间，强烈感受到当地人的"不友好"，当地人经常回避他，回避他的问题，甚至给出错误的信息，他只能通过侧面途径来获取信息。一个相对封闭的村落突然闯入"逃难"者，当地人必然会谨小慎微。

跟随费孝通先生与张之毅先生的足迹，在他们待过的禄村和易村驻足，亦是与他们的相遇。他们当年住过的小屋、取水的水井、伏案的桌子，写满田野调查的艰辛与收获。

从"二月八"到自然节律

每年的农历二月八,是我家乡的节日,当地称"插花节"。在当地的彝族与杂居于彝族村落的汉族来说算得过"大年",而所谓的春节仅算"小年"。我因常年在外学习工作之故,不能亲临二月八现场的遗憾也仅仅化作一丝淡淡的情愫,"二月八"的概念与印象,渐渐平淡如我的日常。若不是节日当天打开微信圈,看到节日照片这一现场感十足的要素,我几近忘却了这一节日。

2018年3月24日,新一年的农历二月八,我已经将这个节日遗忘,表妹给我打来电话说他们一家准备在二月八当天"开羊汤锅",即在赶会的山间支个大锅,将羊肉放到锅里炖,吃羊肉的人就着松毛铺就的地面席地而坐,顺便来个小酒。电话里头听得她的激动,说"老姐,你回来吧"。想想,我已经远离围绕热气腾腾的羊汤锅边喝酒边聊天的场景太久太久了,我的零星记忆似乎也已经不是我自己的记忆,而是长辈告诉我关于他们经历的二月八在我记忆中建构的图画。

表妹的电话我是在车上接的，当时大理州白族学会组织成员到剑川考察，车上负责组织安排的老师提议，去看看当天的沙溪古镇"二月八"。当又一次听得"二月八"，不同的时空，同样的"二月八"，时空错位之感，顿时整个人为之振奋，明明因为时间关系不能去指望的"二月八"，竟然在一次偶然的田野中遇见了。

在路上，我兴奋地和同车的老师聊起关于"二月八"的话题。很巧，在这一话题的交流中我才知道，各地有不同形式的二月八，二月八有不同的民俗活动。如果视野稍微放宽，将时间放至二月八的前后，那么会发现，在农历的二三月，节日也是很多的。在二月初八这天，我的朋友圈晒出了各种节日：楚雄昙华的插花节，一平浪的花山节，剑川沙溪、金华的接太子活动，大理仁里邑的接本主节，丽江地区的三朵节。我一个河北的朋友和我提及，他们那里二月初八也有节日。圈里圈外，无不变成了二月八的专场。我兴致盎然，通过网络提供的资源，亦找到很多关于二月八的民俗活动。将二月八看作集体欢腾的节日，一点不为过。二月初八日子的特殊性何在？何以在这一天有众多的节日？诸如此类的问题又成了我的兴趣点。

虽然节日的形式多样，但大致有个共性，即农历二三月，江南江北多是春暖花开的季节，应季应景的民俗活动也容易围绕男女的恋爱为主题而展开，所以，民间所谓的"桃花运"也是在这个时节诞生的。村落的民俗活动有时间的节律，这一时间的节律是典型的农业社会节律。典型的农业社会时期，人们的日常活动也与自然物候相匹配，即春暖花开是恋爱的季节，男男女女通过踏春等各类民俗活动来实现交往。接下来就是农忙季节，确定恋爱关系的男女双方进入了情感的考察期，男方会主动来女方家，帮助女方进行农事生产，通过农忙来实现男女之间的交往，在这时期正好是女方及其家庭考察男方的时间，如果通过考察，就顺着时间节律继续走。庄稼的成长、春华秋实的过程，到了年底已经进入家庭的谷仓，这个时候是人们从农忙中抽离出来的好时候。人们有的是大把的时间，家庭的重大仪式、村落间的重大仪式，往往也是在年底的时候举行的，男女之间的情感，如果发展顺利，也将在这一时段以订婚、结婚的形式固定下来。

这样一种将人的活动与物候征兆联系起来的解释路径具有一定解释力度，这不免也点醒了我，应该重新思考人与自然的关系。我们在人与自然的路上经历了人挑战自然、征服自然，到人与自然和谐相处的生态观的时候，已然确定了人在自然中的位置，不是既有的挑战自然、征服自然，而是人与自然互为主体的状态。人大抵可以作为自然的一部分，人的生老病死就是自然节律之一种，那么当人本身与自然较为贴近的时期，比如典型的农业社会时期，人的活动与自然节律处于同一波段，呈现大致同一频率的状态。

而将农业社会的恋爱、考察、订婚、成婚阶段放到我们所处的社会，就会有以偏概全的嫌疑。我虽出生在农村，但由于一直在外求学与工作之故，已然不知道农间谚语的意涵，不知道什么季节该收获什么粮食,没有任何农村生活的经验。我们的恋爱婚姻形态也渐渐脱离了自然的节律,随着"时空张缩",随着人的流动性的增强,我们越来越可以在任意的时间与地点获得我们的恋爱对象,结婚的时间也多变成了周末、"五一"、春节这类国家规定的统一假期,人的活动从农业社会中的自然时间节律走向了具备全球化特质的现代社会所造就的新一轮的自然时间节律。

故乡的"插花节"

在云南省大姚县的昙华乡流传着这样一句话:"汉族有过年(春节),彝族有二月八。"在彝族人口比例占86.1%的昙华乡,春节只算得是彝族的"小年",而"二月八"才是彝族人心目中真正过年的日子。名曰"二月八",是指节日在农历的"二月八",节日还有另外的名称——插花节,源于当地流传甚广的"咪依噜和朝列若"的故事:咪依噜为除暴安良,献出了自己年轻的生命,她的爱人朝列若痛哭不已,眼泪流干了,接着又流出了鲜血,鲜血洒满了昙华山上的白色马樱花,从此昙华便有了红似火的马樱花。

彝族人为了纪念替本族人的幸福付出生命的咪依噜及咪依噜与朝列若感天动地的爱情,便用红色马樱花插满自家的房前屋后,作为辟邪、抗暴除恶、吉祥如意的象征,久而久之,便衍生出了插花节这一特定的节日。当地为数甚少的汉族民众被彝族二月八的节日氛围深深感染，节日期间，总爱凑凑彝族过节的热闹。有些汉族同胞也自愿欣喜地换上彝族的节日盛装，显然衣服穿得娴熟利索，走在彝族的人群里也看不出特殊，所以外地人很难从服饰上来辨别是彝是汉。

"咪依噜"在彝语里是"马樱花"的意思，是传说中那位为了彝族同胞的幸福生活而牺牲自己性命的美丽姑娘。我们不去考证美丽姑娘原名就叫"咪依噜"，还是因为她的美丽义举而被冠以昙华山上最美的花——"咪依噜"的名称，但花与人是紧密联系在一起的，人衬了花的美丽，花借了人的品格。我们无从考证这一美丽传说存在的具体历史，但传说的确真真实实地存在于当地彝族人的心底，即使是汉语蹩脚的彝族人，也能有声有色地向外来者讲述这一美丽动人的传说，自始至终，美丽的"咪依噜"就活在彝族人的生活与观念中。彝族人将传说中的"咪依噜"视为最美彝族女性的象征。彝族人从历史中一路走来，从未与美丽、勤劳、朴实、聪慧、心灵手巧等良好品格渐行渐远，"咪依噜"就是彝族女性品格的引领者。

当地彝族人不仅奉传说中的"咪依噜"为神圣，同时也视生长于山野间的马樱花——"咪依噜"为神圣。传说中提到漫山遍野的红色马樱花是用朝列若的鲜血染成的，而朝列若的鲜血是因为咪依噜的死而流的，因此红色马樱花象征咪依噜和朝列若之间爱情的力量及咪依噜凋零的生命。彝族人进入山林，是不会砍马樱花树的,他们只会怀着敬意从花朵中挑选几朵带回家供奉祖先,或插在房前屋后,取辟邪之意。山林中还有白颜色的马樱花,但崇尚红色的彝族人将白色的马樱花排除在自身信仰体系之外。他们认为白色马樱花是有毒的,连碰都不能碰,是一种邪恶之花,昙华的彝族人称白色的马樱花为"疯子花",足见厌恶之意。

但据我的了解,白色马樱花的恶名是被赋予的,实与花无关。我在宾川的鸡足山一带,发现当地人专门到山上采摘白色马樱花。它是较好的食疗原料。在大理生活的我也得以品尝到这一美味,还深深恋上了当地以花为食的美食习惯。将白色马樱花排除在彝族人的信仰体系之外,是与"咪依噜和朝列若"的传说结局相吻合的。传说中的结局是朝列若的血染红了马樱花,即变成了红色马樱花。因此只要被朝列若的血染红的马樱花就具有了高贵的血统,自然需要与白色马樱花泾渭分明,在象征的分类里必然就有了"白色=可怖"与"红色=高贵"的划分。

一、插花节的期盼

插花节就像彝族人生活的盼头一样,离节日还有几个月,彝族人便开始为插花节忙活了:为了能在插花节穿出新意、穿出亮点,擅长飞针走线的彝家姑娘早已经将她们的奇思妙想用彩色的线、流畅的针脚、明丽的图案展现在她们的衣服上、围腰上、挎包上、绣花鞋上。为了能在插花节上将自己喜欢的东西收入囊中，还在求学的小姑娘、小伙子早已经在积攒自己的零花钱，好在插花节上畅快地花钱。勤劳的男人女人们也在谋划着插花节卖点什么东西，好挣更多的钱，很多人家早已备足了自家生产的核桃、瓜子、荞面、苹果、羊等。插花节当天，这些东西便会登台亮相，齐聚市场，能将自家多余的东西拿到节日场上交易，也成了彝族经济能力的一种表现。为了一年一度的插花节，彝族人早已经按捺不住节日的兴奋。节日前不久，人们见面聊天总是以插花节为时间的参照物，语言里总是"离二月八还有几天几天"云云。

　　一般而言，插花节当天，家里的老老少少都要到昙华山参加活动，彝族人称"赶二月八"，除非身体原因实在去不了。节日当天，很多彝族人家都闭门锁户，手上的农活可以暂时放下，牛羊也可以暂时在圈里关上一天，即使家里的各种繁杂琐事也阻挡不了彝族人一心"赶二月八"的热情。也许赶会的人并不是冲着非得买什么或是卖什么的目的去的，他们觉得只要去了，哪怕是漫无目的的，但能看看美如马樱花的彝族服饰，看到久已未见的亲戚朋友，顺便可以和对方交流感情，看看外面来的奇珍异货以此增添些见识，或是来秀秀自己的小曲，炫耀一下自己夜以继日赶制的漂亮服饰，都不失为难得的收获与欢愉。

　　"赶二月八"的当天，习惯早起的彝族人一听得公鸡的鸣叫，便陆陆续续起床,将明未明的天幕映衬下的彝家村落也炊烟四起。人们随便打发了早饭,穿上节日的盛装,就欣然出了家门,再邀约几个可以谈笑的伙伴,谈着天、说着地、八卦着家长里短,开始了赶会的行程。四处通往昙华山的路颇为不畅,彝族人或三五成群徒步而行,或家里的男当家的用摩托车载着亲眷,或骑着在当地传统里比较时髦的骡子。一路伴随着笑语欢声、嘚嘚的马蹄声、嘀嘀的鸣笛声,顺便来些欢快的车辆一溜烟划过留下的漫天飞尘,伴随着脚步轻盈的红男绿女,路旁红得刺眼的马樱花、绿得发亮的青松翠柏……一路鲜亮的色彩已经在为彝族人心目中难以忘怀的插花节奏响了序曲。

上午9点过后,太阳从山顶冒尖,昙华山绿意里晕染了太阳的光彩,赶会的人也和太阳赶早,时间流过了,彝族人聚拢来了,昙华山上鸟儿鸣叫的静谧隐遁了,男男女女、老老小小带来的热闹浮现了、升腾了,更随着骄阳沸腾了。大概下午1点,整个昙华山上人满为患,四面八方的人齐聚山林,整个昙华乡的彝族自不必说,就连生活在昙华乡的汉族同胞也来参加这样的盛会,一如对汉族自己节日的推崇与喜欢。插花节不只唱响在昙华人们的心间,也浸润到了周边的乡镇,甚至是更远的区域,更有慕名来感受节日盛况的记者、学者。

插花节仪式现场

二、插花节的记忆

过去"赶二月八"是在昙华山的千柏林一带，在我儿时的记忆中，山林的入口有用松树枝搭起的弧形装饰物，松枝间用绚烂的山茶花和马樱花装点，分明就是一座给人极大视觉冲击的花桥，昙华山整座山上的空间，要么被树木占据，要么被前来赶会的人们占领。彝族人多喜欢在此支锅搭灶，就地杀一只羊，邀约自己的亲朋好友将羊肉不分部位都一股脑儿放到大锅里煮，众多柴火齐下，名曰"煮羊汤锅"，因此山林间绿树的清香早已被腥味十足的羊肉气息掩盖。几次大火过后，羊肉也可以吃了，虽然很多时候羊肉还没熟到份，还得用力地嚼，但这丝毫不影响彝族民众来赶会并齐聚羊汤锅旁的兴致，这样一大锅羊汤，便可以边煮边吃。一群群彝族人围成一个又一个圈，铺上松枝，盘腿而坐，不管是相熟的亲戚朋友，还是赶会才初识的，他们开怀畅饮的兴致丝毫不减。羊肉一般连汤带肉舀到一个盆里，置于人群的中央，再加之每人身前的一碗酒，就足以让彝族人在这山林间或饮或唱、或倾听或开怀大笑，待上几个小时。待到太阳落山、夜色渐浓、月亮星星出来了的时候，肚子也饱了，力气也更足了。星空下的人群将继续着骄阳下的狂欢，夜在二月八的当晚也耐不住寂寞开始了闹腾。夜中的人群更欢了，篝火更旺了，彝族人跳脚的步子更有力度了。一夜下来，崭新的白色胶鞋丝毫没有了白色的影踪，皮鞋也可以开出几道口，这分明是乐开了花。正如彝族的谚语道"跳脚，总能将高山跳成平地，平地跳出灰窝窝"。

　　近几年赶插花节，大体还是在崀华山上，只是有了特定的区域，而各个区域都有功能区分：跳脚集中在彝园的葫芦广场，商贸往来集中在彝园区域，祭花神、选花仙子、各类文艺展演活动集中在千柏林。各个区块都有扎堆的人，彝族人总是不愿错过每一区块带来的新鲜感，总在不停地赶场。每个区块的精彩都饱览了，但还觉得不够。比之我记忆中的插花节，活动更多姿，服饰更鲜艳，商品更丰富，外地人来得更多，彝族人的笑容更灿烂了。

三、服饰的展演

服饰是插花节最大的亮点，是彝族文化最直接的呈现。插花节当天，不管男女老少，都纷纷穿上日日夜夜缝制出来的彝族服装，因服饰上的马樱花图案，服饰就如山间的马樱花，伴随着人的行走，花也在林间与道路间穿行。绣在彝族服饰上的花的美早胜过了开在山里的花的美！彝族人会欣赏美，有从自然中借鉴美的智慧。

昙华彝族服饰除了缀满山茶花、马樱花图案这一共同特点外，也在共性中凸显着每一件服饰、每一位穿着者的个性。青年的女款服饰在整个彝族服饰中是可以"独领风骚"的。年轻女性是彝族审美和潮流的引领者。比如，年轻的女性会将插花节关于"咪依噜和朝列若"两人的形象用最美的想象、最娴熟的针法，固定在她们的背包上，还在人物中间空白处绣上"插花节"的字样，这无疑是对彝族遥远传说的追忆与想象。在彝族人的审美里，男人们也爱花，他们喜欢手捧马樱花与马樱花合影，他们的服饰上也有花的图案。男人的对襟衣衫，只在袖口、衣襟处用花朵做一些细小的点缀，简单大方而不失精致。男人身披的羊皮褂子，散发着一种山野的气息，同时也在讲述着彝族人相关的生产、生活文化。儿童的服饰是彝族服饰中的精致版和缩小版，短小的儿童着装增加了很多织绣的难度，但在彝族妇女看来并非难事，各个图案的放大缩小不需要技术帮忙，全凭感觉。在她们的感觉里，在她们的手里，不管图案怎样变化，都一样活灵活现而不觉生硬。

昙华彝族老年服饰，一语言之，即是张扬，老年服饰也丝毫不逊于年轻人的服饰，绚丽的色彩仍然是老年服饰的主色调。

服饰中除了衣服，还有精致的配饰：围腰、飘带、包头、银链、背包、绣花鞋，单独挑出来欣赏都不失为精致的艺术品，与服装搭配更是相得益彰。服饰上织绣的图案，除了常见的山茶花、马樱花，还有各式的植物、动物、人物图案，多取材于当地的生产生活。其中许多图案还是彝族发挥了自己的奇思妙想，在外来文化的借鉴下，经过改造，附上本民族的文化审美进行的一些创造性发挥。

插花节中的儿童服饰

漫游在插花节的节日现场，就如同置身于芳香四溢的流动花海,每一个身着彝族服饰的人都是花海中不可或缺的那一朵。人们见面总要对彼此的服饰品头论足一番。姑娘们用一双慧眼搜罗着今年服饰中出彩的地方,看一眼便记住,就知道怎么织绣,也许这出彩之处会成为明年插花节上的流行元素。整个插花节现场就是一个大型的、活泼的"T形台",每个彝族人都是台上精致的模特,哦不,不是模特,他们是自然天成的美的流淌,没有技术的、专业的、规则的制约。

四、群芳中的"花仙子"

　　插花节的美丽传说已经固化在每一个昙华彝族人的心底,对马樱花的崇拜追溯到历史不可考的插花节传说。现在的插花节一路沿袭了"祭花神"和"选花仙子"的仪式传统,体现着彝族人对历史传说的共同记忆、对马樱花的共同信仰、对自然的崇拜、对美的共同表达。近几年插花节特有的"祭花神"和"选花仙子"仪式作为整个节日的重心被搬上了舞台,固有的宗教神圣性与时兴的舞台展演性相结合,对外宣传彝族文化的效果颇佳。"祭花神"和"选花仙子"仪式的主持者是彝族的宗教权威人士——毕摩,插花节一大早,当地的毕摩一起聚拢,商讨祭祀仪式。毕摩亲自到山上砍下一截松树枝,取"四季常青"之意。摘18朵红色马樱花,18的数字与彝族十八月太阳历的18个月份正好吻合,取其"每个月的日子都如马樱花一样红红火火"之意。这18朵马樱花也正是"祭花神"中的主角,花神就附着在马樱花里。"祭花神"的现场,松枝和18朵马樱花被放置在由青松毛铺就的祭台中央,松树枝和马樱花之前摆放有精心准备好的祭品:一块腊肉、一碗米及置于米上的一个鸡蛋、一碗酒、一碗茶。"祭花神"仪式开始,所有身穿法衣、戴法帽、持法器的毕摩便围聚在马樱花树旁,念诵着彝族经文,完毕后是占卜,卦的一面代表天卦,一面代表地卦,同掷两卦,以同时出现天卦和地卦为最佳。

"祭花神"仪式

"祭花神"仪式结束后,紧接着是"选花仙子"仪式,目的在于选出当地最美的彝家姑娘。传说中"咪依噜"的形象是"选花仙子"的标准:美丽、勤劳、朴实、聪慧、心灵手巧、能歌善舞……所以花仙子的挑选标准并非单一的外表美。多少彝族姑娘以能参加花仙子的评选为一生的荣幸，多少彝族姑娘用一年，甚至几年织绣的服饰，只为了能在花仙子的评选中增加胜出的筹码。"选花仙子"的仪式还未开始，已经聚集了众多观众，各种年龄、各种职业、不同地域的人们均怀着同样的期待在等待着一场即将开始的美丽盛宴。优美的彝族小调拉开了"选花仙子"的仪式，在前期已经经过层层筛选的美丽彝族姑娘飘然而至，她们不语，也完全没有必要用语言解释她们的美丽，她们精致的服饰、从登台那一刻的一颦一笑到舞台上的从容自信，足够诠释她们的美。"选花仙子"的仪式也由毕摩来主持，彝族人相信天的神圣力量，在"选花仙子"的过程中，毕摩通过自身的神力与天沟通，然后用占卜的方式来决定由谁来当选花仙子。整个花仙子的评选，选出的不仅是当年的花仙子，更展示了彝族人的审美标准。

五、节日中的商贸

通常情况下，现代的节庆必伴随商贸活动，插花节也如此，但我认为插花节的商贸也算个例外，它并非简单的商贸活动，而是建立在插花节基础之上，置于彝族主流地域文化中，彰显地域特色和民族特色的商贸活动。插花节期间的市场及在市场中进行的商贸活动，既展现彝族的传统文化，也展现彝族对外来文化的接受、吸纳。

插花节可以制造较大的商机，决定在插花节摆摊卖东西的人们，过完农历春节就要进行摊位的选址，当地叫"号摊位"，如果不提前预定,插花节当天会难有一席之地,可见商贸的盛况。插花节期间形成的商贸活动很大程度上不同于平时的赶集日,除了更盛大隆重之外,陈列的商品也有所不同。插花节是娱乐性的节日,商贸活动中注重吃、喝、玩、乐,而平时的集市更注重提供昙华彝族的生产生活所需,比如米市场、牲畜市场就只在平常的集市里出现。从整个商贸活动来看,参与到商贸活动中的买方以消遣为第一要务,卖方也正迎合了节日中人们的消费心理,商贸中的摊点最多的是饮食类和娱乐类。

彝族文化在商贸中一览无余。在饮食方面,有各类彝族特色小吃的摊点,从外地赶来参加节日的人们一个重要目的也是品尝地道的彝族饮食,这些彝族特色饮食由当地彝族民众摆摊设点,风味纯正。见得最多的是用荞面烤制的荞粑粑,一般现做现卖,一位位手艺娴熟的彝族大妈将搅拌均匀的荞面糊糊倒到被炭火加热的平底锅上,现出粑粑的形状,伴随着"噗噗"的声响,不出几分钟,瘫软的面糊糊变成了有一定硬度的粑粑,颜色也由褐色变成了深黄色。彝族大妈能恰到好处地掌握火候,在口味最佳的那一刻出锅。人们便可贪婪地嚼起热气腾腾、甜中带些微苦且嚼劲十足的荞粑粑了,若是再配上一点蜂蜜,苦味就可以完全隐退,舌尖上、味蕾间停留的全是荞粑粑带来的山间田野的味道。除了荞粑粑,空气中总飘有阵阵的羊肉膻味。人们通常喜欢坐在山林间,一群人围聚一堆,围着一锅羊汤锅,吃肉、喝酒、畅谈,欢欣之后就互唱彝族调子助兴。

整个商贸活动中提供的吃食，大多基于彝族的饮食习惯。比如甘蔗，彝族人总喜欢买上几根，或截断了放在包里，或干脆整节地抬着，遇到熟人就分，剩余的带回家给家里的小孩。当地有甘蔗保鲜的特殊方法，将甘蔗泡到水里，就不用担心变质或风干，可以较好地保留甘蔗的纯正味道，因此有些前来赶集的彝族人会将成捆的甘蔗买回家。彝族人还喜欢各式的米花糖。米花糖由周边汉族同胞中的手艺人制作，买几斤回家，一家老小都可以吃。我一直爱吃昙华当地卖的米花糖，因此我的乡情里总有甜甜的米花糖的味道。除了各色小吃，昙华彝族大多有个习惯，将插花节当成一次难得的与亲戚朋友见面的机会，因此在节日当天如遇亲戚朋友，一般会一起聚拢吃个饭。各色羊汤锅、各类饭馆生意均会异常火爆，在这种家庭式或朋友式的聚餐中，酒是不可少的，歌也是不可少的，彝族人在忙碌一年之后，舍得在节日里好好享受。

插花节的商贸活动还是外来文化的场域空间。现代民族，想要"遗世独立"已经完全不可能，这样的美好愿景带来的只会是故步自封。彝族有积极接纳、吸收外来文化的热情，从彝族的服饰来看，过去的彝族服饰上最多的装饰物是手工绣制的各种图案，现在插花节的商贸中，彝族服装及各种饰品成为一大亮点。前来购买和欣赏的人总是络绎不绝，有各种可以给衣服镶边用的珠子、银泡、链子、耳环、裁剪好的纸质图案、用机器织出的漂亮而价格低廉的服装……都赢得了彝族人的青睐。这些商品为彝族人服饰的制作提供了便利,也为服饰增添了额外的美感。不能一味说机器生产的商品泯灭了彝族服饰的个性,这些工业化商品确实为彝族服饰的制作提供了快捷的途径,可以让彝族从繁杂的制作工艺中解脱出来,投入到其他生产生活中。彝族人在追赶时代的步伐,在节日期间,不难感受彝族也是现代生活的受益者:从彝族人使用的手机里传来当地时兴的彝族歌曲,从车窗外探出头来手持数码相机进行拍照的彝族妇女,用摩托车载着自己心爱的姑娘前来赶插花节的小伙子……彝族人也在以敏锐的触觉感受着时代的发展,也在更多地享受着现代文明的成果。

六、星空下的狂欢

"太阳落山了/星星出来/小伙儿把篝火点起来/山歌飞来花香飘来/姑娘把月亮牵出来/唱起来么跳起来。"天幕渐渐低沉,夜渐渐走来,此时插花节的现场又是另一派景象,篝火越来越旺了。夜还在延续着白天的热闹,彝族人的热情还没用完,且在这个时候更加高涨了,他们不约而同,手拉手编织起一个个圆圈,随着篝火舞动起来。可以舞弄一手好乐器的彝族人老早就带上自己的乐器,好在跳脚的现场带动起狂欢的场面。篝火还未燃起,他们已经在一次次调拨着乐器,有抑制不住的期待,也有担心乐器在跳脚之时出意外的恐慌。篝火燃起后,最先活跃的总是这些民间的乐手,顿时,月琴、三弦琴、二胡等各种乐器协调演奏起彝家的调子。听到调子,彝族人期待已久的心情终于可以迸发出来了。篝火越来越旺了，调子越来越高涨了，跳脚步子更酣畅淋漓了，夜里的星星也越来越明朗了，这分明就是离星星最近的狂欢。

如果是初来的外地人，看到这样盛大的狂欢常常会手足无措，他们惊叹的是彝族人奔放的热情、挥洒自如的情怀，自叹弗如的是自己笨拙的双脚，所以想要加入狂欢的人群得需要足够的勇气。瞅准时机，掰开两只牵着的手，将自己塞进去，然后快速学着周围人的脚步舞动起来。这一连贯的动作要非常快，稍微出点纰漏就只得悻悻地被挤出圈外，因为脚步如果不合拍，那就成了十足的破坏分子。要想学会彝族的跳脚，就得有一次次被挤出圈外的遭遇，得有十足的败而不馁的勇气，不怕出丑，迎难而上。

彝族人自带会跳脚的天赋，才一岁多的婴儿，母亲就会抱着他们在自己的双腿上跳脚，一边跳一边给他们哼起调子，所以在插花节的晚上，看到彝族人能跳能施展，自是从小所处环境熏陶的结果。整个插花节的夜晚，只要调子不停，那彝族人的脚步也就不会停歇，彝族人有的是使不完的劲，在昙华这片高海拔地区，插花节正是冬日时节，夜晚则更加冰凉，草地上还会结上霜。但在跳脚的现场，彝族人火热的心早已感受不到冰凉的气息，跳了几个回合，更是汗涔涔的了，在篝火的映衬下，可以看到一张张被舞动的激情涨红了的脸，一直未消退。月亮太吝啬，慢慢沉下山际，只留下一点淡淡的光；星星太偷懒，说想回家睡觉，只是忽闪忽闪的几颗；篝火太不给力，也渐渐熄灭，只剩下星星点点的炭火……这都昭示着一场星夜下的狂欢将落下帷幕，狂欢的人群渐渐散去,带着一整个晚上跳脚获得的满足。昙华山接待完盛大的节日渐又恢复了平日的宁静,跳脚的场地,铺就的松毛已经被踩踏得支离破碎,有些已经隐没在尘土里。松毛覆盖下的结实的场地这时也已堆积了层层灰尘,那是彝族人用畅快的双脚在一个晚上创造出来的。

  插花节展示的是一幅绚烂图景,插花节是彝族人展示自己精彩着装的时候,插花节的现场就是天然的彝族服饰展演的"T台";祭花神仪式传递与延续着遥远的彝族传说,"选花仙子"透出彝族人的审美与深厚的信仰;节日中的商贸串联着彝族人的传统文化与外来文化,二者在节日中交融;插花节的夜晚还在延续着白天的欢愉,舞动的脚步、奏响的弦子、燃烧的篝火,上演着一场星空下的狂欢。

侗寨求雨仪式的世俗化

上岩坪寨位于湖南省通道县,是典型的侗族聚居区。2013年雨季,上岩坪寨一个月未下雨。在当地,稻田面积占了所有土地面积的90%,稻田有近4/5的面积都处于缺水的状态,有些稻田已严重缺水,到了禾苗枯萎、土壤龟裂的程度。干旱于专门从事水稻种植的村民而言是致命的,在几个村民的积极倡议和全体村民的热烈响应下,一场近17年(历史上最近的一次求雨仪式于1997年举行)未曾举行的求雨仪式于2013年8月1日举行。

历史上的求雨仪式,选日子、祭祀活动、闹鱼活动这三个环节是必不可少的。

第一环节是选日子。求雨仪式均需要提前选定仪式举行的日子,但这次的求雨仪式没有事先请风水先生选日子,而是随兴安排的。《象吉通书》[①]第二十七卷写有传统上选择求雨日的注意事项:"祈雨吉日,丙子癸未乙丑壬辰癸巳壬子。宜纳皆水日并甲

---

① 《象吉通书》见于上岩村村民杨献昌家中,杨献昌为当地的风水先生。

子辰水周日。忌壬申癸酉。"以求雨的日子8月1日（农历六月二十五）来看，该日为己亥日，据当地的风水先生杨献昌解释，己亥日不是祈雨吉日，也不是祈雨忌日，但己亥日宜祭祀祈福，也算是个求雨的好日子。

第二环节是祭祀活动。传统的求雨仪式，需在仪式的当天一早，由风水先生和村里几位德高望众的老人带上献祭品去三省坡（位于湖南、贵州、广西交界）脚下的"塘安"（侗语音译）祭拜，常用的献祭品有香、纸、大米、猪头、鱼肉、鸭肉等。塘安离村寨有10多里路，此处清泉长流，上岩坪寨和骆团村的村民凡求雨必先到此举行仪式。仪式结束回到村后，村民才接着用茶油饼"闹鱼"[①]。村民集体求雨的地点在流经村落河流段的上游一带，传说在河流处贡兰桥头有芭蕉树的地方，有一深洞，是龙王居住的地方，龙头在此处，龙尾一直到达广西境内，全长约三公里。当地传说过去老人在芭蕉树附近晾晒侗布，不知怎么，布就不知不觉被晾晒在了广西的地盘上，村民都认为是龙王将布搬过去的。除了在河里"闹鱼"外，村民也会到周围的鱼塘处烧香、烧纸钱，用这样的方式让管水的龙王感知到当地的旱情。但此环节在这次的求雨仪式中被省却了。

---

① 茶油饼是榨取茶油后剩余的残渣，有苦味，无毒，将其投放河中，其苦味可暂时将鱼弄晕而使其失去游动的能力。

求雨仪式中的捉鱼

第三环节是"闹鱼"活动。此活动在这次的仪式中得以保留且作为重头戏。求雨仪式头一天，村民就在准备求雨仪式所用的茶油饼，茶油饼从广西境内购得，一共买了30多饼，所用开销由村民自愿捐献。当天一早，村民集中在里兰鼓楼烧茶油饼，烧后用水浸泡片刻，后将茶油饼用锤敲成碎末。同时村民会在村落周边采摘叫"外子"（侗语音译）的植物，将其捣碎，和茶油饼碎末掺和，便制成了可以"闹鱼"的原料。下午1点钟，求雨仪式开始。村民纷纷将茶油饼碎末置于河中，河水渐渐变得浑浊，约10分钟后，男女老少在河水中分布开来，拿鱼篓、渔网等捕鱼器具到河里捉鱼。捉鱼活动一直持续到下午6点钟，整个活动中陆陆续续参加的村民有300多人。村民捉到的鱼小者四五厘米长，大者十多厘米长，多者可捉到四五斤鱼。村民会于当晚吃了捕回来的鱼，村民认为只有经过闹鱼、捕鱼、吃鱼的活动，求雨仪式才算圆满。

关于求雨仪式，村民有两种解释。一种解释：通过捉鱼这一形式，可以让天下雨。因为鱼的生存离不开水，捉了鱼，鱼便失去了生存的环境，这样龙王就会感知村落的干旱情况。村民认为鱼与水的关系是最为密切的，鱼成为能够沟通人与龙王的中介，因此村民认为通过捉鱼的方式来求雨是很灵验的。另一种解释：村民会在逢年过节祭拜龙王，龙王理应满足村民农事对水的需要，如长久不下雨，则是龙王的失职。村民就会用投茶油饼的方式，让河水变苦、变黑，这样就可以弄瞎龙王的眼睛，让龙王知道村民的需求和村民的怨怒。因为龙王眼睛变瞎，龙王就会用降雨的形式来让河水重新变清。

我将求雨仪式看作当地的民间信仰活动，"民间信仰是一种宗教形态"[①]。在时隔17年后的求雨仪式中，村民不自觉地舍弃了原来宗教祭祀仪式的环节，就连最简单的烧香、烧纸钱来让龙

---

① 金泽：《宗教人类学说史纲要》，北京：中国社会科学出版社2009年版，第410页。

感应的环节也不复存在了。我认为这是宗教从神圣化走向世俗化的例子。关于宗教世俗化的理解,在《宗教社会学》中有如下的定义,"世俗化就是非神圣化,它意指一个漫长的社会变化过程,这个过程涉及两个方面:一是社会的变化,即人类社会的各个领域逐渐摆脱了宗教的羁绊,社会各种制度日益理性化;二是宗教本身的变化,即宗教不断调节自身以适应社会向'世俗'的变化"[①]。历史上的求雨仪式,村民严格遵循传统的祭祀仪式,怀揣对神灵的敬畏之心,仪式要请专门的风水先生主持,生怕出什么纰漏,唯有村民用虔诚的心、规范的仪式,才能很好地让神感知村民要做的一切,才能见仪式的效果。但这次复兴的求雨仪式,已经退去神圣的外衣,更增了娱乐化、世俗化的倾向。参与求雨仪式的村民对求雨仪式有三种不同的心态:第一类是少数老年人,认为传统的求雨仪式非常灵验,需要认真对待,仪式环节的省略必将导致求雨的失灵;第二类是中年人,认为求雨不一定灵验,但今年大旱,村民也无计可施,求雨比什么努力都不做要好一些,也可宽慰人心;第三类是年轻人,认为求雨仪式和下雨没必然的联系,他们参与捉鱼的活动纯粹为了图好玩、图热闹。

这次的求雨仪式,仪式中的选日子、祭祀活动被省略,这两个环节省略的原因与社会环境的变化是有关联的,除了科学文化的普及因素之外,还与对农业的重视水平有关。20世纪90年代

---

① 戴康生、彭耀主编:《宗教社会学》,北京:社会科学文献出版社2007年版,第159页。

以前,所有村民的经济收入均来自于农业尤其是稻谷的种植。稻谷种植对水的依赖度是极高的,所有村民对水均有强烈的需要。传统的求雨仪式是一个全村性的仪式,需要男女老少参加,如偶有村民去不了仪式现场,恐还会有招来仪式不成功的担忧。据村民回忆,求雨仪式活动中,河里密密麻麻的都是人,一般都有一两千人参加。而 90 年代以后,陆续有打工人群的出现,人口出现外流,发展到现在,几乎家家都有外出的打工者。因人口外流,许多村民耕作的稻田一般只满足自给自足的需要,致使部分稻田疏于管理,出现抛荒现象。打工经济的收益超过了水稻种植的收益,成为村民最主要的经济来源。人口外流致使农业地位下降,从求雨仪式变迁中仪式过程的简略、态度认知的转变等来看,就显而易见。

但时隔 17 年后的求雨仪式仍可以恢复,并有一定群众参与度,有其存在的理由。这次的求雨仪式意不在求雨,而在于娱乐。求雨仪式给男女老少一个繁忙之余放松的机会,且活动不像当地"六月六"等娱乐性节日一样需要转移地点,这大大省却了村民的奔波和经济上的花费。简化了的求雨仪式其实就是村民集体的捉鱼比赛,是一个不需要消费,同时还可以有所收获的活动,这样就带动了男女老少参与的热情。求雨仪式还为村民提供了一个集体交流沟通的场合,村民边捉鱼、边谈笑,一脸的轻松。

"经过世俗化的宗教,却能以现实而理性的态度重新介入社会生活,在让出传统的空间的同时又力图占据新的活动空间,从礼仪到活动方式均作出适应性的变革以迎合现代社会信教公民的多种需要。"① 上岩坪寨此次求雨仪式的过程大为简化，村民对待仪式的态度也大为改变，求雨仪式的神圣性退却，世俗化增强。但求雨仪式从神圣到世俗的转变，并不意味着求雨仪式的退场，它也在发挥其现有的意义和价值。世俗化并非求雨仪式的灭亡之意，而是符合社会发展的新形势，抑或是其高级形式而继续存在。求雨仪式发展成为当下以娱乐为主导的仪式活动，在让村民重识当地传统文化、娱乐身心、交流情感、培养集体意识等方面起到积极作用。

---

① 王仕国：《全球化与宗教的世俗化》，载《求实》2003 年第 12 期。

彝语"[mo⁵⁵]"中的女性地位

语言是社会现象和文化现象的结晶,考证一个民族的历史状况,除了运用现有的史料、田野调查外,还必须研究语言,把语言和社会联系起来,用语言论证历史,同时也可以用历史说明语言。因为"探讨一个民族的起源,语言比之一般史料,有更为久远的时间价值"①。人们的社会生活、社会思想的变化和发展会在语言中留下痕迹,同时语言是文化要素里较具迟滞性的,因此透过语言来研究特定的文化具有可行性。

同样的,彝语同别的一切人类语言一样也具有社会性。彝语伴随着彝族社会的产生而产生,并随着彝族社会的发展变化而变化。彝语的发展变迁总有社会历史发展变迁的影子。彝语本身就是彝族历史社会各种因素的综合体,保留了彝族历史上各个社会时期的痕迹,彝语本身就是彝族历史的映射。我们所知道的彝族

---

① 张公谨:《社会语言学与中国民族史研究》,载北京市语言学会编:《语言论文集》,北京:商务印书馆1985年版,第44页。

历史现象，都比较完整地保留在现实的彝语中，而我们毫无所知或是知之甚少的彝族历史，也会在彝语中有所显现，给我们留下了可以进一步探寻的机会。"对一个民族的历史，时代越早或者情况越模糊，那么语言的论证价值就越大。"[①]

我以云南楚雄一带的彝语为调查对象，通过调查，同时结合文献资料，梳理出"[mo^{55}]"的历史形态。"[mo^{55}]"作为彝语的基本词汇，有较高的考察价值。"[mo^{55}]"在彝语中的本义是"母性"。具体而言，"[mo^{55}]"的内涵是指具有繁殖能力的母性，外延则包括所有雌性的动植物。"[mo^{55}]"随着彝族社会的发展进程，赋予了更多文化发展的内涵，从"[mo^{55}]"可以考察母系制的残余，随着母系制转为父系制，"[mo^{55}]"由原来对女性的褒义、尊崇的色彩，转为了中性甚至是贬义和蔑视的色彩。

一、"[mo^{55}]"的本义

"[mo^{55}]"在彝语中的词性为名词，一切名词都是现实世界客观事物的反映。我们知道，基本词汇是语言生命力最长、变化最慢的词汇。就其今天彝语中最基本、最广泛的含义与远古的社会状况研究后得出"[mo^{55}]"的本义是母性，是具有生殖能力的

[①] 张公谨：《社会语言学与中国民族史研究》，载北京市语言学会编：《语言论文集》，北京：商务印书馆1985年版，第41页。

母性,表示生命的起源,是"生殖的本体"。①

"社会生活任何变化,哪怕是最微小的变化,都会或多或少地在语言里,主要在词汇中有所反映,因为语言是社会生活所赖以进行交际活动的最重要的交际手段。"② 彝族先民留给我们的语言资料中自然会有关于女性从事生产劳作、抚育后代的景象。荞是彝族传统的农作物,荞对于深居高寒山区的彝族人民来说,不仅是主粮,而且是在宗教祭祀活动中最主要的祭品,彝族称荞为"格嫫",意为母荞。斧头是从事生产、生活的重要工具之一,也是手工业发展到一定阶段的重要标志,彝族称斧头为"惟嫫",意为母斧。女性是人类最早的启蒙教育者,彝族称老师为"玛嫫",意为母教。对人体自身的认知有许多也与"嫫"有关,而"腹部"彝族称作"茨嫫","肝"彝语称作"思嫫","头晕"彝语则称为"嗷嫫"。③ 根据我的语料收集,还发现彝语中的猴子称[$a^{55}mo^{21}$],且特指母猴,因此可以看出"[mo^{55}]"在彝语中有泛指一切母性动植物的意思,且与人类的猴起源说也有一定关系。因此,"[mo^{55}]"显示了彝族对生命起源和人类起源的观念认知,表征彝族社会的延续与发展。女性作为社会中最为稳定与安全的部分,在生产生活的各个方面都举足轻重,而在照料孩子、保持

---

① 郝金文:《从彝语"嫫"的演变看彝族母权制的遗迹》,载《云南民族学院学报》2000年第6期。郝金文的彝语材料来自四川凉山一带,以上彝语材料与我所调查的云南楚雄彝族有差异,因此作为一个补充材料。

② 陈原:《社会语言学》,上海:学林出版社1983年版,第225页。

③ 郝金文:《从彝语"嫫"的演变看彝族母权制的遗迹》,载《云南民族学院学报》2000年第6期。

火种、操持家务等诸多方面更是非她莫属。

"[mo^{55}]"有母性之意,又结合女性的独有特点,能够生育和繁殖,彝族社会将女性的这一特点提高到新的高度,凭着对女性的生殖崇拜,一些植物也被附上了"[mo^{55}]"有繁殖特性的含义。例如种子"[sๅ^{21}mo^{33}]",冠以生殖的含义后,彝族先民们便有了在播种之后祈求多产、丰收的良好祝愿。竹子"[mo^{33}tsๅ^{33}]"本身具有较强的繁殖能力,便被冠以"[mo^{55}]"繁殖的含义。人的肚子(腹部)"[ɕie^{33}mo^{33}]",也与"[mo^{55}]"有着相同的含义。只是种子"[sๅ^{21}mo^{33}]"、竹子"[mo^{33}tsๅ^{33}]"、人的肚子(腹部)[ɕie^{33}mo^{33}]是"[mo^{55}]"的部分音变罢了,"[mo^{55}]"的本义仍然得到沿用。

二、从"[mo^{55}]"看彝族社会的母系制

"[mo^{55}]"的本义是母性,但随着氏族社会的出现和发展,女性的社会地位和作用也就随之提高,事实上女性在这段时期肩负起了整个氏族成员生存的重担,这一时期妇女不仅居于自由的地位,而且居于被高度尊敬的地位。在彝语中"天"称"[mo^{33}]",与"[mo^{55}]"只是声调不同,甚至彝语的心脏"[ni^{21}mo^{33}]"也有"[mo^{55}]"的表达,将"天""心脏"与"母性"大致等同看待,可看出女性在彝族历史中的尊贵地位。

随着社会的发展变化,"[mo^{55}]"的含义也随之深化和扩大。"[pi^{33}mo^{55}]"汉译为"毕摩",是指世代相传,掌管彝文经典,通

晓彝族文化,并能主持祭祀活动的彝族男性祭司。但为什么在"毕摩"一词中还留有母性的遗迹呢?这并不难理解,在人类童年时期,精神与物质浑然一体,政治、经济、文化、宗教融为一体,那时,彝族先民中的氏族女酋长,既是整个氏族的统治者,又是祭司,在一个万物有灵的群体中,只有掌握了神权,才有可能把握政权,否则是不可思议的。在彝族的相关文献中,有彝族经历了母系氏族社会的记载。《西南彝志》记载,彝族先民最初"只知有母,不知有父"。又说上古时代彝族先民"有六个母系王朝"①。四川凉山彝族文献经典《都提经书》记载,古代"父系王朝"之前存在过若干代"母系王朝"。彝文经典《创世纪》说,在雯治世烈前有四个王朝共三十二代,都是母系氏族王朝。这些传说反映了彝族先民和其他民族一样,在历史上也经历过漫长的母系氏族社会。从当代彝族地区重视舅权的现象也可看到母系制的残余,在彝族家族成员里,会十分重视舅舅在整个家族中的地位。舅舅有较高的权威,往往具有话语权,外甥的名字通常由舅舅给起。重视舅权是彝族社会中母权制的一大特点。在母系氏族社会中,舅舅与外甥是同一个氏族的成员,舅舅有保护和教育外甥的权利与义务。在母系社会时期,通常祭奠仪式的主持者非女性莫属。即使到了父系制时代,由于母系制的影响及其习惯法的作用,人们仍然沿用"[$pi^{33}mo^{55}$]"的习惯称谓,不过其本质内容已经发生变化,似乎成了父系制时代的产物。但通过对"[mo^{55}]"

---

① 《西南彝志》卷五《重申天地进化论》、卷六《序乌蒙》。

的考证,"[$pi^{33}mo^{55}$]"一词产生于母系氏族时代,当时女性是承担"[$pi^{33}mo^{55}$]"的重要角色,只是随着时代的发展,母系社会被父系社会取代,男性取代了女性的绝对统治地位,而语言的发展相对滞后于社会历史的发展,我们才得以通过语言复原过往。

三、从"[mo^{55}]"看父系社会女性的社会地位

按社会发展的一般规律,社会的变迁一般遵循由母系社会向父系社会过渡的规律,彝族社会的母系残余,已经通过对"[mo^{55}]"的探讨论证过。同样,透过"[mo^{55}]"的词义变化,我们能看出女性在父系社会的真实社会状态。彝语中现有的词汇:女人[$li^{21}mo^{21}$]、母亲[$a^{21}mo^{55}$]、妹妹[$ni^{33}mo^{33}$]、妻子[$a^{21}ni^{33}mo^{33}dzɔ^{33}$]都有"[mo^{55}]"的本义,即女性,这里的女性是不带任何贬义的。但我收集的语料中,发现与以上表达有出入的词汇,比如"[$ma^{21}ɕiə^{33}mo^{33}$]"汉译为"死老奶奶",是对女性老人的一种憎恶表达,这里"[mo^{55}]"的意思也就发生了相应的变化,打上了父系社会对女性的侮辱与诋毁。正如汉字中带"女"字旁的字,由"姬""娇""媛"等带褒义的字,到后来发展为"妓""娼"等带贬义色彩的字一样,彝语中的"[mo^{55}]"也随时代变迁而产生含义的变化。

蛙图案中的壮族文化

　　壮族，尤其是妇女，个个都是自然天成的艺术家，一身身亮丽的衣服，一件件随身携带的小饰物，在壮族妇女飞针走线的指尖被演绎成精美的真实。在云南的文山，有壮族的三大支系，支系主要通过服饰的不同特点来区分，但他们的民间艺术展品表现的内容如出一辙，总有蛙图案的点缀，虽然在具体的造型设计上有所不同，但深入探析均能剖析出蛙图案的原型。蛙图案并非只是由于喜爱在刺绣作品中表现出来，实则表达了壮族传统的文化因子。在壮族世居的生态环境中，蛙图案与壮族的生产生活是密切关联的。壮族的先民将蛙作为自己的同类，认为蛙可以对农业生产和人的繁衍发挥重要的作用，进而赋予它们特殊的神力，并对蛙顶礼膜拜。每种文化表象都有其较深的文化内涵，壮族艺术图案中的蛙图案所具有的生殖和促丰收的双重内涵，使蛙崇拜在壮族所有动物崇拜中居于主要的地位。

一、壮族民间艺术中的蛙图案

蛙,在壮族地区称"蚂拐"①,蛙的图案出现得最多的是在背小孩子的背带上。背带是文山壮族最主要的育儿用品,传统的背带是由婚前女方家庭的母亲缝制,作为陪嫁品送给出嫁的女儿,寄托了早生贵子、孩子平安的美好祈愿。用背带背孩子便于劳动,所以背带在壮族地区是常见之物。妇女对背带的绣制可谓重视,妇女的刺绣水平也在背带上得到体现。蛙的形态经过几多创造,在岁月洗练中,被批量地绣在背带上,成为壮族的无字史书。云南省壮学研究会副会长何正廷把背带上的蛙纹叫作"乾坤孕蛙图"。"乾坤孕蛙图"是壮族生殖崇拜和传统公母观的体现,也是壮锦一个独特高超的艺术创造。据考证,背带上绣的青蛙有公母之分。将青蛙绣在背带上,一是祈求繁衍生殖;二是将公母青蛙作为图腾崇拜;三是祈求风调雨顺、五谷丰登。对背带上为什么出现蛙纹的解释,郑超雄说,"你要总体地来看青蛙,头在这里,一个肥胖的青蛙,怀孕的青蛙,这个是背带,那么怀孕的青蛙最有生命力,拿来背小孩,这个小孩肯定是健康的"②。

在文山出土的铜鼓里也发现了大量的蛙图案。铜鼓在壮族的历史文化中有着神圣的地位:在家中用稻谷养铜鼓以增加其灵性,击鼓与神灵沟通、击鼓传递信息、战场上击鼓指挥军阵、祭祀仪

---

① 廖明君:《壮族自然崇拜文化》(第一版),南宁:广西人民出版社 2004 年版,第 362 页。

② 戴光禄:《丽哉勐僚》,昆明:云南美术出版社 2008 年版,第 206 页。

式上通过击鼓驱邪降福等。在壮族的社会发展历程中,铜鼓始终伴随先民们战胜自然、战胜敌对势力、战胜邪魔。铜鼓在人们的心目中是有灵魂的,是蕴藏战无不胜的力量的灵物,从而获得壮族的崇拜。壮族先民创制的铜鼓,最初是作为炊具之用,以后逐渐扩展到以鼓娱神、以鼓祈雨、以鼓聚众、以鼓号令军阵、以鼓节奏歌舞、以鼓作为权力与财富的象征。他们敲击着铜鼓,开辟出一处处水边的家园,并使这个民族逐步发展壮大。民间的俗语说得更好:铜不响,庄稼不长。① 将蛙图案赋予在积淀了壮族深厚历史文化的铜鼓上,更是反映了蛙在壮族人民心目中的神圣地位。

不仅在背带和铜鼓上,蛙的图案在壮族的其他艺术形式方面也均有体现。在文山的岩画中,能看到大量的青蛙舞或者蛙人舞。文山麻栗坡县东面有一幅巨大的岩画,当地人称"大王岩"。大王岩的画都是红色的,而且是统一的蛙舞形象。"大王"像左上方的一幅图像,姿势分腿站立,双臂斜举向上,头上似乎有某种装饰物,专家认为是一位孕妇的正面像。这个人像的最大特征是内腰腹向两侧鼓出,是在表现一位孕妇。更为有趣的是,岩画创作者似乎怕人们看不懂,特别在这幅图像的左边,画了一个空心椭圆状物,明示人们这是孕妇肚子的特写。大王岩的女性孕像显示,当时的越人崇拜生殖繁衍,信奉生命是从母体中孕育出来的。

---

① 徐旭平:《山水和人文——文山壮族稻作文化略论》,载《文山师范高等专科学校学报》2007 年第 2 期。

所以大王岩画就是祭青蛙,求人丁兴旺、五谷丰登。①

今天在民间,一些壮族地区还广泛流传着对蛙的不捕、不杀、不吃的禁忌。蛙崇拜还出现在壮族的服饰中,云南马关县的壮族,过去的服饰常饰有蛙纹,蛙纹位于图案的中心,把蛙的整体形象融于与之相关联的其他图像之中,创造出寓意深刻的完美形象,如把蛙头巧妙地化为如意头。圆圆的肚子,幻化为通宝。人们穿着这种刺有蛙纹图案的服饰,产生一种安全感与幸福感,认为蛙神在庇护他们,这也是古老的蛙图腾崇拜的积淀。

二、蛙图案存在的历史背景

壮族对蛙的钟爱,并非无缘无故产生,蛙真实存在于壮族的生产生活中,正是在与蛙年复一年的相处中,才对蛙赋予了更多的文化内涵。文山地处亚热带,有极少部分地方处于热带,地貌以丘陵和山地为主。聚集在这里的主要有壮、苗、瑶、彝四个少数民族。对各自的生活环境,本地人是这么说的:苗族住山头,瑶族住箐头,壮族住水头。这形象地说明了壮族的居住环境是以水为家,所谓无水不成壮寨。文山的壮族临水而居,不是居住在水头,就是居住在水边。丰富的水资源条件对发展农业生产很有利,因此很早的时候壮族人就发展了农业,成为一个以农业为主的民族。早在距今 9000 多年以前壮族地区就出现了原始的

---

① 孙敏娜、李纶:《试析云南文山壮族背带中的青蛙崇拜》,载《美术界》2009 年第 11 期。

稻作农业，是稻作农业的起源地之一。①更有学者，如原中央民族大学副校长梁庭望就认为，"壮族是中国也是世界上最早发明水稻人工种植技术的民族之一。其人工栽培的历史长达12000至20000年左右"②。

无可争议，壮族地区是稻作农业的起源地之一，但是自然现象是变化多端的，例如，变幻无穷的天空和气象，一时红日当顶，和风拂面，万里晴空，一时乌云密布，狂风骤雨，雷雨交加。在壮族地区，会遭遇狂风暴雨，山洪暴发。在遇到天干的时候，天旱酷热，禾苗枯槁，这种一涝一旱的现象极大地危及壮族的生产和生活。当时由于生产力水平很低，认识事物的能力受到极大束缚，因此他们对那些难于把握的自然变化，对于那些与他们经济生活密切相关的动物进行猜测，而这种猜测完全是以直观经验为依据的，即不能把人与自然截然分开，于是他们很容易地将自然和动物人格化，将人的意识赋予在它们身上。壮族人认为，在不可理解的自然力面前，除了血缘氏族是维系氏族成员生存的纽带以外，氏族的生存和团结还必须有赖于一种精神上的支柱，至此，那种与他们生活攸关的，人们每日均要接触的动物、植物和自然便成了他们拿来与异己的自然抗争的武器。壮族的蛙图腾就是在

---

① 覃乃昌：《壮族稻作农业史》（第一版），南宁：广西民族出版社1997年版，第19页。

② 梁庭望：《壮族的稻作文化和社会发展探索》，载《文山高等师范专科学校学报》2006年第3期。

这种条件下产生的。因为壮族先民进行农业生产,而天气的变化、风雨的多少,都关系到农业的丰歉,从而影响人们的生活。是否风调雨顺,是农业生产至关紧要的问题。在科学技术极其落后的年代,壮族先民注意到蛙的叫声与风雨有着很大关系,他们通过"青蛙叫,暴雨到"等现象,认为蛙是一种能呼风唤雨的灵物,能传递风雨的信息和预报风雨。同时,每年春天,蛙开始叫的时候,人们就知道播种、插秧的季节到了。蛙不仅能预告晴雨,而且是稻田里的益虫。所以重视青蛙,是重视农业的缘故。蛙能捕捉害虫,保护禾苗,这又是壮族以蛙为图腾的一个缘由。由于蛙有这种特殊的能力,于是壮族先民便对它产生了崇拜。蛙自然就成了壮族先民氏族图腾崇拜的对象。

三、蛙图案的文化内涵

蛙是壮族的图腾,在壮族的生产生活中习以为常。在壮族先民那里,蛙就是"雷王的儿子",连接着天与人间,干旱、洪涝、作物的丰收与否均由蛙来掌管。同时,壮族先民为青蛙极强的生殖能力叹服,将蛙奉为生育的灵物。

(一)蛙与生殖崇拜

蛙为何被看作生殖崇拜物,或者说为什么蛙可以保佑人丁兴旺。赵国华先生认为:"从表面上看,蛙的肚腹和孕妇的肚腹形状相似,一样圆浑而膨大;从内涵来讲,蛙的繁殖能力很强,产子繁多，一夜春雨便可育出成群的幼体，因此，蛙作为女性生殖器的象征，深深受过古人类的膜拜。"① 从造型上来说，铜鼓上累蹲蛙这种造型的生殖崇拜意味非常明显，蒋廷瑜指出，"那些累蹲蛙应是繁衍的象征。青蛙有雌雄之分，雌蛙身体较大，行动缓慢，雄蛙身体较小，行动活泼。每年春夏之交是青蛙的生殖时期，人们可以在近水边的草丛中看到雄蛙覆在雌蛙背上，用前肢紧紧抱住雌蛙。这是产卵排精的行为，古人对此已有所观察和领悟，把它们的形象铸在铜鼓上。下面的大蛙应是雌蛙，上面的小蛙应是雄蛙。蛙是多子的动物，雌雄抱对，象征着生命的繁衍"②。在铜鼓上还出现有三四只青蛙叠抱在一起的造型。这种造型把古人的生殖愿望表现得更加强烈。民俗学家林河认为，"为什么有蛙纹，因为在我们百越民族心中，青蛙一叫就有雨水来，雨水怎么来的，我们认为雷公下的，我们为什么这么说，因为青蛙和雷公是亲戚关系，雷公是它的舅舅，所以青蛙一叫雷公就下雨，我们稻田才有水"③。关于"蛙蛇纹"的内涵，当地民俗学者王明富向我解释道："我1984年到2006年拍了很多壮锦背带图案。在图案上有个特别的符号，这个符号我一直破译不了。很多人在问我这个图案代表什么内容。后来有一天去看我母亲的时候，我母亲在绣这个图

---

① 赵国华：《生殖崇拜文化论》（第一版），北京：中国社会科学出版社1990年版，第181页。

② 蒋廷瑜：《铜鼓艺术研究》（第一版），南宁：广西人民出版社1988年版，第187页。

③ 戴光禄：《丽哉勐僚》，昆明：云南美术出版社2008年版，第14页。

案。我问我母亲这个图案是什么含义。她说其中一个是男性,喊'度博',有一个代表女性,喊'度咪',就是男女二者结合、公母结合。这个图案我认为是男女公母、阴阳合道化生万物的一种构想。"另外,还有研究指出,"它是代表了繁衍后代,祈求丰收的一种观念。因为青蛙它是多子的:上面两个青蛙叠在一起。一般来说下面的是母的,上面的是公的。就是它产卵的一种表现"①。

(二)蛙与丰饶崇拜

水稻的种植从犁田、播种、插秧到禾苗生长时的田间管理都离不开水利的灌溉,壮族先民很早就发现蛙声和降雨有微妙联系,甚至通过蛙声还可以预测雨量的大小。于是,他们就认为蛙与降雨有着神秘的联系。在壮族神话中就把蛙说成是雨水之神雷王派到人间来的使者,或将青蛙当作"雷王的儿子"。当蛙鸣叫时就是向雷王发出降雨的信号。正如马歇尔在《克伦铜鼓》中所指出的,"因为有些原始人相信,不是雨把青蛙从隐藏的地方引出来而是青蛙的呱呱声把雨引出来"②。在壮族的观念里,蛙具有保护壮族,带领壮族繁荣昌盛的本领。壮族把蛙作为雷王的使者来到人间,通过祷告、献祭、巫术等表现手段来寄托自己的感情,表达自己的需要,密切人蛙关系,求得自然的恩赐与垂怜,祈求风

---

① 戴光禄:《丽哉勐僚》,昆明:云南美术出版社2008年版,第206页。
② [英]马歇尔(H. I. Marshall):《克伦铜鼓》,成恩元译,载中国古代铜鼓研究会、广西壮族自治区博物馆编:《铜鼓资料选译》,1983年,第9页。

调雨顺、安泰祥和之年,从而应运产生了一系列的蛙崇拜行为。①

铜鼓上的蛙造型同时包含有生殖崇拜与丰饶崇拜两种内涵,蛙作为壮族先民的图腾物,对它的崇拜在现在的民间艺术中还有很好的体现,关于蛙生殖崇拜的内涵要比丰饶崇拜的内涵产生得早。正如前文论述的一样,在原始人还处于渔猎社会时,人们在大自然面前还处于被动的地位,人类的存在和繁衍是一个大问题,因此那时候的人们对生殖的愿望是非常迫切的。于是与女性有诸多相似之处且生殖能力强大的蛙受到了人们的极大崇拜。进入农耕社会之后,种族的繁衍与存在不再受到巨大的威胁,农业生产成为社会发展的重心,于是蛙又与降雨的神秘相联系,成为丰饶崇拜的对象,承载起人们对风调雨顺、五谷丰登、人畜兴旺的热切期盼。人们对青蛙的生殖崇拜向丰饶崇拜的演化并不是以前者的消失为前提的,实际上,关于青蛙的生殖崇拜和丰饶崇拜是相辅相通的。庄稼的生长、家畜的饲养以及人类的繁衍,同样体现着大自然的生生不息。②壮族对青蛙的崇拜,体现着壮族对生命不息的渴望。

壮族对蛙的崇拜由来已久。在生产力低下、生产水平落后的壮族先民那里,对于自然界的认识比较有限,于是产生了对作为自然界一员的蛙的崇拜,于是蛙就成为天地与人之间沟通的中介

---

① 陈德英:《壮族传统文化对壮族服饰图案的影响——以壮族宗教文化为例》,载《玉林师范学院学报》2009年第1期。

② 黄媛媛:《浅析壮族铜鼓上青蛙塑像的蕴意》,载《传承》2008年第2期。

桥梁。随着农业的逐步发展，壮族人民渴求更多深层次的心理满足，人们通过蛙舞、蛙纹铜鼓、绣有蛙纹的背带等各种艺术行为的展现，来表现壮族人民内心世界与外在世界的和谐，人们相信通过图腾崇拜的方式，能达到人与神灵的统一，克服对自然的畏惧达到内心的平衡。在壮族逐渐克服对自然的畏惧而达到内心和谐发展之后，他们将蛙的形象艺术化，做了审美的升华，这是壮族生存文化的审美表达。对蛙崇拜的文化展演和升华的过程，也是壮族自身存续与发展的过程。

壮寨坡芽村的人居环境

坡芽村,隶属于云南省文山壮族苗族自治州富宁县剥隘镇甲村村委会。据富宁县人民政府1987年编印的《云南省富宁县地名志》载:"坡芽,在甲村东南3公里的山腰梁子上、山区。32户208人,壮族。壮族'坡'即山坡,'芽'是黄饭花的意思,村居多有黄饭花的山坡得名。"

坡芽村人居环境的变迁,更多来说是一种机遇,机遇源于"坡芽歌书"的发现。随着2006年2月"坡芽歌书"的发现,各级政府、各类新闻媒体和学者等将眼光敏锐地汇聚到坡芽村,这一名不见经传的小村寨开始进入人们的视野。坡芽村近几年社会文化的变化是显著的,与外来力量的介入有相关性。

"坡芽歌书"发现于2006年2月,由富宁县文化产业发展办公室刘冰山、黎盛根等四人在坡芽村采录壮族民歌时发现。"坡芽歌书"由81个图案构成,每一个图案代表一首固定的歌曲。"坡芽歌书"是一种特殊的文字形态,引起了省内外知名学者的关注。

中国壮族古籍专家黄贵秋认为,"坡芽歌书"堪称"世界级"的发现,是"骆越族群原生自创的图画文字,壮乡儿女天籁欢歌的情爱密码"。"坡芽歌书"翻译本《中国富宁壮族坡芽歌书》于2009年3月正式出版。中央民族大学原副校长梁庭望在此书的序言中评"坡芽歌书"是"壮族乃至文山壮族社会的百科全书"。因为"坡芽歌书"的发现,坡芽的村民们成了最大的受益者。"坡芽歌书"的歌唱曲目曾入选青歌赛并喜获铜奖,使坡芽村村民走出了村寨的大门,到富宁、昆明甚至北京,村民的生活面貌也由此发生了较大的改观。2017年,我在大理大学也欣赏了一场在国家艺术基金资助下的坡芽歌书演出。

一、人居环境的变迁

(一)传统干栏式建筑的保留

坡芽村的民族文化原貌保存较好,建筑也不例外。坡芽村村民的建筑都是典型的壮族干栏式建筑,房屋通体的结构都由竹子、泥土、瓦片构成。远远看去,村落整体呈现出掩映在翠竹中青灰色的墙体和黑色屋顶。偶有一两片石棉瓦的屋盖也只是作为关牲畜的简易之所。干栏式建筑由上下两层构成,第一层关牲畜和堆杂物,第二层用于住人。在第二层还有搭建出的晒台,全用竹子搭建而成,用于夜晚乘凉和平时晾晒粮食之用。干栏式建筑建材多取竹子,这与当地竹子长势较好是有关联的。坡芽的村寨里,随处可见四季常青的竹子。干栏式建筑较好适应了坡芽村地处热带地区，且深居河谷的炎热自然环境特征，深得坡芽村传统居民的喜欢。

  需要提出的是，坡芽村传统干栏式建筑的存在，与坡芽村民对传统壮族文化的认同与传承有关，但更重要的是与政府的行政干预有关。我们一行到达富宁县城时，和文山州委宣传部文产办副主任刘冰山、县委宣传部副主任黄炳会、县文联副主任黎盛根有过交流。他们谈到要将坡芽村打造成一个旅游景点的构想，并且在付出实际的行动。自2006年在坡芽村发现"坡芽歌书"后，坡芽村由一个名不见经传的小村寨，一跃获得县、州、省政府的特别关注。怀着各种期待的外来者走入坡芽村，给他们的一个切实体悟就是难得见到保存如此完好的壮族文化，它在很多方面算得是壮族传统文化的典范。

  政府尤其是富宁县政府对此给予了最多的关注，政府已深切感受到保护坡芽村壮族的传统文化，包括保持当地传统的干栏式建筑，已经刻不容缓。于是政府要求坡芽村村民一律维持干栏式建筑的原貌，不能以修缮为由，改变坡芽村传统的干栏式建筑形式。当调查小组进入坡芽村寨后，因为带队的王志芬老师与当地村民已经有了很深的感情，村民有想说的也会直言不讳地和王老师交流。村长告诉调查小组成员，许多村民都不想居住在传统的干栏式建筑里，这样的建筑空间太狭小，且需要常年修缮，成本太高。村民可以将居住的房子留给政府搞旅游，村民则由政府统一安排搬迁到别处，政府只需要给足补助且能按月给村民发放补助金即可，他们还请求王志芬老师帮他们写一份相关的报告，能将他们的这一要求向政府反映。

当调查小组返回富宁县城后，也将村民的这一设想向富宁县相关工作人员做了交流，从他们的口中，也获知了富宁县政府对此的态度。富宁县政府其实也慎重思量过才施行保留坡芽村传统的干栏式建筑这一强制性的行政举措。如果顺从坡芽村民的意愿，富宁县政府是拿不出这么多的资金给村民的，并且没有坡芽村村民居住的坡芽村，文化也就会成为一具空壳，不利于今后设想的旅游业的发展。总之不管是坡芽村村民对干栏式建筑自愿主动的保护也罢，还是政府的强制行政手段也罢，干栏式建筑是保留下来了，但坡芽村干栏式建筑以后何去何从，还尤未可知。

坡芽村的主要建筑

（二）女儿房的消失

坡芽村的民居形式是典型的传统壮族干栏式建筑，在传统习俗中，青年男女通常是以对歌的方式认识并走到一起的，在认识后便可以自由来往，不受父母的管束，所以壮族青年从成年恋爱到结婚这段时间里彼此的交往是很自由的。据调查，四五十岁的坡芽村村民在结婚后还经历过不落夫家的习俗。其中，女儿房为壮族男女青年的交往提供了有利的空间。女儿房是壮族民居在大门外的左右两侧所建的侧房，是专门供成年的儿女晚上对歌、谈恋爱之用。女儿房有单独的门和钥匙，是被整个壮族民居孤立出来的，因此有空间上的独立性，从建造结构和位置就能看出壮族青年男女谈情说爱的自由度。现在随着在外打工、外出求学的人的不断增多，壮族传统习俗与现代化元素发生碰撞，其中与女儿房逐渐消失有关的是壮族青年男女恋爱方式的变化。在近几年修建的壮族干栏式建筑中，已经没有了女儿房，一些有女儿房的房屋，也不再作为女儿谈情说爱的特殊场所，而变成堆放杂物，或给客人留宿的地方。在现实环境与观念改变的情况下，女儿房也逐渐失去了它的功能和意义，因此在建盖房屋的时候也就不再需要女儿房。

（三）澡房和厕所的出现

富宁县地处亚热带地区，剥隘镇又处谷地，是富宁县最热的地区之一。据《富宁县志》的记载，剥隘镇5月份的平均气温近

30℃。按理说，在如此湿热的气候条件下是应该配备澡房的，但坡芽村的传统生活习惯里没有澡房。据王志芬老师的调查，坡芽村在2007年之后才出现澡房。坡芽村的第一个澡房还是嫁入坡芽村的一个湖南籍的女子"发明"的。坡芽村村民所谓的洗澡就是天黑了打一盆水，到晒台上擦洗便是。此种露天的洗澡方式让湖南籍女子接受不了，便自己动手改装了一间澡房。

坡芽村原来也没有厕所，村民一天的生活大多在田间或在山上度过，大小便也在田间或山上解决，一般村民到镇上赶集，也不到公共厕所去解决，他们的解释就是脏。厕所的出现和澡房的出现一样，也是2007年之后的事，与外来进村的人有关。坡芽村自2006年发现"坡芽歌书"后，政府部门、省内外各个学术研究机构对此给予了足够的重视。政府将"坡芽歌书"列为非物质文化遗产，并且在坡芽村建了传习馆来保护和传承"坡芽歌书"。"坡芽歌书"的发现，吸引了许多慕名而来的政府人员、学者、记者等。当他们来到坡芽村寨，最不习惯的就是如厕，外地人在当地找不到厕所。也许是外来人的建议，也许是坡芽村民反观自己文化的结果，为了能对外来的人们照顾周到，个别村民就为外来者建起了厕所。看到外来者的这一生活习惯后，他们也开始使用厕所。调查小组此次住在村长家，村长是从别村入赘来的汉族，来到坡芽村也适应了此地没有厕所的现象。他家的厕所是为了方便外来人来坡芽村考察而建的。村长告诉调查小组成员："以前没厕所，外来的人都向我问厕所在哪儿，我才觉得有建厕所的必要。"他家的厕所直接连着沼气池,且厕所还是冲水的,看上去比较干净。现在在坡芽村传习馆的旁边,建有一个供全村使用的公共厕所。厕所并未闲置,坡芽村民已经渐渐接受这一良好的生活习惯。

(四)人畜分离

坡芽村传统的房屋建筑是典型的干栏式建筑,干栏式建筑分为上下两层,以竹子为主要的建筑材料,牲畜在下层喂养,人在上层居住,二楼人居住的空间外,又延伸出一个晒台,全部用竹子搭成,用于各家各户乘凉、晾晒粮食之用。这种建筑较好地适应了当地湿热的气候条件,较为通风透气,可起到防潮、防野兽袭击的作用。从各种资料中了解的干栏式建筑,一般介绍的都是其优点,难有看到此建筑形式的不妥处。此次结合实际调查,从村民的口中了解了他们对干栏式建筑的不满。现在表现出的人畜分离现象就与此有关。过去壮族的经济落后,生活水平不高,计入家庭财产的包括猪、鸡、鸭等也较少,有的也只是零星的几只,养在干栏式建筑的一楼没什么不妥。现在随着经济的发展,村民有了养更多家畜的诉求,不仅是用于自己家庭的食用,还想通过家畜养殖来获取一定的经济效益。但现实的情况是,一楼的空间实在太狭窄了,最主要的还有家畜养得太多,在如此气候炎热的地方,各种家畜的难闻气味到处飘散,在二楼居住的人就成了最大的受害者。难闻的气味、漫天飞舞的苍蝇,对于越来越追求清洁卫生的坡芽居民来说已不堪忍受。为了改变这种不卫生的人畜环境，村民们便纷纷在晒台的两边盖起简易的猪圈、鸡圈，牲畜便转移于此。原来养牲畜的一楼便只用于堆放柴火和杂物之用。有些村民为了获得一个不错的居住环境，更是省事，就连猪也索性不养了，而是在过年的时候从别处购买生猪。限于各家各户的居住空间都比较狭小，发展家庭式的养殖业还有一定的限制。这一人畜分离的现象只是暂时解决了人畜之间的些许矛盾，矛盾还有待进一步的解决。

二、人居环境变迁的背后

坡芽村寨在未发现"坡芽歌书"之前，确实只是个名不见经传的小村寨，政府的关注度也不高。可以说，坡芽村寨较大的发展变化还是始自"坡芽歌书"的发现，尤其是政府力量介入的结果。据随行的王志芬老师对我发出的感慨："离开坡芽村才两年，变化如此之大，是我未曾预料到的。我来坡芽村做调查的时候，什么沼气池、太阳能路灯、村寨里洁净的石板路、自来水进入各家各户，这些都是我前次来的时候未有的。"

关于沼气池的建设，是在2008年后全村开工建设的，几乎每家每户都有，这是顺应了在全国各地推行沼气池的节能号召。修建沼气池时，每户村民都有足够的资金补贴，村民只需出力，拿出少量的钱即可修建起沼气池，村民有了较大实惠，每家每户用沼气煮饭、点灯。家畜粪便等也有了可循环利用的机会，提高了坡芽村的村容村貌。

太阳能路灯是由政府出资、村民出力修建的,环保节能。村民们称赞有加,以往没路灯的时候,村民夜间出去串门,要么借助月光,要么打手电筒。有了太阳能路灯,手电筒就在坡芽村成为历史,一到天黑,太阳能路灯就开始明亮起来,村里的老奶奶也能在坎坷崎岖的房前屋后自如穿行。

调查小组一进入坡芽村的寨门,尘土飞扬的土路就变成了用石块铺就的石板路,看得出这条石板路还很新。据村长农加友介绍,路是2009年初才修建成的。沿着这条石板路,它的铺就范围从寨门开始,一直延续到村寨大大小小的角落。村寨里的主要道路,甚至通向几户人家的小路,也都铺上了石板路。调查人员去做调查的时候,一户村民正在请人修自家门前的路,他说:"村里都是石板路了,一到我家门前就是泥,我都不习惯了。我就是请人也弄成石板路。"村民们习惯了石板路,还充分利用起石板路,在石板路上晾晒东西等。

2008年以后,坡芽村寨修建了供全村使用的水池,各家各户又从水池用水管将水引到家里,村民用水方便了,这些都是政府出资及外界捐款搞的建设。又如公共厕所,政府为了整个村寨的卫生,积极出资建盖了公共厕所,就位于传习馆的旁边,展示出村落的新容新貌。传习馆是发现"坡芽歌书"后,为更好地体现坡芽当地文化特色,传承"坡芽歌书"而建的,成为村寨平时聚会对歌、谈家长里短的主要空间。

2008年以前,坡芽村寨的人们看电视都必须通过俗称的"大锅盖"来接收信号。据村民农加让说:"就在王老师(坡芽村居民们都习惯叫王志芬老师为王老师)2008年6月底完成调研任务走后,紧接着有几个人来到村里,帮助村民看起了清晰的电视。"

就在调查小组调查期间,正好有文山州领导去坡芽村考察,村长农家友笑呵呵地向调查小组成员介绍:"过去哪见得这么多当官的,现在我随时都得搞接待,有时还忙不过来呢。"当问及越来越多的人来坡芽村考察、做学术,会不会影响他们正常的生活生产时,他们笑着说道:"不影响,不影响,我们欢迎他们都来,来了我们坡芽村才有发展。"说着说着就将中央民族大学中国少数民族研究中心副主任黄建明、清华大学教授赵丽明等人的来访经历兴致勃勃地向调查小组成员娓娓道来,并且放映了曾在中央电视台播出的《解密〈坡芽歌书〉》录制光盘。在村寨里做调查,能时不时地感受到外来力量的介入给坡芽村不管是在物质方面还是精神方面留下的痕迹:一进村长家的门,就能看到村民与来访者的许多合影;歌手农凤妹向我们展示了政府授予她的"非物质文化遗产保护传承人"牌匾;一个村民指着他家的鸡告诉我们:"这30只鸡是剥隘镇畜牧局送给我们养的,每家都送30只,看都这么大了。"可以很明显地看出,有了政府的关注,有了研究者的考察研究,坡芽村的发展是显而易见的。

总结坡芽村的发展,还得益于它本身的文化发现。自2006年2月"坡芽歌书"的发现,坡芽村的发展走上了快速而又与众不同的道路。可以说坡芽村的发展走了一条捷径,一些地区的发展,由政府费尽周折宣传打造所谓自身的文化特色,却最终还是徒劳无功。坡芽村的"出名",与富宁政府敏锐的文化眼光分不开。发现"坡芽歌书"后,他们邀请知名学者去论证考察,努力将"坡芽歌书"的演唱推向中央电视台的青歌赛,成绩颇丰。

  坡芽村从发现"坡芽歌书"以来的发展,一方面归功于政府。政府特别是富宁县政府在坡芽村的文化发现,打造文化,将坡芽村的传统文化推向世人等方面的工作,充当的就是重要媒介的作用,它将不为人知的坡芽村与"坡芽歌书"为代表的典型壮族文化相联结。文山州委宣传部文产办副主任刘冰山、县委宣传部副主任黄炳会、县文联副主任黎盛根等一批政府工作人员,有较为敏锐的文化眼光。试想如果当初他们一行人发现了那奇特的81个图案却没有重视起来,那世人将错过"坡芽歌书"。他们为这一惊喜的发现而奔走,特请相关权威专家进行文化的解释与定位。在"坡芽歌书"文化的宣传和打造的同时,也着力于保持坡芽村传统的壮族文化风貌:传习馆的修建、壮族传统干栏式建筑的保留等。所有的努力让外来者进入坡芽村都有如此的感慨:"没感受过保存得如此完好的壮族文化。"

  另一方面,坡芽村的新变化来自于坡芽村村民的文化自信,将自身的民族文化带上了一条自觉自愿保护之路。因"坡芽歌书"的发现而引起的坡芽村新变化,坡芽村村民看在眼里,这些变化让他们更加看重自己的文化。就在调查小组进入坡芽村的当晚,村里的歌手为我们唱了很多"坡芽歌书"里的山歌;调查小组的随行翻译(坡芽村村民农倩慧)总是时不时地哼起壮族山歌;在入户调查的时候,歌手农凤妹向我们展示了政府授予她的"非物质文化遗产保护传承人"的牌匾;现在即使三四岁的小孩也能唱上几段属于壮族的山歌。当民族的文化保护走上由本民族自觉、自愿保护之路,再加上政府等力量的介入保护,坡芽村的壮族传统文化保护也就成了一条便捷有效且与众不同的路子。

石羊古镇红色文化

　　石羊古镇位于云南省大姚县，又名盐丰县、"白盐井"，历史上是云南著名的食盐生产地。在调查期间，我被当地丰富的红色文化吸引。调查过程中，最享受的莫过于听当地人讲述红军长征过石羊的故事。1936年4月红军长征过石羊、解放战争等革命历史事件，在石羊人心中都存有鲜活的记忆。石羊还有一些人物投身到抗日战争、解放战争中，为石羊的红色文化书写了可歌可泣的篇章。当地的红色文化既包括红军长征过石羊、解放战争等革命历史事件的历史记忆及物态的文化遗存，也包括现石羊镇政府主导下红色文化的开发。现石羊镇政府正着力挖掘这些可贵的红色文化，从"红色文化育心"的理念入手，着手打造"五馆一线"等红色文化品牌。

一、红色文化的历史记忆

（一）红军长征过石羊

1936年4月18—20日，中国工农红军第六军团在肖克、王震的带领下，长征过大姚，在大姚历时三天两夜。4月19日天未亮，红军离开七街，头戴柳帽，脚穿草鞋，冒着国民党飞机的侦察袭击和中央军、滇军的重兵尾追，向盐丰县城（今石羊镇）前进。上午10时左右，红军避开碉堡工事，占领峡谷两侧高地，居高临下，以猛烈火力攻城，伪兵守敌不支，纷纷溃逃山沟，红军以破竹之势进入了石羊。红军到石羊后开仓分盐，向石羊百姓发放盐30余万斤[①]。红军还打开积谷仓，将粮食源源不断分给穷人，并打开监狱，解救了60多名受冤百姓。20日拂晓，红六军团撤离盐丰，经过王家庄、大石桥、络子箐、温竹箐、杨家箐、桥头哨出楚雄地区西进，经祥云、宾川与红二军团会合，从丽江石鼓胜利渡过金沙江。在原盐丰县境，18名红军被国民党反动派抓捕，送交龙云，不知下落；一名红军受伤被抢匪杀害，两名红军因病牺牲[②]。当时来到石羊的红军，据文字记载是"三个师七个团"[③]。红军长征过盐丰县城，途经40个村庄，行程180华

---

① 中共大姚县委党史研究室编：《中共大姚县地方历史》（第一卷），楚雄日报印刷厂印装，2007年版，第149页。

② 中共大姚县委党史研究室编：《中共大姚县地方历史》（第一卷），楚雄日报印刷厂印装，2007年版，第142页。

③ 中共大姚县委党史研究室编：《中共大姚县地方历史》（第一卷），楚雄日报印刷厂印装，2007年版，第156页。

三步之外是田野

里。① 在这期间广泛进行了革命宣传,红军所到之处,打土豪分浮财,解救工农群众,播下了革命火种。

红军在行军途中不断受到中央军和滇军的尾追堵截,红军、中央军、滇军都曾进驻过石羊,在石羊还流传着《红军帽、中央军衣、滇军裤》的故事:红军来到石羊,住宿到一户人家,走时留下了红军的帽子;中央军住宿到他家,走时落下了军衣;滇军也来他家住宿,走时忘将裤子带走。这家的主人便将红军的帽子、中央军的军衣、滇军的裤子穿在身上,邻里人看到了都笑他不伦不类。这个故事再现了1936年4月红军、中央军、滇军分别进驻石羊的历史,也从侧面反映了当时红军危急的处境。②

李有德老人也向我讲述那段历史说,"当时听我父亲讲,红军实际进入石羊是在4月19日,但红军为了能够顺利攻下盐丰县城,提前三天(正值石羊的赶集日)就派出几个侦察人员前往石羊侦察,他们扮成磨剪子、卖药材、骟马驯鸡的。红军是从河里(南河)走来的,当时河是干的,河两岸的柳树正绿。红军进入石羊后,积极进行宣传,在墙壁上写上'共产党是中国人民的大救星''毛主席是贫苦人民的救命恩人''打开监狱放走穷人'等大幅标语,以安定民心。红军占领了石羊的五大盐仓,将盐分

---

① 中共大姚县委党史征集研究室编:《中国共产党大姚县党史资料》(第一辑),内部资料,第30页。

② 访谈人:王永和,石羊镇人,退休教师。访谈时间:2012年7月24日下午3点,访谈地点:石羊会馆。

给穷人，有力气的能拿多少拿多少，太大的大锅盐，红军就找来梭锯将盐分成小块再分给人们，抬不动的盐巴，红军还负责抬到民众家中。红军担心一部分穷人分不到盐，还专门到我们村（小七笼）问哪些是穷人，越穷的人家给的盐就越多，红军吃富不吃穷，纪律严得很，从来不要老百姓什么，我们村的一户人家，红军还给了他家一双皮鞋。"①

王正枝是土生土长的石羊人，当年红军长征过石羊时他仅13岁，对这段历史记忆颇深。他回忆，"红军长征过石羊，我清晰地记得，在红军未来到之前，国民党的飞机就已经来侦察了。上午10点多，我去挑水就碰见了红军，他们和我打招呼，叫我'小鬼''小鸡蛋'。我叫他们喝水他们没喝，当时我才13岁，感觉他们骑的马很高大。红军来到石羊，就拉通了电线，连接了通信。红军到地主家拿了衣服，分给乞讨的人和穷人，还开仓放盐，那时整个石羊锣声响起，叫人们到场署背盐。背盐的人很多，我差点被踩到。我那天抱了三个半盐回家，一个盐有10多公斤重。红军吃饭吃的是大锅饭，军队里的领导和军队人员一起吃，所以就看不出哪个是头头。他们穿着朴素，对百姓秋毫不犯。红军对老百姓着实好，老百姓由开始红军刚到时的门户紧闭到后来的陆续开店，卖荞粑粑、卖米粑粑、卖核桃的都出来卖。当时红军用一个镍币买一个核桃，一个镍币在当地可以买20碗米线，这看

---

① 访谈人：李有德，75岁，石羊小七笼村人。访谈时间：2012年7月29日下午2点，访谈地点：石羊小七笼李有德家。

出了红军绝不白拿白吃百姓的东西。红军来石羊,只是批斗了石羊的四大家族。红军去到别的地主家住宿,吃了用了都会留钱,走后地也会帮主人打扫出来。而后面来的中央军和滇军就不一样了,中央军和滇军是专门叫厨子给他们一一做饭,要吃什么就做什么。他们穿的是呢子料的衣服,吃了用了百姓的东西还不给钱。他们还常常叫老百姓去给他们干苦力,我父亲就被弄去给他们背过东西。第二天天未亮,红军就用高竹竿、布条、油做成高高的火把,点着火把就开始赶路了,石羊周围的山上都是火把形成的火龙。拉线的在最后,天亮了就全部走完了。红军走时,我想和他们一起走,红军问我几岁了,得知我才13岁,就说再等几年,摸了摸我的头,笑着就走了。"①

张国信老师对红军长征过石羊时,在石羊所进行的一系列活动及当时石羊的五大产盐井区、五大盐仓状况作了详述,"红军长征过石羊的活动,一是街头宣传。在街区刷上各种革命斗争的宣传语,以安定民心,增强对中国共产党的理解。二是在场署开仓放盐。三是开监狱(在现农贸市场内),放出的犯人一部分回了家,一部分跟随了红军。四是抓捕地主土豪。抓捕了石羊的土豪劣绅白少尧、布浩林、王泰丰妈、王粹之妈。开仓放盐的场署②是石羊当时非

---

① 访谈人:王正枝,90岁,石羊镇人。访谈时间:2012年8月2日,访谈地点:石羊街区王正枝家。

② 场署在现在石羊镇以石羊村委会、安逸酒楼、原盈盈饭店为中心向四面延伸,直至山脚,约20亩地的面积。

常热闹的地方。红军开仓放盐的五大盐仓就在场署里,场署是在原提举司衙门的基础上改建的。五大盐仓总的是一道大门,内有观音井盐仓、旧井盐仓、乔井盐仓、界井盐仓、尾井盐仓一共五大盐仓,每个盐仓的面积约在200平方米,五大盐仓一共1000多平方米。五大盐仓的盐分别来自五大井区:观音井、旧井、乔井、界井、尾井,当地简称'观、旧、乔、界、尾',每个井区有诸多大小不同的盐井、一定数量的灶户,每天由灶户产出的盐分早晚两批分送到五大盐仓。观音井在现在石羊南关的粮所至观音箐、红太阳宾馆一带;旧井在财政所至邮电所一带;乔井在邮电所至石羊小学一带;界井在三食堂桥至晒盐篷一带;尾井在晒盐篷至北关一带。"[①]

(二)石羊人物与红色文化

石羊虽地处边陲,但因产盐与外界保持着紧密的联系,能较早接受新思想、新文化的洗礼。1928年,中共云南省特委书记赵祚传就回大姚、盐丰开展革命活动。1931年,盐丰县原昆明市"青年努力会"会员王仲武组织领导青年学生游行示威,开展反对法帝国主义干涉中国内政,强征硬敛盐税以抵交庚子赔款的斗争。1938年11月,中华民族解放军先锋队(简称"民先")队员王子近从昆明回到盐丰,发展了封于齐、高粱、罗如森、张玉祖、

---

① 访谈人:张国信老师。访谈时间:2012年8月2日上午10:00—11:30,8月3日上午9:00—11:30,访谈地点:张国信老师家。

李林等加入"民先"组织，进行了一些抗日救亡活动。学习宣传马列思想，将《新华日报》《群众周刊》《解放日报》《解放周刊》等先进刊物从外地带入石羊，组织歌咏队，大唱抗日歌曲，演出抗日戏剧。1939年6月，杨正芳到盐丰先后发展了王子近、高梁、封于齐、罗如森、张玉祖五人入党，并报经省工委批准，成立盐丰党支部，王子近为支部书记，高梁为宣传委员，封于齐为组织委员。创办了《大众壁报》及工农夜校，组织"羊城歌咏队"，进行革命宣传，开展抗日救亡活动。1945年，昆明"一二·一"运动的《哀思录》《中学的民主》《吾爱吾师吾尤爱真理》等书刊传到盐丰。盐丰中学进步师生季瘦红、陈典章（联大学生）即广为散发，并组织座谈会声援。[①]一系列的革命活动在石羊如火如荼进行，石羊百姓为之觉醒，一步步走向了自由解放之路。石羊人张之霖、陈子干、甘舜、布一民、高维桓、布青阳、罗衡、甘芳、华定周、甘廷芳、王子近等成为石羊红色文化的代表人物。

  王子近（原名王信明，笔名王白浪），1920年5月10日生，从小受到很好的文化启蒙教育和爱国民主思想熏陶。中学时代在优秀地下党员教师的教育指导下，立志革命。他1938年参加中华民族解放先锋队，1939年加入中国共产党，担当盐丰第一任党支部书记，从此开始革命生涯。曾筹组滇军十八师艺工队，担任过《正义报》《云南日报》编辑，参与创办缅甸仰光《人民报》《人

---

① 中共大姚县委党史征集研究室编：《中国共产党大姚县党史资料》（第一辑），内部资料，第13—23页。

民旬刊》。发表过《人民的鲁迅》《我们真是爱聂耳》等旗帜鲜明的革命文章,还创作过《红河波浪》《圭山谣》《一二·一死难烈士挽歌》等革命歌词。1947年,从缅甸回国参加省工委领导的武装斗争。先后任滇南地委宣传部长兼个旧县委书记,边纵政治部宣传科长,《战斗报》负责人,参加过滇南战役。①

华定周,字定祥,1922年3月10日生于盐丰县庆丰乡硝厂冲村②一个贫苦农民的家庭里。1939年投身中共盐丰地下党支部领导下的革命活动,1941年服从党组织决定在滇军十八师从事地下工作,1948年3月加入中国共产党,参加组织滇桂黔边纵队的人民革命武装。他出生入死,无私无畏,表现出了高度的政治纪律和坚强的革命意志,为云南边疆的解放做出了不可磨灭的贡献,建立了卓著的功绩。1988年10月,中央军委授予华定周中国人民解放军独立功勋荣誉奖章。③

布一民(1895—1962),投笔从戎参加国民革命军北伐,为朱德领导的南昌军官教导团学员,并加入中国共产党。1927年参加南昌起义,1937年进入"抗大",1938年6月领导游击第七大队卫生队。1939年2月,重新加入中国共产党,后任晋察冀分区供给部副科长。1942年3月至1947年任中共中央党校技术员,

---

① 中国大姚县委党史研究室编:《王子近回忆录》,内部资料,2010年,"作者简介"部分。

② 现今大姚县石羊镇白石谷村委会硝厂冲村。

③ 参见网络资料:http://www.657200.cn/forum/thread-1438723-1-1.html。

1949年调南下解放军干部大队。

甘舜（1910—1985），1946年与中共地下党组织联系，在党的影响下，参与组织"云南地方自治促进会"，创办《新云南周刊》，与国民党"CC系"作斗争，积极参加反内战、反"三征"、反对国民党第八军进入云南、驱逐国民党云南省警备司令何绍周等革命活动。"李公仆、闻一多惨案"时，他以省参议会驻会委员身份向国民政府提出强烈抗议。1948年8月，经中央云南地下党组织活动后，甘舜被委任洱源县县长。1949年1月，甘舜加入中国共产党。1949年5月，甘舜率领洱源县常备队180人起义。这支游击队由小到大，发展成为1000多人的革命武装力量，转战于滇西北地区，曾先后攻占剑川、兰坪等县城，在中共云南省工委领导下，组编为"滇西北人民自卫军"第三支队，甘舜任司令员。这支游击队在白族、藏族、纳西族、傈僳族等各族人民的参加和支持下，经过几个月的战斗，陆续解放了剑川、丽江、鹤庆、永胜、华坪、洱源、邓川、兰坪、维西、中甸、碧江、贡山、德钦等县，建立了滇西北根据地。

甘芳（1895—1951），1909年考入云南讲武堂。1911年参加"重九起义"。1925年参加中国国民革命军军事代表团，经日本到苏联、德国作军事考察。1926年任国民革命军第三军第九师（朱培德部）第二十五团少将团长。1951年3月9日，甘芳在"镇反运动"中被错杀，时年55岁，1985年7月8日平反昭雪，恢复起义人员名誉。①

综观石羊人物，与红色文化紧密相连。他们先走出家乡，后来又将先进的新民主主义思想带到了家乡。革命的事业即是他们的事业，他们的生命属于革命。石羊古镇自古文风昌盛，在盛世造就了文才，在抗日战争、解放战争等特殊的历史背景下也造就了诸多武才，如张之霖、陈子干、甘舜、布一民、高维桓、布青阳、罗衡、甘芳、华定周、甘廷芳、王子近等，将国家、民族的兴盛安危系于自己的生命之上，可歌可泣。

二、当下的红色文化

（一）红色文化的建构理念

关于石羊古镇"红色文化"的提法，在2011年之前未闻其声，一提到石羊文化，小镇人民对儒家文化、盐文化、宗教文化、少数民族文化等侃侃而谈，但对"红色文化"稍显生疏。不过换另一种方式，让小镇人谈谈关于红军长征过石羊、抗日战争、解放战争的历史，他们总能谈得有声有色。2011年底，以镇党委书记牵头的石羊镇领导班子将石羊红军长征过石羊、抗日战争和解放战争等新民主主义革命的历史及其历史遗存提升到了"红色文化"的高度。石羊镇镇政府将红色文化的理念定位为"红色文化育心"。

---

① 石羊诗书画协会编：《龙女牧羊的地方》，张国信撰稿，内部资料，2004年，第74—83页。

在石羊镇"三羊开泰"党建品牌创建活动中,将"富裕石羊""文化石羊""和谐石羊"作为"三羊"的三大抓手。在文化石羊方面,石羊古镇自古就有着源远流长的深厚文化。古镇的盐文化、儒家文化等多种文化兼容并包、交相辉映。在如何做足、做强"文化石羊"方面,镇政府提出了"五心"工程,即"红色文化育心""儒家文化养心""绿色文化润心""廉政文化净心""大众文化凝心"。积极组织引导共青团、工会、妇联等群团组织深入开展创先争优活动,争当先进文化领路人,打造文化石羊。① "红色文化育心"理念在石羊镇"三羊开泰"党建品牌创建活动中提出,并作为"五心"工程之一与"儒家文化""绿色文化""廉政文化""大众文化"并驾齐驱,相得益彰,以凸显"红色文化"在打造"文化石羊"品牌中的重要性。

　　石羊是大姚最早建立党组织的地方。红军长征过石羊留下了许多红色故事和红色遗迹。石羊镇以"弘扬长征精神、重温党的历史、激发创业激情、增强党员意识"为主旨,着力实施红色文化育心工程。深入挖掘红军长征过石羊的红色足迹,打造"五馆一线":石羊会馆、白井酒楼、安逸酒楼、红太阳宾馆、鑫茶轩茶馆和红军长征过石羊的行军路线。"五馆一线"的成功打造,图文并茂地向党员干部展示了红军长征过石羊的红色足迹和党在石羊的发展历程,组织全镇干部职工、村"两委"干部和大学生

---

① 中共石羊镇委员会编:《打造"三羊开泰"党建品牌　积极争取省级党建示范乡镇——石羊基层党建巡礼》,内部资料,第13页。

村官重走红军长征路,为广大干部职工上了一堂生动的党课。

(二)祭奠烈士塔

烈士塔位于南关外的飞凤山山脚下,于1955年由盐丰县人民政府建立,以纪念薛常灵、李辉堂、张光耀等在解放盐丰战役中牺牲的革命烈士。薛常灵是云南滇桂黔边纵八支队小队长,在1949年解放盐丰的战役中光荣牺牲。李辉堂是湖南籍人,任盐丰公安队副队长,张光耀是盐丰三台乡人,盐丰公安队战士,两人于1950年三台土匪暴动剿匪中光荣牺牲于三台。烈士塔塔身的两侧有当时石羊籍云南省人民代表金佩丞"成仁取义,民不能忍"的题字和中共盐丰县委书记李子龙"革命烈士,永垂不朽"的题字。塔尖上的三面棱角面上均有"革命烈士永垂不朽"的庄严刻字。1989年4月5日,为了方便管理和祭扫,经石羊镇离退休干部党支部倡议,由石羊镇人民政府批准,政府将原安置在白石谷的薛常灵的坟墓迁至烈士塔,并对坟墓做了修缮。现在前往瞻仰烈士墓和烈士塔的路已经变成了水泥路。烈士墓和烈士塔周围的杂草杂木被清除干净,视野更加开阔,修建了供人们休憩的桌椅,即使不是建党节、清明节等特殊的节日,这里也会常常有人前来参观,瞻仰烈士塔、烈士墓。

石羊古镇烈士塔的纪念碑上虽然只镌刻有薛常灵、李辉堂、张光耀的名字,但石羊的烈士不止这些,在《大姚县志》记载的石羊籍的烈士名录有:赵龙甲、武必兴、王罗宝、肖培高、罗德匡、朱友、甘希孔、张国泰、董怀先、姚庆明、陈刚、熊国辉、李玉书等。① 在"七一"建党节期间，政府每年均会组织全镇14个村党总支书记、183个村民小组党支部书记、镇属机关（站所）党支部书记、镇机关全体党员等近300人，到烈士塔、烈士墓前缅怀祭奠，进献花篮。祭奠的英雄包括像薛常灵一样有名字的，也包括为石羊解放等作出牺牲的无名烈士。"七一"期间，政府还开展以唱红歌、升国旗、听党史、作报告、观展览、温誓词、颂党恩、表先进等为主要内容的系列庆祝活动，以此加深对红色文化的理解。

（三）打造"五馆"

石羊镇政府为挖掘、打造红色文化，将要重点打造的"五馆"聚焦为石羊会馆、白井酒楼、安逸酒楼、红太阳宾馆、鑫茶轩茶馆。"五馆"的打造还处于整体规划中，政府欲制定政策、注入资金加以打造，其中石羊会馆、白井酒楼的红色文化打造已经初见成效。石羊镇在廉政文化建设中充分依托古镇旅游核心区1000多平方米的仿古建筑群，挖掘本地红色文化资源，积极探索廉政文化建设新路子，着力打造红色廉政文化会馆。镇党委筹集资金20万元，按照来客接待中心、小型会议服务中心和党员干部学习活动室的综合定位，建设了石羊红色会馆②。一是创办红色廉政展

---

① 云南省大姚县地方志编纂委员会编纂：《大姚县志》，昆明：云南大学出版社1999年版，第843—847页。

② 中共石羊镇委员会编：《打造"三羊开泰"党建品牌 积极争取省级党建示范乡镇——石羊基层党建巡礼》，内部资料，第7页。

室。收集整理了 1936 年 4 月红军六军团长征过石羊、开仓放盐救济民众的史料，也有 1939 年 6 月成立全州较早的中共盐丰支部，播撒革命火种等革命事迹和丰富史料，编辑成书，制作壁画、喷绘等，创办红色廉政展室。二是设立红色廉政专柜。从民间收集了各类毛泽东像章 300 余枚，毛主席语录、各类画像 200 余幅，各类留有革命遗迹的家具、生活用品、书籍等，设立实物红色廉政专柜。三是打造红色廉政教育基地。投资 140 余万元修建廉政教育基地，挖掘资源，提炼廉政精髓，积极开展教育。截至目前，共开展红色廉政教育专题报告 26 场次，整理编发红色廉政读本 2000 余册，有 90 家单位 5000 余人到基地接受了廉政教育[①]。红色会馆，集文化站、来客接待中心、小型会议服务中心、党员干部学习活动室、游客参观点几大功能于一体，红色会馆的功能得到了最充分的发挥，弘扬的红色文化在红色会馆得到了很好的彰显。

"白井"是石羊古镇颇具特色的餐厅，特色源自餐厅的装饰。餐厅老板酷爱收藏，便将其收藏的旧照片、旧钱币、旧画报置于餐厅的各个角落。展出的展品中以抗日战争和解放战争中的历史文物遗存居多。进入餐厅便有时间流转的感觉，将人带入抗日战争、解放战争那些还在很多老人的记忆中鲜活的年代。"红太阳宾馆"是石羊古镇颇具规模，集餐饮、住宿、休闲于一体的宾馆。当问及老板为什么起名"红太阳"时，他说道："这个名字主要是自己喜欢这个名字，党的温暖如红太阳一样，我们搞餐饮住宿

---

① http://www.dyjjjc.gov.cn/file_read.aspx?id=43.

服务的，也应该传递如党般温暖的红太阳形象。在党的领导下我们的日子一天比一天好了。抱着对党的热爱与信任，我在2010年也加入了中国共产党，家里人都很支持，除了我，我爸爸也是党员。"①红太阳宾馆和安逸酒楼的老板均表示，政府关于要为他们打造红色文化的规划，是镇政府亲自实地调研，多方比较且在征求他们意见的基础上提出来的。他们对政府的这次规划很支持，镇政府的领导都有见识、有想法，希望政府能为他们出谋划策。

（四）重走长征路

2012年新春来临之际，为了纪念红军长征的不朽业绩，感受红军在石羊留下的革命精神，弘扬红军长征精神，宣扬石羊红色文化，石羊镇将党建工作与创先争优、"四群"教育活动有机结合，于1月14日，由镇工会联合会、团委、妇联牵头组织开展了以"重走长征路、干部进农家、新春送温暖"为主题的实践活动。镇机关干部职工、村"三职"干部、大学生村官及社会各界人士共115人参加了活动，其中年龄最大的58岁，最小的8岁。参加活动人员早晨8点从石羊孔庙广场集队出发，经祠堂箐、大石桥、关爷庙、半角山、桥头哨、瓦窑哨等村组，步行25公里，重走红军长征时途经石羊的路段。为了让参加活动的人员切身感受到红军长征时的情境，将苦荞粑粑作为成员的午餐。在途

---

① 访谈人：段锦平。访谈时间：2012年7月27日下午1点，访谈地点：石羊镇红太阳宾馆。

经半角山、桥头哨、瓦窑哨等村组时，镇党委、政府及镇村干部为群众送上新春祝福，共为67户农户捐款8700元，其中个人捐款1700元，捐赠棉被10床、春联40幅。①

在桥头哨，91岁老人向重走长征路的队伍讲述了1936年红军过桥头哨的点滴故事，讲述了桥头哨在中华人民共和国成立以后，尤其是改革开放以后所发生的巨大变化。瓦窑哨是红军长征过石羊的最后一个驿点，距石羊镇最近的山路有25公里，于一年前修通了公路。昔日的红军长征走过的路，1936年沿途还是茅草屋、泥泞狭窄的小路、因煮盐所需柴火而砍光的树林，现在已是一院一院的瓦屋，长满庄稼的土地，渐渐恢复绿意的山林，以及在植树造林政策扶持下发展起来的板栗、核桃等各类经济林果园。

（五）重修红军桥

在石羊镇的杨家箐村桥头哨，至今有一座当地人为了纪念红军长征过石羊的历史而命名的"红军桥"。1936年4月20日拂晓，红军离开石羊镇急行50多里的羊肠小道，到达桥头哨才开饭。桥头哨是当地盐业中转的哨所，红军行走的路线与盐道大致吻合。红军击退驻守哨所的税警队，将哨所的盐分给了桥头哨附近的彝族民众，并向当地民众宣传革命思想。当地彝族群众看到红军秋毫未犯，纷纷拿出彝族的"三件宝"——蜂蜜、核桃、荞粑粑，来招待红军，送红军过孔仙桥进入祥云县。红军途经桥头哨，与

---

① http://www.dayao.cc/thread-16046-1-1.html.

当地民众建立了友谊。桥头哨桥由于年久失修，20世纪80年代被一场洪水冲垮，桥两岸的彝族群众只能涉水过河。大姚县人民政府拨出专款，桥头哨60多户彝族群众，家家投工、户户献料。共投义务工1100人次，投石料90多立方，架了两孔三桥墩，捐献木头、椽子25立方米、瓦片2000多片。新修复的桥头哨大木桥，在长达31米的桥面上，两头盖有瓦屋，中间盖有高出瓦屋面1.5米的亭子。宽4.5米的桥面两边建有围栏和两尺宽的坐板，可坐五六十人。

竣工那天，彝族群众将"桥头哨"改为"红军桥"。"红军桥"的名字便这样一直叫到现在。只是现在的红军桥因年久失修，于2000年后的一场大水后再次坍塌，只剩下桥墩作为红军长征过石羊的历史见证。对此，以石羊诗书画协会为代表的老人们甚感惋惜。石羊镇相关领导表示，镇政府领导班子将争取资金，计划筹措30万元资金来重建红军桥，还原当年红军桥的原貌。在重建红军桥的基础上，再开发红军长征过石羊路线，与当地旅游相结合打造出一条较有特色的红色旅游路线。

三、红色文化与小镇未来

红色文化热潮恰恰表达了当下人们的一种文化认同，即对革命历史、传统理想与信仰、红色精神的认同与尊崇。红色文化成为人们重塑信仰与理想、寻找精神支柱的文化资源与精神纽带。石羊提出红色文化，重拾红军长征过盐丰、解放盐丰等红色文化记忆，并在文献记载的基础上通过访谈、座谈等方式充实丰满红色文化的记忆。通过修复、重建红色文化遗迹，收集、展示当地红色文化的展品，打造"五馆"为代表的红色文化展示空间，多途径挖掘石羊的红色文化也正是迎合大环境下民众对红色文化的追随。

（一）红色文化与民众育化

将石羊红色文化挖掘好、开发好，对石羊的民众将会产生较为广泛而深刻的教育意义。首先民众可以接受党成长史的熏陶，接受党的思想洗礼，可以增强对党的正确认识。石羊地处西南边陲，但石羊人与外界沟通、接受外界思想甚早，加之红军长征过石羊的史实，使石羊古镇成为接受党的思想洗礼较早的地方。从石羊人物与红色文化来看，布一民、甘瑞、甘廷芳、陈子干、华定周等都可定位为石羊古镇具有典型性的红色文化人物。他们在外探索新知，积极吸取党的革命思想，又将党的思想带回石羊，在家族内、亲戚朋友间，甚至是整个石羊镇的民众间广泛传播。这种以一个先进人物的典型思想去带动更多民众的思想的做法收到了很好的效果，使被群山环绕的小镇民众思想开放，在党的思想的鼓舞与推动下，小镇民众勇于与新民主主义时期的各种黑暗势力做斗争，较早争取来了属于小镇的幸福生活。

首先，从红军长征过石羊的历史来看，红军长征过石羊，积极宣传党的思想路线是其目的之一，用以安定民心，洗礼民众的思想。在红军长征过石羊安定下来后,便有一部分红军专门用扫帚蘸了石灰水,在墙上写上"共产党是中国人民的大救星""毛主席是穷苦人民的救命恩人""打倒土豪劣绅"等标语,并沿街进行了党的思想的宣传。同时,红军在与石羊古镇民众的接触中,用他们的实际行动展现了党的良好形象。当下石羊古镇的民众,或老或少,无论是自己亲身经历,还是听老一辈回忆,红军都给他们留下了很好的形象,从认识党之初,就对党有了正确的认识。

其次,民众可以得到关于社会历史的教育,增强历史的厚重感与现实的责任感。红色文化是在特定的时代孕育的特定文化。当时的中国处于积贫积弱、内外交困的局面,不经历那样一个特定年代的人很难读懂那个时代的痛楚。李有德老人吐露他的辛酸苦楚:"我们经历过旧社会,又经历过新社会的人太不容易了。当时年幼的时候,我的父亲吹大烟,母亲为灶户背柴挣一家的生计。我八九岁就给地主放牛。一早出门被父亲打,晚上放牛回来被地主打,在放牛时还要担心被山上的狼吃掉。到了十二三岁都还没衣服穿。1955年,我17岁,因为家里太穷无路可走,我就去参加了验兵。当时验兵是在石羊孔庙门口,验上了,军队里边招待我的第一顿饭我最记得,是洋花菜炒老肥肉,是我17年里吃过的最好的饭。我1956年就参加了进藏剿匪,剿匪期间,穿的胶鞋底都磨破了很多双。在部队里,我学会了开车。我能活到现在是幸运的,最要感谢的就是中国共产党,是党给了我新的生命。在军队的生活里,是党教会了我生存的本领,我现在领的一个月近1500元的工资也是党发给我的。现在我的孙子辈是不理解我们的，我给他们讲我缺衣少食的艰难困苦年代，他说是我不成器。是他太不了解那段历史了。"①

挖掘红色文化，宣扬石羊的红色文化，让石羊古镇的民众尤其是年青一代能够更为直接地接触到红色文化孕育、产生、发展的时代背景，可以借以增强民众对历史厚重感的把握，由过去观现在，并借以增强对现实的使命感。

最后，民众还可以接受红色文化这一特殊文化的精神浸透，对提高石羊民众的精神价值追求大有助益。红色文化，有其特有的思想表征与内蕴。红色文化坚定不移地坚持党的绝对领导，在中国共产党思想的领导下，密切联系群众。红色文化精神具有坚定的信念，艰苦奋斗的作风，勇于战斗，具有无坚不摧的革命英雄主义情怀。红军长征过石羊就是红色文化精神的最具体、最生动的写照。红军过石羊，穿的是草鞋，衣服与中央军、滇军的呢子衣服相差太远，吃的是大锅饭，由于物资匮乏甚至洗脚盆与盛饭的盆共用。红军长征过石羊为民众带来了好处，开仓分盐，这在石羊历史上是从来没有过的事情，但是红军帮民众实现了。很多民众凭借着从红军手里接过的盐，熬过了家庭的艰难困苦。红军不计较环境，总是为人民谋利，为了革命胜利牺牲自己的利益甚至是生命，石羊民众看在眼里，刻在心里。

---

① 访谈人：李有德，75岁，石羊小七笼村人。访谈时间：2012年7月29日下午2点，访谈地点：石羊小七笼村。

(二)红色文化与地方旅游

首先,将红色旅游置于石羊古镇这一地理空间来看,红色文化的挖掘将有助于当地旅游品质的提升。石羊古镇是著名的滇国盐都、祭孔圣地、文化名邦,石羊古镇自1995年被评为"云南省首批历史文化名镇"后,小镇的发展渐渐与当地的旅游相结合。石羊古镇于2010年5月被正式评定为国家3A级旅游景区,现存的文物古迹众多,有省级重点文物保护单位1个,县级重点文物保护单位9个。石羊古盐井群于2012年初被国务院命名为国家级重点保护文物。不难看到现在的石羊古镇结合旅游做古镇的开发与发展已经取得了卓有效果的成绩。石羊古镇现在打的是"千年盐都,祭孔圣地、文化名邦"的旅游品牌,近几年在打造石羊古镇的儒家文化和盐文化上倾注了较多的政策与资金,但对"文化名邦"的挖掘还显不足。石羊古镇的旅游产业优势没有完全凸显出来。其实,石羊古镇丰厚的历史文化底蕴是毋庸置疑的。

旅游品牌的提出一方面让石羊古镇的旅游发展有了重点、目标与优势,另一方面,也使外来游客产生了石羊文化只有盐文化和儒家文化的误解,使政府等相关部门在相关发展规划中,忽略对石羊古镇更多丰厚文化如饮食文化、宗教文化、景观文化、红色文化、节庆文化等的挖掘与开发。当下石羊"红色文化"的提出,无疑给石羊古镇的旅游产业带来了新的契机。石羊在旅游产业的开发过程中,也渐渐发现了旅游产业卖点不足、景点拓展延伸不足、比较优势不够凸显的问题。针对石羊古镇旅游留不住人的现实问题，政府也在做精景点，在拉长游程方面下功夫。而时下对石羊红色文化的挖掘，可作为石羊古镇提升旅游的良好契机，对石羊红色文化标志性展出空间"五馆一线"的打造，可拓展延伸古镇的旅游景点。可游的景点多了，景点作出了自己的特色，那么留住游客将成为可能。

其次，将石羊的红色旅游置于大姚整个县域的空间来看，可对整个大姚的红色文化品质有所提升。大姚县的红色文化资源丰富，有作为云南省"60位为解放云南做出突出贡献人物"之一的赵祚传烈士，如今还保留有赵祚传烈士陵园、赵祚传烈士铜像、革命纪念碑、赵祚传烈士事迹展室（遗诗、遗物、遗信、照片翻拍）等珍贵文物。大姚县在维修保护和利用好这些红色遗产开展革命传统教育的同时，对赵祚传烈士所撰写的《农民四字经》等廉洁奉公、艰苦朴素的许多宝贵史料进行收集整理，编印了《革命烈士赵祚传》等红色廉政读本2000余册，大姚县注入资金140余万元在赵祚传烈士陵园建立廉政教育基地，全面修缮年久失修的陵园大门、道路、亭子、围墙等设施，全面做好绿化美化工作，做好白塔公园赵祚传烈士铜像、纪念碑的日常管护工作，对烈士故居附近的三户农户进行整体搬迁，按照修旧如旧的原则，建立赵祚传烈士展室，并将其建为楚雄州爱国主义和廉政教育的示范基地。近年来，大姚县充分发挥红色资源优势，注重资源挖掘、基地建设、成果转化，为加强廉政文化建设、深化源头治腐提供有效载体和平台，使广大党员干部在潜移默化中接受红色廉政教育。大姚县还大力开展红色文化作品与文艺创作,先后创作出版了《红蜻蜓》《碧血千秋》《彝州英烈》《中共大姚县委地方党史》等书籍。石羊古镇可抓住整个大姚县挖掘红色文化的契机,从长远发展来看,可与整个大姚县红色文化相连接,带动整个大姚县红色文化的挖掘与弘扬。

石羊镇党建工作成绩显著,于2011年6月获"楚雄州基层党建工作示范点"的称号。全镇党建工作在取得阶段性成效的同时,也在反思不足与差距,与"省级党建示范乡镇"的目标要求还有一定差距。存在个别党组织和党员对创先争优活动的长期性认识不够;部分党组织和党员责任意识、宗旨意识、群众意识淡薄。因此,镇党委积极总结经验,认清不足,找到了党建的定位:着力打造"三羊开泰"党建品牌,积极争取省级党建示范乡镇,通过不断健全完善组织领导推进机制、先进示范带动机制、整合资源协作机制、鼓励考核监督机制,强力推进省级党建示范乡镇创建活动,组织引领全镇党员群众在建设富裕石羊、文化石羊、和谐石羊中创先争优。① 其中将"红色文化育心"作为建设文化石羊的"五心"工程之一,能较为有力地推动镇党委的党建工作。红色文化的诸多文化内涵与党建工作的许多指导思想是不谋而合的。红色文化蕴藏的革命精神及其价值诉求并没有过时,在新的历史条件下反而显现出巨大的时代意义,将对推进党建工作具有

---

① 石羊镇政府:《打造"三羊开泰"党建品牌,积极争取省级党建示范乡镇——石羊镇基层党建巡礼》,内部资料,第11—12页。

强有力的推动作用。首先，红色文化体现着忠于党的领导的内涵。红色文化中所展现的每一件实物、每一处遗址、每一个事件、每一位先烈、每一种精神，都以无可辩驳的事实充分展示着党的光辉历史，都以不容置疑的史实诠释着中国共产党人热爱祖国、依靠群众、无私奉献、艰苦奋斗的思想道德境界，诠释着人民军队和革命前辈忠于党、忠于国家、忠于人民、爱国奉献的价值观和人生观。其次，红色文化体现着党坚定崇高的理想信念，展现了中国共产党人在革命斗争和建设中坚定的理想信念。正是出于对"星星之火，可以燎原""中国革命必然胜利，共产主义必然实现"这一理想信念的坚定，中国社会主义革命走出了新路。党建工作不能缺少红色文化中坚定的信念与矢志不移的情怀。最后，红色文化有始终坚持的艰苦奋斗的革命精神。革命党成为执政党，地位的改变及受封建思想残余、资本主义腐朽思想的影响，使得个人主义、拜金主义、享乐主义等在某种程度上泛滥。因此红色文化对党建工作具有较好的助推作用，正因为石羊镇党委意识到了这一点，并且将红色文化的建设推到了石羊文化"五心"工程的打造上，为石羊古镇的党员队伍提供了深入学习与解读石羊红色文化的优势资源。比如石羊古镇立足红色资源打造廉政文化会馆，将红色文化与廉政文化创造性结合，建立了云南省乡镇第一家红色廉政文化会馆，在发挥党风廉政教育的治本功能上作出了有益探索。红色会馆的二楼显著位置悬挂的收藏品《愚公移山》和《为人民服务》两篇文章，足以显示出石羊古镇党建工作的精髓。

无荞不成席

荞具有耐寒、抗旱、适贫瘠、生长期短等特点，由它实际的地理分布可以得知其适应的环境，"荞分布在海拔2000米以上的地带，高的可达3500米（云南），最高的西藏达4400米，野生苦荞可达4900米"[①]。荞在彝族传统社会中有着坚不可摧的地位，既是可以用来填饱肚子的重要粮食作物，也在重要的祭祀活动、人生礼仪中扮演着重要的角色。如彝族人认为，荞麦籽有"子弹"的作用，可以用来打"鬼"。一颗荞麦籽就是一颗"子弹"，可以打入"鬼"的身体[②]。由此看来，荞麦在彝族社会里已经具有神秘色彩甚至是神圣色彩。

荞在彝族传统的生产生活中发挥着重要的作用。我欲从彝族的神话传说、现存的文字记载中去寻找彝族关于荞的文化记忆；

[①] 赵刚、陕方主编：《中国苦荞》，北京：科学出版社2009年版，第58—59页。

[②] 巫达：《荞麦、全球化与彝族文化再生产》，载《中国农业大学学报》2011年第3期。

从当下彝族人关于荞的饮食文化来看彝族与荞的物质、精神维系；透过荞的种植现状来一窥彝族社会生活的新变化，同时也通过对荞的重新审视来探寻荞的出路及预设彝族社会生活的未来发展趋向。

一、荞的历史记忆

神话承袭了一个民族最初的历史记忆，它以最本真质朴的语言联结了从古代到现代的世界观，承载着一个民族的共同记忆和情感的维度。彝族有自己的语言和文字，并有许多神话传说。关于荞麦的起源，家喻户晓的口传创世史诗《勒俄特依》这样说道：天神恩梯古兹的女儿兹俄妮拖嫁给地上的居木武吾后，从天上偷偷带下了马、大麻种子、圆根种子、苦荞和甜荞种子。后来被天神发现，他气愤不已，诅咒让这些作物都带上各自的缺点。大麻不能蒸出酒，嚼圆根如同嚼水，收割苦荞如追逐影子，打荞籽辛苦如收尸，甜荞花多籽少。下面一段诗歌《荞魂歌》是对彝族人驯化荞过程的描述，"在那古时候，荞子树林生，荞魂无所依。春来草中长，夏来林里生，秋来腐在地，冬来做虫壳。后来人看见，杂草化作灰，密林开成地，荞魂召进屋，从此不是草，荞是庄稼了，荞是人的了，人来护荞穗，家来护荞魂，荞苗竹样发，荞果堆成山，荞粑金样黄"[①]。这一首诗歌向我们呈现了荞从野生荞到家种荞演变的痕迹，荞自从成为彝族种植的主要粮食作物，彝族就将荞作为有灵魂的存在物，对它呵护有加，荞也伴随彝族的历史一路走

---

① 贾银忠：《彝族饮食文化》，成都：四川大学出版社1994年版，第89页。

来。古彝文典籍《西南彝志》中记载，早在公元前200年，凉山彝族就有苦荞种植，其中的《经济志·荞事记》云，"世间的人们，大量地种荞、天天要勤耕，以荞为主粮"。就如彝族的谚语所说"植物荞麦大，人间母亲大，动物绵羊大"。可以说，自遥远的神话时期，到当下彝族的生产生活，都与荞结下了深厚的感情，"撒下苦荞种，幼苗绿油油，嫩叶似斗笠，花开如白雪，结子沉甸甸，荞子堆成山，老人吃了还了童，少年吃了红润润，姑娘吃了双眼明如镜，乌发放光泽，十指嫩如笋，腰细如柳枝，容貌好似油菜花，迷醉多少男人心，马驹吃了乐津津，牛儿喂了胀鼓鼓，猪仔喂了肥胖胖，小鸡吃了鸣彻彻，瘦羊吃了蹦又跳"[①]。在大量的史料、神话传说、诗歌等文本中，很容易找到荞与彝族物质及精神层面的密切联系。

二、荞饮食文化

在我国古代一些医药典籍中可以查到荞的相关记载，如"荞性味苦、平、寒；能实肠胃、益气力、续精神；作饭食、压丹毒、降气宽肠、磨积滞、消热肿风痛、除百浊、脾积泄泻"。现代生物学研究表明荞含有众多营养物质，包括"各种氨基酸、维生素、矿物质、黄酮类物质等，其所含营养种类及含量均大大超过谷类和麦类，并且容易被人体吸收"[②]。荞正是用它的营养滋补了一代代的彝族人，以荞为主角，也孕育出了很多独具彝族特色的

---

① 彝人阿克：《我与黑苦荞有个约定》，http://blog.sina.com.cn/s/blog_4c6af938010018jt.html。

② 赵刚、陕方主编：《中国苦荞》，北京：科学出版社2009年版，第1页。

饮食文化。进入彝族地区,就不愁找不到荞,每户人家都会或多或少储备一些荞的。在云南省大姚县昙华乡一带,在山坡的荒地里、种了烤烟的地里,都不难看到荞的身影。荞广种薄收的特性也正好可以适应很多彝族地区地广人稀的环境特点,一些彝族地区不会对自己开垦的土地斤斤计较,只要有劳动力,往不算肥沃的土地里撒上荞子,等待收成的就是大片大片的荞。彝族人用荞制作出的食物,制作过程大多很简单,但并没有降低荞的美味口感,正是这样简单的制作,反而保存了荞本身的原味。只要将荞籽打磨成荞面,彝族人便可以用简单易学的手艺变出美味的荞味佳肴。

彝族的饭桌上见得最多的是荞粑粑,将荞面置于彝族人专门用来调制荞面的木制容器里,倒入一定比例的凉水,用特制的木棒调匀,调的时候得有力度,彝族妇女可以将看似笨拙的木棒运用自如,调成很有黏度的荞面糊糊待用。接下来将平底的铁锅置于做饭用的"三脚"上,撒上火塘里现成的柴木灰,待其温热片刻后将其扫去,这样做的目的,一是起到清洁铁锅的作用,在彝族的观念中,火塘作为干净神圣的空间,火塘里柴火燃尽后的余灰被看作干净的。二是起到调味与增味的作用,铁锅沾了柴灰的味道,做出来的荞粑粑自然也沾上了天然木质的味道,而荞的味道在天然木质的调和下也便别有一番风味。铁锅清扫过后,就可以将调好的荞面糊糊倒到铁锅上,随着"噗"的一声,面糊糊逐渐成了饼(粑粑)的形状,将粑粑定时地来回翻转,不出几分钟,香味四溢的荞粑粑就烤成了。荞粑粑是用炭火慢慢烤出来的,所以彝族当地称这样一个制作的过程为"烤荞粑粑"。烤好的荞粑粑,掰开一块便可以食用，彝族也注重食物的搭配，与荞粑粑的经典搭配是蜂蜜或肥瘦相间的腊肉。用荞粑粑蘸着蜂蜜食用，蜂蜜的甜味可掩盖荞粑粑些许的苦味。也可将煮熟的肥瘦相间的腊肉夹在荞粑粑中，就成为彝族的汉堡，吃起来口感肥而不腻。腊肉多余的肉汁会浸入到荞粑粑里，二者的味道相互补充融合，是为绝配。荞粑粑还可以配上肉汤，喝完一碗汤，吃完半个荞粑粑，已经是饱意十足。在彝族人家里，荞粑粑的吃法还不止这些，但不管怎么搭配，总叫人吃得爽口。

荞粑粑制作现场

除了荞粑粑外,彝族人家还会变着方式用荞面做出各色美食,荞糕、荞炒面、荞面酥肉……彰显着独具特色的彝族饮食文化,荞在彝族的饮食文化中,也呈现出灿烂的色彩。

三、荞的现状与未来

荞在彝族的历史发展中充当着重要的角色,曾作为重要的粮食物资,在物质生活最为困顿的年代,填充着彝族人的胃。听彝族当地人的口述,因为荞具有较长的保质期,是彝族地方社会重要的战略物资,以应对灾荒和战争。但荞也曾一度与落后的耕作方式、"穷人吃的东西"等观念相关联。现在荞的种植面积已经大不如过往,这主要是与彝族饮食结构的改变、比荞更具经济效益的作物的出现、地方政府政策的引导、自然与人口因素等紧密联系在一起的。

第一,彝族饮食结构的改变。彝族地区经济得到发展,与外界的交往逐渐增多,一些彝族地区没法种植的诸如水稻等粮食开始进入这一地区。彝族可以用自己所产的农作物如土豆、白芸豆等去换取等价值的大米,吃到当地不能自产的粮食作物已经渐成易事。随着彝族市场的日益发展,市场上供应的商品流动性也较强,跨地域的商品销售比比皆是,在彝族地区的市场上,有时尚的汉族服饰、精致的西式糕点、来自远方的热带水果……只要消费者有所求,市场就会有所供。这样,彝族选择日常饮食的机会渐次增多,大米、麦面、各色蔬菜和肉食,冲淡了荞在彝族社会历史中的高空地位，荞在饮食中的重要作用开始隐没。

　　第二，随着经济利益的影响和渗透，彝族地区要求发展的呼声渐高，不利于荞这种低产边缘作物的生存。首先，出现了可以替代荞的更具经济效益的替代物。随着社会经济的不断发展，原来在彝族地区不被开发的核桃因为较高的经济效益被很好地开发出来，彝族地区的一则发展口号"要想富，先种树"，树就特指核桃树，在作为"核桃之乡"的大姚，只要适合核桃生长的地方都种上了核桃树，并有"有地必争，有地必种"的势头。看一个彝族家庭的富裕程度，也大多通过这个家庭的核桃收入来衡量，现在核桃收入成了大姚彝族经济收入的重要板块。当地的彝族民众自然会将生产的重心投入到核桃的栽培与管理方面。其次是政府政策的影响，在以山地为主的地区，自"集体化"以来至2015年前后，发展烤烟种植一直是地方政府作为当地经济收入的重头来抓。每年的烤烟种植季节，乡镇工作人员都会下到村委会一级，与村民一起抓好烤烟的栽种等相关工作。彝族从烤烟种植中得到了实惠，再加之政府政策的扶持，国家发展农业的相关优惠措施，他们从对烤烟种植技术一无所知到掌握相关技术越来越好的积淀里，品到了更多的好处，因此种植结构发生改变，原来土地种植荞的替换为烤烟等经济作物。总之，以荞为代表的低产粮食作物已经难以满足彝族日益增长的经济需求。

　　第三，自然与人口因素的影响。在彝族地区，我会时不时地看到光秃秃的山，至多一点零星的植被覆盖其上。有些植被相对较好的地方,也会看到一块块裸露出来的红色土壤,据当地人解释,这些大块小块的山林伤痛是在粮食不够吃的年代,处处毁林开荒,用大火烧去一片树林之后,借用原来的土壤肥力来种植荞等作物。待到土壤肥力消退便将土地抛弃,因为如果要重新恢复土壤的肥力,投入的成本是非常高的,权衡投入与产出,不如弃之不用。彝族的生活用柴及烤烟季节大量用于烘烤烤烟的柴火,都得从附近的山林获取,很多山林自身的增长速度敌不过人们上山砍伐的速度,山林的退化成为很多地方的必然趋势。日益严峻的自然环境,再不容许彝族人如过往一样,随心所欲地毁林开荒,随时随处开辟土地以利于荞的种植。

除了日益恶化的自然环境外,人口因素也成为制约荞种植的因素。人口增长成为大势所趋,总体上,彝族人口呈上升的趋势,人口增长,人地矛盾就会有所凸显,昔日闲置的土地现在只要有劳动力,大多会派上用场,荞广种薄收的特点已经很难满足人口增长带来的对粮食的需求,荞的身影自然在彝族的土地上越来越少。同时,人口因素中的劳动力散失也成为荞种植面积减少的原因。大姚县华一带深处高寒山区,交通多有不便,自然地理环境欠佳,彝族大部分的收入都得从土地上获取,主要从农作物种植、经济林木种植、畜牧业几方面来实现收入。虽是多元的经济来源,但因地理因素的限制均不成规模,大致形成投入大、产出少的发展状态,由于交通限制,很多农作物只能自产自销,能够在土地利用上做大做强的彝族人家少之又少。面对这样的趋势,年青一

三步之外是田野

代不再愿意固守父业，不再固守家里仅有的几亩土地，他们大多外出打工，劳动力外流，在土地上耕种的大多是中老年龄层，劳动力的不足致使仅有的劳动力很难再投入到荞的种植管理上来。

虽然荞在彝族地区的种植越来越少，但我也发现，荞在彝族人心目中的地位却是越来越重的。彝族人家在物质困乏的年代有荞不足为奇，荞只是用来解决温饱的粮食。随着彝族人民的生活水平日渐提高，物资日益充盈，彝族人也逐渐关注食物的营养。外界看彝族地区的一大饮食特色就是荞粑粑蘸蜂蜜，外面的人走进彝族地区，总要试图尝到彝族人亲手制作的荞粑粑，同时也对彝族妇女制作荞粑粑的手艺、荞粑粑独特的口感赞赏不已。彝族在外界的影响和牵引下，重识了荞的重要性。荞粑粑已经成为他们招待尊贵客人的必备品，成为可以和肉类相媲美的高贵食物。彝族人充分认识了荞的营养价值，用制作好的荞面糊糊喂养不到一岁的小孩。在彝族的观念中，荞面糊糊似乎与奶粉有同样的营养价值。有条件的彝族人家会用荞来酿制荞酒，如能喝到彝族人家的荞酒，算得是高规格的招待了。

荞在彝族地区的种植现状与彝族对荞的态度观念二者之间，似乎是矛盾的，荞在观念上被重视的同时，在实际的种植上却是被忽略的。那荞在彝族地区的出路何在？

将视野放到更为广阔的空间，荞渐次丰富了人们的餐桌，以健康食物的美名深得人们的喜爱。近年来，荞以各种健康保健品和风味食品的形式涌现在世人的面前，如各种的苦荞茶、荞酒、苦荞面条、苦荞糕点、苦荞黄酮胶囊等。如果点击互联网搜索"荞"关键词，宣传介绍其营养价值和药用价值的大大小小的网站铺天盖地。荞在现代媒体的宣传中被誉为"天然绿色食品""21世纪的健康长寿食品"，强调其具有降血脂、降血糖、软化血管等防治现代疾病的功效。

  彝族依托丰富的土地资源，将荞作为一种经济作物来实现增加彝族地区的收入，过去荞在彝族地区广泛种植的历史得以重现。荞文化以一种新的面貌出现，荞麦在彝族地区的"涅槃"的现象，是一种吉登斯所说的"晚期现代性"的现象。荞麦一度在彝族主食菜单上消失，是传统失去控制的表现。荞麦再次在彝族地区的大规模种植，是全球化的结果。重新选择荞麦作为文化认同的元素，则是一种"文化再生产"[①]。我从大姚的桂花乡看到了荞与荞文化复归的端倪，在大姚一家土特产商店，可以看到来自桂花乡的荞面粉，荞面粉用真空包装，包装上注明了商品应有的标识，足见桂花乡的荞正在作为一种经济作物与市场结合，正为桂花乡经济做出它应有的贡献。据桂花乡政府人员介绍：政府正着力挖掘桂花乡的特色产业，其中荞就现在市场的需求度来看，可以作为一个特色产业来抓，现在桂花在做荞面的加工，这个算是最初级的加工，接下来，政府打算引导做苦荞茶的生产与加工，这个也不算很难。政府还设想，可以继续开发、制作苦荞露，苦荞露

---

  ① 巫达：《荞麦、全球化与彝族文化再生产》，载《中国农业大学学报》2011年第3期。

的市场前景将会更广。这些都是政府关于荞产业开发的长远设想，虽尚未践行，但我从桂花乡政府的所思所想，看到了荞产业在彝族地区复兴的曙光。

荞从彝族的历史中一路走来，成为彝族历史兴衰的一面镜子。在过往的年代，荞作为供彝族填饱肚子的重要粮食作物，因其重要的作用被赋予了更多神圣的色彩，成为彝族生活中的有魂之物。随着彝族经济的不断发展，彝族有了选择更多食物的机会，加之更具经济效益的核桃、烤烟的介入，再者是自然环境与人口因素的影响，使得过去时兴种植的荞被边缘化。虽然荞的种植范围逐渐缩小，但随着时代观念的变化，荞的价值被重新发现，荞在彝族人内心的地位渐渐恢复，伴之而来的是荞文化的复归和创造。

第三篇

从心之旅

文字,成为日常生活中,我自己与自己交流的方式。比起与一堆人的开怀畅聊,我更喜欢用文字来表达自己的思考。文字,成为我思考的一种方式,塑造出我的一部分。我用从心里迸发出来的文字,书写着我的家乡、我的亲人、我的朋友,包括我心底的那些私房话。

外婆小屋

外婆78岁了,但仍和外公一起一直在辛苦着,他们习惯了辛苦。儿女们都说别太累了,但他们还是手脚不停歇。于他们而言,种地、养牛、养猪,是他们需要一辈子正儿八经干好的工作,这样才是他们踏踏实实的日子。

一、外婆的宠物园

外婆自始至终给予我的是温暖的感觉。她的温暖不止给了儿女、孙子孙女,也给了每天和她朝夕相伴的小宠物们。这些小宠物可不是简单的阿猫阿狗,外婆的宠物园里有喝着南瓜粥长大的小猪,在院落里嚼着玉米秆悠然晒着太阳的小黄牛,在路边时不时和路人嚷嚷的小狗——花花,和睦共处一屋的小鸡小鸭,还有房前屋后养的蜜蜂。其实我知道,蜜蜂是为我养的,我也就有了每年吃上好蜂蜜的福气。外婆说我们常年在外,这些小宠物就成了她的亲密伙伴,她趁喂食、趁得闲之际就会和小宠物们聊聊天。

三步之外是 田野

这次陪外婆回外婆的小屋,花花见了外婆欣喜得不得了,倒是对我不怎么友好。外婆将花花搂过来,"花花,是不是饿了,死老倌(指外公,当地人的称呼里边,'死老倌'专门用于老年夫妻中妻子对丈夫的称谓)没好好喂你饭噶?我等下去收拾他"。

在我记忆里,外婆家有一只小猫,小猫小得奶都没吃够就被送到外婆这儿。外婆天天喂小猫鸡蛋,天天搂在怀里,一直还记得外婆抱着猫咪在院子里"烤"太阳的情景。小猫终于长大了,长大之后,就变成我和弟弟的玩伴。我总喜欢摸一摸、抱一抱它,晚上它会很自觉地钻进我的被窝。一次,外婆家的骡子受伤了,显然失去了驮东西的能力,外公要将骡子杀了。外婆在骡子被杀之前给骡子喂了上好的蚕豆和红糖,抱着骡子的头又是抚摸,又是私语了一番。杀骡子煮骡子肉的整个过程,外婆默默躲起来了,那时我又看到了她的眼泪。我对小动物的情感也是在外婆的"言传身教"中养成的。

外婆养的各种小宠物更有对生活的期待,日子一天天过,小猫、小狗、小鸡、小鸭一天天长大,时间就在小宠物的一天天变化中寻得意义。小宠物长大了,伴随着我们的回去,它们似乎也懂得家里不止有外公外婆。每每踏入外婆的小屋,小猫小狗总是亲昵来迎,偶尔有记性不好的,外婆外公吆喝上几声,就又对我们活泼友爱了。我们也见得小猫咪长成了老猫,见得老猫去世后外婆的难受;隔壁羊圈里的小羊叫着找妈妈,外婆就会"咩咩"回应几声,以此安抚小羊的惶恐;外婆外公养大的猪,其实大部分是用来犒劳他们在外的孩子的；半年多长大的鸡鸭鹅，还包括很多的鸡蛋，成为我们每次回去被外婆外公逼迫吃的食物。我们没法拒绝，他们说如果我们不吃，他们会很心痛。每次回到外婆的饭桌，这些吃食也就成了我甜蜜的负担。

二、外婆的菜园

外婆的菜园，是她引以为傲的！我也甜甜地回应外婆，"吃着外婆的菜，我的饭都要多吃点"。外婆的菜园会随着不同季节种植不同的蔬菜，不同种类的蔬菜总是这么亲切可人。

每次回去，我们总喜欢去看外婆的菜园，陪她摘菜，尤其喜欢看到自己中意的蔬菜。看到长得亮丽的蔬菜，我们就兴奋地下手摘下。外婆看到我们的兴奋，总有理由让我们多摘菜，"多摘多摘，吃不完的喂鸡喂猪"。"多摘点带回去，我的菜是不用农药化肥的，连大粪也不用"，这是尤其不能让我们拒绝的理由，正因为这些，她认为她的菜是独一无二的。她总是重复以上的话，这话成为她让我们多吃蔬菜的招牌话。其实一直以来，外婆在种菜方面就有自己的主张。在她的观念里，她觉得大粪——即人的粪便是脏的，哪怕现在沼气池里的肥料，她也坚决不用。外婆有这样的嫌弃，她也从来不在菜市场买绿色蔬菜，所以她总是执着而又煞费苦心地经营着她的小菜园。

这次回去，我们也和往常一样，带上工具直奔外婆的小菜园。菜园里长势甚好的葱、姜、白菜、青菜、蒜苗等甚是好看。看着我们这么爱她的蔬菜,她也乐了。看我们在菜园里摘摘摘、拍拍拍,她也主动站到长势良好的豆角下,乐呵呵地拍了几张照片。

三、外婆其人

外婆的语言很特别,让不习惯外婆话风的人很不习惯。每次和外婆打电话,外婆总会称她的孙子孙女为"外婆的心、外婆的肝、外婆的小心肝",这样的称呼从我出生叫到现在,肉麻得不得了。但凡周围有很多人在场时接到外婆的电话,我还真有些不好意思呢。

外婆很潮,这把年纪了,穿衣风格仍然是年轻时候的姿态。她的彝族衣服装满了两个箱子,现在还是在不停地买买买。在她的箱子里,总有时下流行的款式。外婆尤其爱穿白衬衫,一般是白衬衫打底,看上去特别年轻。外婆的衣服总是五颜六色的,对于我们的穿着,她也总能第一时间评论。在她的评价话语里,暗色系的衣服是被剔出漂亮衣服行列的。所以一看外婆的衣柜,永远是鲜艳的颜色,玫红、大红等,这些才是她的最爱。有一次和外婆看电视,看到一位民族类歌手戴着亮闪闪的硕大耳坠,外婆说太好看了,我一看,醉了,那可只是舞台人士才有胆量佩戴的。外婆让我帮她看看网上能搜到吗,事后,我给她买了一个类似的。原想她只是收藏,谁知,她很乐意地戴着去赶集了。这一点我比较佩服外婆,她的时尚是可以跨越年龄的。

外婆的潮不止体现在对服饰的追求上,更体现在对新事物的接纳上。看着我用电脑,她会凑过来看我怎么操作,然后问一堆千奇百怪的问题。外婆平均两年换一个手机,对手机有特殊的执着,外婆总是24小时随身携带手机。外婆爱给我们打电话,找我们聊天,一听到手机响,那高兴劲可别提了。外婆还爱听歌,总喜欢将手机声音开到最大,边听歌边哼哼唧唧。嫌手机声音不够大,还配备了两个"小蜜蜂"。外婆歌曲的更新也很快,过一段时间她就会让我帮她换一批歌。外婆喜欢手表,虽然她一点儿也不识字,钟表上的时间她只能看1—12这几个数字,所以外婆9—10点之内的任意时间在她那儿就变成了仅有的9点或10点。但这也丝毫不妨碍她对表的兴趣,每天不论在家还是外出,她总是戴着表,看表的时候,老是会说"这死老倌这个点了咋个还不回来";"娃娃应该快到家的时候了,怎么还不见"。如遇表坏了,会第一时间打电话给我们,我们也得第一时间给她处理好。

外婆还很爱热闹。虽说很多老年人比较爱清净,但我家外婆是很喜欢热闹的。外婆尤其喜欢赶集,赶集的日子她记得最清楚。赶集当天,她一点儿不嫌累,总能在街上走一整天,然后买买买。看到新奇的玩意儿,她也总是要停下来探个究竟。赶集的日子,总能在街上碰见各路朋友亲戚,她也会拉着对方的手聊上好久,和人聊天也是她热情高涨的时候。偶有不能去赶集的日子,她会坐在村口,看赶集而去的人,请他们帮忙买东西;看赶集归来的人们,分享他们的赶集喜悦,顺便和他们唠唠嗑。

三步之外是田野

在外婆的身上，是一种活灵活现的乡土味道，这里边有对传统、对故土、对农民身份的坚守，亦有对现代、对不同民族、不同地域、不同文明共享的期待与追求。于外婆而言，也是一种永远年轻的活法。

做个园艺的梦

今天晚饭后的散步,去了惦记好久的花店,惊异于花店姐姐竟然记得我,以及还记得我当时买过的花,虽然我仅仅来过一次。花店姐姐温柔如花店里的花香,待我如许久不见的老朋友,和我分享她的插花作品。同时,我也跟随姐姐进入了品花赏花之旅:饱含热情静静成长的多肉,都有一个个可人的名字;带着山野自然芬芳的味道做出的干花,展示着它们二度喜获的生命;带着姐姐挚爱的情感创造的一串串花束,飘飞着姐姐舞动的灵感。散步、休闲、买花、闻香,顺便感受了花店和姐姐自成一格的热情相迎,也算是难得的购物体验与闲适休憩了。

返回的路上,见到店铺开业散落了一地的花篮,阻碍了交通,正在被当作嫌弃的对象拉走,感受得到花的一地飘零的心,我随手带了一把回来,随便一插,竟也惊艳了我的房间。忙不迭和老妈分享了我插的花,分享了我变废为宝的乐趣。老妈那头呵呵问我:"男朋友送的?"老妈也是八卦得可爱。

三步之外是田野

这样随手带来的喜悦,也就"泛滥"了我对小花小草的情感,一直想要写点文字,关于那些伴随我生活的花花草草们。记得小的时候,我的家里是不养花的,家里的大哥说养花碍手碍脚,迫于大哥的威力,我们未曾违反。不过我的房间还是由我主宰的,在房间里栽种些简简单单、普普通通的植物,看着它们一点点成长,也是甚好。

但是高中时候,大哥在院子里喜滋滋地砌了花台,花台里种上了两棵石榴树,虽是树,我也已经着实感动了,这算得冥顽不化的大哥的自我觉醒。从那时起,家里的院子有了勃勃生机。春天里,石榴花开灿烂,红遍一片天,大哥笨手笨脚的,也很乐意拾捡掉落的石榴花。在当地,石榴花是可以做菜的,直到现在,我家都不缺大哥为家里储藏的石榴花。夏天里,石榴树的片片绿叶汇集起来形成绿色的天际,大哥总喜欢在树下看他的报纸。秋天里,石榴渐渐果肉饱满,成为我们全家和亲戚们熟悉的味道。冬天里,我最爱每天清晨起来扫院里的石榴落叶,也爱看一整天里落叶渐次铺满院落,以及树枝准备孕育的嫩芽。大哥说,虽然我每年返回学校的时间都不一样,但定是石榴树枝上能若隐若现看到一点点绿的时候。

花台里除了种石榴,还有被大哥埋进的各种宝贝:从市场上买来的土豆、姜、山药、葱、蒜等,这种方法大哥一直是很乐道的:"看,这样保存食材的方法,让食物多新鲜。"这几年回家,格局变了,虽然花台还是大哥的花台,但花台周边,显然被老妈的各种花花草草包围,包括客厅、走廊,是"权力"斗争的结果吗?

而在外上学的我，也喜欢在宿舍里种上喜欢的花。喜欢之外必须好养，对养花没有研究的我全然将养花当作有土有水就行的简单活，由此，不想因为我的简单粗暴将花养夭折。不过也有意思，花还没被我养折了的情况，大概我是适合养花之人。养花，得以有一种有闲的状态，或者明明很忙，但还是可以有忙里偷闲的状态。小花小草，成为我的陪伴，虽说宠物一般指猫啊、狗啊之类的小动物，但在我的生活中，小花小草也成了我的小宠物。到我毕业的时候，很不忍失去的就是我的小花小草，于是，我将一部分送给好朋友，一部分重新种在宿舍附近的花园，一部分被我随身携带，时刻陪我到新的居所。

有了新的居所，确定我又可以开始我的养花养草之"小闲"了。买了新的植物，一些品种是我以前常养的，不一样的时间和空间，但仍然不变而熟悉的它们，总是让我有拥抱故人的安慰。喜欢逛各种各样的花店、花鸟市场，总是可以有一见倾心的，就立刻收入自己的屋子。还有一些是取自自然的，山里的小白花、芦苇、麦穗，也成了我房间的住户。老爸老妈知道我喜欢花花草草，去菜场买菜顺便会给我捎一束鲜花回来。他们要返回老家之前，还特意去花鸟市场给我买了绿植。现在我的花花草草也渐渐多了，也努力将自己生活的空间打造为理想的花园。花园里的每一株每一盆都是我的真爱。我想随着小花小草的陆续到来，一座室内小花园的培植，也是我在此地有了新的归属，能够生根发芽的过程吧。

杭州印象

对于杭州，仅仅是一种浅浅的印象，因为毕竟仅仅因为开会去了三天，除紧张的会议外，也只是紧张地路过与看过。

对于杭州，我是喜欢的。在我未见杭州之前，我的一位朋友向我提到过对杭州的喜欢，还评价杭州为"是很接近文明的城市"。我正好寻着朋友的足迹，感受朋友赞叹不已的空间，也算是一场与朋友的共振与交流吧。于是，整个杭州的行走，我的心是愉悦的，虽然第一次遇见，但丝毫没有陌生感，也总是按捺不住内心的欢喜，和朋友分享所看之景，心也就有了二度的欢喜。

当然，对杭州的欢喜，除却我带有先验浓烈的个人情感部分，我想杭州给我的初印象也是美好的。因为我在杭州待的三天里，感觉总是好的。印象最深刻的是杭州与时俱进的创造力，杭州不愧是一座创意之城。杭州诞生了马云，诞生了阿里巴巴。杭州人民是很宠爱马云的，整个城市都是支付宝的广告。支付宝的推广从公共交通到购物，都非常畅通。在杭州，如若手机里不装支付宝App,那就没法享受便利的生活。用支付宝来确认一个杭州人的身份认同一点也不为过,支付宝成为杭州人的地域标签。

诞生马云的杭州师范大学,不知道是延续了马云的创造力,还是大学本身创造了马云,整个大学充满着年轻的活力。拿我们开会的国际城市研究院来说,通过一栋楼来整合全中国甚至全球的城市资源,这算得是一个创举与例外了吧。研究院通过培训拉动培训人员对研究院的认可,然后通过各种城市规划项目来展示成果,同时连接国内作城市研究的相关单位,为其提供在此进行会议、研究的平台,整个创造力在于有服务与分享的气度。并且研究院在细节上也做得很到位。搜集中国的代表性城市与建筑,以8000多幅照片的方式呈现在整栋楼的各个角落,将各个会议室填上代表性城市的元素,比如"绍兴厅"内就陈列有绍兴的历史典籍文献及与绍兴相关的城市研究作品。从一定意义而言,研究院为研究城市的研究群体提供了便利的资料通道。同样,在学员的房间,也陈列有城市研究的各类书籍,书籍类型专而且全。在这样的研究院开会与学习,自能感受到浓烈的书香气息。这气息让人心沉淀,整个人会安静下来,是一次难得的学术体验。

离开研究院,到校园之外去感触杭州,感受到的也是细节带给个人的舒适度,比如夜间的斑马线,会于斑马线的两端设置地灯,告知此处是斑马线,同时以绿色和红色两种颜色,告诉行人什么时候停什么时候走,这样的斑马线地灯给了路人更加安全的行走体验。比如地铁的问询处,会专门设置针线包等便利服务站,以应对人们的不时之需。正是杭州点滴的细节，尤其是为生活于其中的个体考虑的细节，让我感受到她的温情脉脉，如同吴侬软语般温和的气息。

杭州是一座生态的城市，宽阔的钱塘江湖面穿过杭州，给杭州增加了灵气，在初冬里绿意犹在的垂柳，展示她特有的柔美身姿，正好配上了这座城市的气质。我想如果我在这座城市生活，我也会有如这座城市一样与生俱来的温柔气质。在这样一座生态之城，人哪能不温柔呢。记得在车里，身旁闪过的层次错落有致的树林，杭州，简直就是将森林搬到了城市。所见的一草一木，都是极佳的风景。

杭州是一座文化的城市，既厚重，又烂漫。多少人怀揣着白娘子的故事来到了这里，来圆一个关于美丽传说的梦。有传说产生，且被广为流传的城市，能不是文化之城吗？还有灵隐寺，作为中国十大古寺之一，也处处皆佛性。

暗自许诺还会再来杭州，看遍杭州的四季，将她的气质幻化为自己内在的感悟带回家。

此景成追忆

每次有机会回家,总要抽出时间到我的母校大姚二中转转。或漫步校园,循着自己过去的脚步,听一如当年的琅琅书声,抚一草一木,颤动的叶儿也是我颤动的心;或遇校门紧锁的时候,便随性绕着学校周边的小路,登高全览校园,学校的每一处景致皆收眼底,景致在眼里便穿梭回了过去,活灵活现。

每次重回大姚二中,回忆起来的总是那么几个片段。三年的初中生活精练为现在的回忆,不算多亦不少,但足以感慨万千无以诉说。校园的每条路,我重复踏过,虽无法去追述如日记般的记忆,但总有一些记忆是刻入心底的。学校的每一个建筑,甚至是微不足道的小花小草,都有我成长的故事,都有我十多年前的追忆。

学校大门外路两旁的黑板报,现在仍展现着如我过去学校生活一样的精彩。为了每一期的黑板报,我们费心费力找素材,自己构思编辑,架着凳子、桌子,掂着小脚精心填补黑板的空白。

三步之外是田野

虽然有时要牺牲自己午睡的时间来出黑板报,但也乐此不疲。小小一个黑板报,融入的是我们那时的所思所想。每期黑板报出来,最大的欣慰莫过于几个人的合作终以最完美的方式呈现在老师同学的眼前,要是在黑板报评选中能拿个奖励,那欣喜之情更是不言而喻。

大姚二中校门口有历经70多年沧桑的"大姚二中"四个鎏金大字。每个学子都是看着这四个字满怀期待地来,最后又看着这四个字带着收获满满后的喜悦与即将离别的不舍而离开,"大姚二中"成了每个学子记忆中最灿烂的一抹。2003年的毕业季节,大姚二中的校门一样知晓了我们各种复杂的心绪。校门口前,我们和我们的老师,在"咔嚓"声中定格的微笑,是同学情、师生情的肆意流淌。照片中,缺了三个同学,两个同学因为要回原户口所在地参加考试,来不及留影,一个因病无法前来。照片洗出来后,我们人手一张,连同缺了的三个人。现在这张照片也被翻拍到了初中群的空间里,见到照片里的每个人,心底总会轻轻地问上一句:"亲爱的我的同学们,你们都好吗?"

学校的食堂,是我们最爱的地方。那时的我们只知道学完之后痛快地玩,一点不知道累,肚子也就老是不争气地饿得特别快,尤其是改了作息时间表后,上午的课得挨到12点钟,最后一堂课的后十多分钟,一如漫漫长夜,肚子与书本老是需要做激烈的斗争。越是在进入放学倒计时的最后几分钟,斗争就愈加激烈,也时有肚子战胜书本,荒废了那几分钟学习的宝贵时间,事后定是追悔莫及。伴着老师下课口令的发出，最后几排的同学总是很占优势，老早手已经握紧了摆在抽屉里的饭缸，同学们起身回应老师下课的信号"老师辛苦了"，不慢不快，他们的一系列动作总是能在"了"发出后快速行进，跨过凳子，转身，飞速冲刺目的地——食堂。其他同学还没来得及反应，他们已经冲到了教学楼下，速度着实令人咂舌。偶尔也有行动败露惹恼了老师的时候，那是他们心太急，超前执行了老师的放学指令，老师就会召回"逃兵"，接下来再将"下课""老师辛苦了"的仪式认真执行一遍。再次执行仪式时，我们的声音总是最大的，也最为投入，绝对不会让老师不满意，因为食堂香喷喷的饭菜是最大的诱惑。食堂打饭的大妈真好，做的饭真好吃，那时我本可以回家吃饭，但总是找各种理由留在学校吃。我喜欢和同学们一起，一人端一个饭缸。女孩子会很乐意将自己的饭分给男生，你吃我的菜，我吃你的菜，还有同学拿出了家人准备的宝贝——腌菜、泡辣椒等。伴着饭菜的香味，我们边吃边聊着我们的学习、老师、同学，分享着彼此的点滴。现在想来，也许不是饭真的很可口，吃饭之意不在饭，在乎同学之乐也！不然现在我也有在食堂吃饭的机会，怎么就再也找不到当初的乐子了呢？

初中的学习很苦很累，但现在回忆起来却都是甜甜的味道：全然忘了当初考试考砸了得面对老师的说教、父母的斥责等种种烦恼；忘了被老师"逼"着背诵各种所谓考点的东西；忘了与某位同学小摩擦、小误解产生的各种小伤心。只回忆得起我们的奋

三步之外是田野

笔疾书，洪亮的朗诵与背诵，老师在讲台上的不倦教诲。那时的我们，尤其是初三的晨读与晚读，整个校园准被我们炸开了锅，从我们的放声背诵中，看到的不止是学校的生机活力，更是我们执着追求梦想的澎湃激情。学校里用瓷砖铺就的大幅地图，告诉我们还有更广阔的舞台在召唤着我们。那时的我们，多少次以地图为背景，满怀壮志豪情在心底发誓，我们要走出去，飞向更广阔的天空。于是怀揣着这样一个看似遥远但一直没被我们放弃的梦，在地图下方的台阶上、在教室里，甚至在宿舍的灯光下，我们背诵着英文，从复杂的英语语法中走进去，又走出来；领悟"学而不思则罔，思而不学则殆"的深意，并笃行之；纠结于立方体中"点、线、面"、正反函数等诸多的数学难题；冥思苦想于"电压""电阻"等一系列于我来说比较抽象的东西；好奇着"二氧化碳""高锰酸钾""氧化铜"等一系列新鲜的东西及这些东西里的各种故事。从孜孜不倦的老师那里，从良师益友的书本里，从共欢喜同分担的同学那里，我们一同收获着、成长着，从知之不解到知之甚少再到知之甚多。

在大姚二中学习的我们，不仅"劳心"，还"劳力"。学校里每一朵花儿热情的绽放、每一片树叶绿得刺眼，都是我们劳动的成果。不怕脏不怕累洗刷着厕所，清扫着教室、楼道的角落。我们在劳动中懂得了劳动的不易，也懂得了珍惜劳动的成果。干净的校园，怎忍心用一纸一屑去破坏她，偶有破坏分子搞了破坏，他们的坏事便会处以"某某乱扔果皮纸屑，给予批评，望改正"的教导。校园便是我们的家，我们就是让家干净温馨的主人，容不得校园哪怕一点点的不干净。除了打扫校园的各种劳动，初三毕业的体育考前准备，也让我们够"劳力"的了。每周两节的体育课，是我们舒展腰肢、活动筋骨的好时候，除了每次课的体能训练外，还有自己可以支配的体育活动。每次体育课，我们都毫不吝啬自己的汗水，总是锻炼得那么尽兴，那么乐此不疲。毕业的体育考试快到来的时候，有点像魔鬼训练营，老师会为我们强化训练，我们的弦也是紧绷的，只要自己稍不加油，就会有同学的成绩跑到自己的前面，所以我们私下里都有自己的竞争对手，在老师和我们自己的双重努力下，我们的运动细胞被激活，我还为老师能够发现我的短跑潜质而偷乐到现在。经过一段时间的训练，我们看到了自己倍儿棒的身体，猛增的体育成绩。说起最后的体育考试，我实在有点愧对体育老师。老师本来一心要将我训练成体育成绩满分的人，对我处于劣势的铅球，老师还专门用了训练场以外的时间教我技巧。结果考试发挥失误，我一直觉着愧对老师对我的关注。

捡板栗是大姚二中特有的劳动，每到板栗成熟的季节，我们都有机会到学校的后山捡由老师同学共同管理的板栗。捡板栗的当天，我们携带捡板栗的家什、水杯、点心，顺着上山的盘旋小道，一路欢声笑语，一直到山顶。一颗颗散落在草丛间的板栗，还在刺壳里受到保护的板栗，都被我们统统收入口袋。舍不得偷懒，每个同学都有任务，要捡够三斤、五斤。同学中总有一些牛人超额完成任务，这些同学也就成了我们下次捡板栗偷学的目标。在一次次技术的提升与搭档的配合下，我们捡板栗的能力见长。每到中秋节，学校便会拿出一部分板栗，分给老师、同学。吃着我们用劳动换来的果实，感到无比香甜。在大姚二中的各种锻炼与劳动，潜移默化地熏陶着我们，让我们也能吃得了苦。

  教学楼的大厅举办的新年晚会，有我们展现的才艺；大厅举行的颁奖典礼，有我们信步走上颁奖台时的激情澎湃；夜里某个同学生病，全宿舍的同学将他送到医院，床前老师同学焦急等待的心情；毕业前宿舍的夜晚，我们捂着被子，轻声细语说的那么多恋恋不舍的话。置身现在曾经伴我们成长的大姚二中校园，原来还一直藏着这么多关于我们成长的故事。这一切仿佛就发生在昨天，故事如此清晰可见，故事中的老师同学的表情铭记于心。将对二中的记忆与感情化为文字，实在写不完，道不尽。大姚二中，我们遇到她，便会感恩一生，便会一直想要去回忆她。我初中的同学们，何时我们能再聚二中，挽起曾陪伴我们的老师，坐到我们曾经学习过的教室、一同相处过的宿舍里，共同回忆，互诉衷肠呢？

给家乡孩子的话

今天是个特殊的日子,在第34个教师节,我们相聚在一起。讲座之前,我先感谢在座的各位老师,因为自己的求学之路,有太多老师对我的帮助,你们让我想到我的可亲可敬的老师们,尤其现在自己也当老师,就更能将心比心,深知"老师"二字的含义。在此真心说一声"谢谢你们,你们辛苦了"。

教师节,除了感谢的话语,我想我们通过聚会,来共同思考一个问题,即读书学习的意义何在?貌似简单的问题,要做到深入人心,确实是需要进一步思考理解的。前几天,李乡长和我联系,说知道我读书厉害的背景,邀我回来给大家做个讲座,专门讲讲我是如何成功的?面对这样一个任务,我其实是心虚的,以读书为例,我不认为自己读书厉害,因为在我的圈子里,厉害的人物实在太多,比如我身边有朋友,可以平均每天读一本书,谈起话题总是可以信手拈来,并且能拿捏到要点;说要攻克一门外语,半年内就能拿下;说要环游世界,就可以环游世界,他们都特别厉害。但是为此我并没有抱怨说父母没有给我一个天才的大脑，因为自己身边的优秀之人，比如硕士、博士、专家、教授，与他们相处的过程中会发现，他们中的大多数人都不是天才，他们的厉害，是源自他们的执着与坚守。

关于天才，想问在座的有认为自己是天才的吗？我已经预料到结果，我们的身边哪来那么多天才。所以我们天生被赋予了同样的智商，从这个层面来说，我们生而平等。这里我想要说明的是，我和在座的诸位是一样的，共同生长在昙华这样一片土地上。我的家乡在昙华赤石岩村，大家上学走过的山路，我也走过。大家讲的彝语，逢年过节穿的彝族衣裳，每年的农历二月八，这些我都熟悉，包括你们现在脸上的表情，时而表露的笑容与思考，这些都让我产生亲切之感。

一

那大家好奇的是，此刻我为什么站在这里与大家交流。我想应该是我比在座的学生都年长，经历比你们多一些罢了，仅此而已。所以大家此时不需要仰望我，只需要平视我就可以。我现在拥有的一切，大家到了我这样一个年纪的时候也能拥有。机缘巧合，2012年，我也曾经站在这里，与大家做过分享，应该与在座的一些同学算是第二次见面了。记得那时有一个画面特别深刻，应该是一二年级的学生，特别小，两个人抬着一个凳子，从昙华小学搬到这里，特别能干。6年里，有你们的成长，也有我的成长。

首先，我还是分享一下自己的成长点滴，归纳来说，我的30年就是一条读书的路，从3岁到现在的30岁，我一直都在求学的路上，幼儿园、小学、初中、高中、大学、硕士、博士、博士后。我在这里先解释一下，大学，大家都熟悉，再继续读，一般是3年，毕业就是硕士，硕士之上是博士，一般读3—8年，博士就是中国的最高学历。据统计数据，中国现有70万博士，在人口中的比重是1∶2000。我2016年博士毕业，到了大理大学工作，做了一名大学老师。2017年底，自己又选择了继续读博士后。至于博士后呢，它算是一种研究经历，在博士后阶段，自己与自己的导师是一种合作的关系，所以自己的导师一般叫合作导师。博士后虽然不是学历，但在国内往往被看成是比博士更高一个层次的研究。当自己博士毕业选择在大理大学工作的时候，一种新的机遇与挑战又摆在我的面前，即如何给大学生、研究生上好课，同时做好自己的科研。所以，我虽然拥有了让很多人都羡慕的工作，但我还是不敢停止学习。这就犹如自己攀爬上了新的台阶，遇见了高处更美的风景，内心就有强大的推动力想要继续往上攀爬，期待离风景近些、更近些，这个过程就是不断攀爬的辛苦与欣赏曼妙风景的喜悦并存的过程。

在做这样一个分享的同时，我自己也在思考，回望自己30年的路走得对不对、值不值，那我的答案是肯定的。因为，我理解的人生的意义在于，努力将生活过成自己想要的样子。等我们老了，满头白发的时候，不要为我们的曾经遗憾和懊恼。那越来

三步之外是田野

越接近理想的生活，其实也就是越来越自由的生活，这自由的生活我划分为三点：自由的财务支配、自由的时间、自由的思想。这里我再来一个比较简单的说法，即是"想买什么买什么，想去哪儿就去哪儿，想做什么就做什么"。想买什么买什么对应着财务自由，意味着我们到超市买东西，给孩子的教育支出，用于农业的生产性支出，资金都可以比较充裕；想去哪儿去哪儿对应着时间的自由，用当下时髦的话语来说就是可以"来场说走就走的旅行"，而不用担心自己没时间玩耍；想做什么就做什么意味着思想的自由，比如说"我要做我自己""不想成天被人管着"就是实现思想自由之一种。我想当我们实现了以上三条，我们已然就是独立的人了，不需要再依附别人而生活，并且拥有了这三条，我们也已经在好日子的路上。接下来，我结合我的个人经历，给大家再细化一下财务自由、时间自由与思想自由的美好生活，有了这样一种美好生活的定位后，大家会生出一些动力的。

所谓财务自由，最重要的是自己可以挣钱，自己可以轻松自如地支配自己手里的钱。其实，我也多少能读懂在座一些学生的心情，希望自己快快长大，可以挣钱，可以自由支配钱，这样就不会明明自己这个星期想花200元钱，父母给我们的却仅仅是100元钱。大家渴望长大，是因为大家渴望自由，而作为个人的自由，财务自由应该是首要的。当然不是说我们要挣得足够多，最好是个天价的数字，才可以实现财务自由。而是我们的收入能够匹配得了我们的花费，让我们活得称心如意，这点很重要。比如，我现在拿着在一个地方中上水平的工资，想吃什么想穿什么只要自己喜欢还是可以满足需要的，有用自己挣的钱买下的房子，有一定积蓄可以满足自己假期的旅行与日常的不时之需。我在昙华，包括一些农村地区，会发现这样的现象，当地的市场有淡季和旺季之分，在街上开店铺卖东西的人家比较能感受，一般淡季生意不怎么好做，因为老百姓没有钱，而到了旺季，比如核桃上市的季节、烤烟收获的季节，市场就比较活跃，因为老百姓有足够的钱买东西了。开铺子的人总会说"农民有钱了，我们的生意就好做"。记得小时候，我听到一个借钱的人常规的话语"钱等我卖了烤烟还你"，他的有钱是需要等待一批农作物的丰收，等待一个旺季才能实现的。我的理解是这样一种淡季与旺季的存在，说明这样的农村还没有实现财务的自由。在淡季，老百姓是相对缺钱的。

所谓自由的时间，拿自己来说，作为科研工作者，没有硬性的上下班时间，虽然自己不管在家还是在办公室，都得埋头做科研，但这个时间是自由的，至少，我自己可以提前计划时间，比如有好友来大理，我可以陪同游玩，而不必因为自己正好在工作时段，而错过了与朋友相聚的机会。在工作单位，外出参加学术交流、学习培训的机会也非常多，就看自己的时间精力能否顾及。比如，今天我和我的同事，可以来到这里，也是基于我们的自由时间。这让我不免想到了我家昙华亲戚的时间，其实是被家里的土地、家里养的各种小东西给束缚住了。比较有感触的是我家昙

三步之外是田野

华的亲戚去我家现在住的石羊赶集,他们一般是不住我家的,虽然我很想念他们,想和他们聊聊天。当我挽留他们,他们回应我的是"要回去的,不然家里的鸡、猪怎么办",所以,他们来赶集,不管再忙也要在当天赶回去。想必我们在座的一些家长,会场结束后得立马赶回家里边,照顾猪、鸡、牲口之类的。所以,我们当地人一般出不了远门,远点的地方也即大姚、楚雄之类,大致是没有大把的时间外出旅游的。

所谓自由的思想,于我而言,意味着与什么样的人相处,这点很重要。想和优秀的人在一起,这成为我不断前行的动力,我不断探索专业、探索生活,接触到不一样的人,这样的出新出彩着实满足了我的这颗好奇之心,实现了思想的冲撞与交流。现在我有一群可以聊生活、谈学术的朋友,特别好。而这些,在我还没有通过读大学走出去之前是不敢想的。自上大学以来,我自己结识了不同省份、不同性格特点的同学。在这些同学里,一些成为我难能可贵的朋友。而现在我的工作与生活,也可以接触到不同职业、不同身份的人们,他们让我大开眼界,不同背景的人群也给了我很多启发。我想如果我不通过读书走出去,我认识的人群大致就限制在我的亲戚、我的昙华乡,朋友圈里的人数也是少之又少吧,但走出去就不一样了。

我经常笑着和朋友说"大学老师就是好,看着自己喜欢的书,然后写写东西,还有人给你发工资",从我的语言与笑声里,大家可以看得出我的满意。选择当教师,选择了科研工作,是我之幸福。因为，读书是我之乐，当所从事的工作还是自己感兴趣的点的时候，这就很难得了。在还有多少人为了他们的工作而抱怨的时候，我是没有对工作的抱怨的。

二

综合以上内容，我表述的逻辑是这样的，我们每个个体都渴望幸福美好的生活。幸福美好的生活，核心是可以争取到自由，具体化为我以上的财务自由、时间自由与思想自由。为了实现自由，我们应该努力将我们的眼界放宽，要学会走出去，学会"开眼看世界"，不要将眼光局限在小小的县华，能走出去，以后再回来，这也是好的。我们县华总体来说，面积不到200平方公里，实在是很小很小，山高谷深，看到的仅是抬头的这片天，一山走完，看到的还是一山。整个乡的气候差异不大，生活的环境也是缺少变化的，这也就造成我们眼里看到的东西，朝朝暮暮都是一样的。这样单调的颜色、单调的曲调，不免会让我们变得疲劳，失去想象的能力与好奇的能力。因为周遭的一切，明天还在，明年还在，自己终老的时候还在，犹如门前的那棵核桃树，春天长叶，夏天结果，秋天收获，冬天蓄积能量，年年如此。其实，世界除了我们熟悉的一切，还有很多未知的东西在召唤着我们。在日行千里，甚至日行万里都已经实现的当下，建议大家尽量利用好这样一个美好的时代带给我们的便利，出去走走看看。当你走出去，你会看到，除了县华，别处也有曼妙的风景。大家

三步之外是田野

都熟悉这样一句话,"生活不止眼前的苟且,还有诗和远方"。那么为了诗和远方,我们都渴望背起行囊,外出走走。见世面,不断地满足好奇心与不断地答疑解惑,一路行走,一路遇见有趣的灵魂。

走出去,是个人实现自由的需要,也是顺应时代发展的需要。过去我们的社会缺少流动,比如我们的爷爷奶奶一辈,就鲜有外出的机会。他们的移动多局限在赶集、周边亲戚的婚丧嫁娶活动。正因为这样,赶集才被赋予了更多的意义,比如亲朋好友的聚会,最典型的就是我们的农历二月八。而现在就不同了,我们身边有外出求学的,有到外地打工的,并且形成一个相对成规模的群体。那么,求学与打工,也正好引出来了走出去的两种基本形式。拿我们昙华来说,外出务工是主要的形式,而外出求学,比之外出务工,人数就太少了。我之前听说,一些同学,因为自己的哥哥姐姐或是左邻右舍出去打工,于是他们也想着自己初中毕业后外出打工,还出现了不来上学的情况。学校的老师要挨个去找,到家里做学生的思想工作。我在此表达两点,一是对我们的老师心怀敬意。我们这儿有最好的老师,其实学不学习,不是老师的事情,而是学生自己的事情,但这儿的老师秉持一种负责任的态度,不想让学生在以后的人生路上后悔,于是就尽其所能地劝说学生来读书,这点我对在座的诸位老师心怀敬意。二是对学生的行为表示理解,不管是在家中帮父母干活,还是琢磨着外出打工,这都体现出了孩子对家庭的一份孝心。不过理解之余,想提些自己的看法。孩子体恤父母的孝心没有问题，但不是正当时候，在错误的时间做了正确的事情，也是会产生遗憾的。在未完成九年义务教育或者是初中毕业之后就出去打工，其实多是为了实现生计的暂时方式，是不可持续的。我们可以观察，打工群体多是青壮年劳动力，过了一定年龄再从事打工，是很不容易被接受的，所以，当打工到一定年纪，还是得做些别的选择。另外，从打工所从事的具体工作来看，初中毕业出去的打工群体，就是"农民工"角色，通常在一些工厂类、服务行业、建筑行业工作，这些工作普遍的特点是工资低、劳动强度大，打上几年工，其实也存不了几个钱。建议大家有空可以看看一个电影叫《天注定》。在电影里，从农村出去的学历不高的打工者，生存在城市的底层，他们是城市的边缘人物，没有条件享受一个城市带给他们的服务与便利。我举一个我生活中的例子，我家一个表哥，比我大四个月，初中毕业以后出去打工。他是属于很拼的那一类，打了几年工，存了几万元钱，回到家乡，再借助贷款，买了一辆货车跑跑运输。可能我们认为这是很不错的收入来源了，不想因为交通事故不得不卖了车，现在又不得不走上继续出去打工的路子来偿还贷款。所以真正通过打工发家致富的情况，我认为是很少的。所以大家需要全面理解打工，好奇的同时保持几分理性，就在学的学生来说，过早进入打工生活，其实得不偿失。通过打工实现理想，这个我没有把握，而通过读书改变未来，这个却是不证自明的。希望大家可以如我一样，在学生时代给自己放置一张平静的书桌，

三步之外是田野

好好读个书,我们适当需要"两耳不闻窗外事",不让外界短期的诱惑影响自己对未来方向的把握。

就我自己而言,就是完全通过读书走出来的典型。我获得的一切都是因为我选择了读书。读书,是当下实现社会流动的有效方式,且是公平的方式,正好等同于过去的科举考试。比如想要从一个农民身份,转换为一个可以拿着工资吃饭的人,于一般的家庭来说,也就唯有通过读书了。像我们没有背景,不是富二代,还不可以"拼爹",那就还是脚踏实地好好读书吧。读书,顺便可以给我们带来不错的社会地位。比如我们村里说一家人厉不厉害,会通过他家的家庭经济条件、有没有供出去大学生、有没有孩子在拿工资、他家在村里边有什么权力来衡量。一般以我的观察,我们农村纯粹的农民,需要有好的劳动力,好的土地,好的山场,人又比较厉害,那在村里可以有不错的收入。除却这样的情况,家庭条件好的一般是家里有人拿工资的情况,拿工资,意味着每个月都有钱进来,不像农业收入需要几个月的周期才会有收益,并且农业生计比较不稳定,受气象灾害、市场的影响比较多。如果没有这条读书的路,我都能设想我的人生之路,即到了适婚年龄找个对象,现在应该是两个孩子的妈。不过,我想我在村里会不会是嫁不出去的那类,因为我瘦瘦小小的,没有任何劳动能力,在村里算得是个没有用处的人。而读书,改变了我所拥有的一切,从村里的没用之人变成有用之人。读书改变了我的谋生方式,从农民的家庭出生赋予我的依靠体力谋生,转变为现在依靠脑力谋生。

三

记得我小学时候的同学录里,我的理想写的是"当老师",不想以前的老同学们都笑说,我是梦想成真之人。梦想成真的路上,特别需要感谢我的父母,我的老妈不识字,她深切感受到因为不识字给她带来的阻碍,一直将读好书的期待寄托在我和弟弟身上,正所谓教育从娃娃抓起,所以自小老妈就教我汉语,现在比较遗憾的是,大家讲的彝语我能听懂,但说就很困难了。在学习彝语这件事上,我还得向大家学习。还记得我小学的时候,一次拿出老妈的针线包,让她教我绣花,她严肃地回绝了我,说"好好读书,绣花干吗",所以遗憾的是,我至今没有绣花的能力,不过我至今也能理解老妈对我的良苦用心。

而老爸,在20世纪80年代也是靠着自己的能力读书走出去的,从一个村里人,变成一个在单位工作的人。他懂得读书的重要性,所以,在我和弟弟教育的花费上,他历来是很慷慨的。我大学四年级那年,胆怯地和老爸商量自己想读研究生的想法,不想老爸爽快地同意了。而当我2013年研究生毕业的那年,家里边又支持我读博士。他们知道,我这一读,结婚得延后,生孩子得延后,但他们认为,一个人的自立是置于结婚生子之前的,所以,他们的支持给了我巨大的精神支持,让我没有顾虑地读完了我的博士。这点,我要感谢一直在支持我、陪伴我、鼓励我的老爸

三步之外是田野

老妈。

前几天,还和我的同事聊起关于学生与家长教育认知的话题。如果是孩子不愿意上学,那可能是因为他们贪玩,或者是社会引导的偏差,或者是教育引导的不力。但如果是家长对教育的意识不到位,认为教育是可有可无的,或者认为教育无用,那真就危险了,因为他们的这一想法会转嫁给自己的孩子,而孩子在很小的时候往往是在仰望父母的,他们哪能对父母的观念作出正确与否的区分?对于孩子的教育,转变观念,将教育置于较高的位置,是孩子家长必须要摆正的观念。比如在几乎所有地方都在强调教育,将读大学当作孩子成长的必修课的时候,如果在座的我们还在将读书当作是别人要求自己做的事情,那就完全陷入了被动。

为了走出去,我们需要念好书,那么为了念好书,我们首先需要改变一些既有的观念。有学生和家长就疑惑了,我们昌华多好,山清水秀的,干嘛要让自己的孩子出去。所谓一些父母的理想,即孩子毕业回家,过上几年成个家,父母就在孙子孙女围绕下尽享天伦之乐。但这就是所谓的好日子吗?是儿女成了家,生了娃,自己就可以安享晚年吗?这就错了,城里拿着工资的人们有退休之说,而村里60岁以上老人就没退休之说了。他们还要协助干农活,养猪养鸡,直到自己老了走不动的时候,才是他们可以休息的时候。

我这个暑假在外出调研的过程中,遇到了可以与我们昌华相对比的教育现象。同样是少数民族地区的西双版纳,出现了到普洱、昆明的教育流动人口。西双版纳一带的家长为了孩子接受更好的教育,会将家里的孩子安排到教育水平高的普洱、昆明地区上初中、高中,甚至有些家庭将读小学的孩子也送出去了。西双版纳距离普洱300公里,距离昆明500公里。而这样长距离的移动是为了教育的移动,在我们这里是很难看到的。我们的实际情况是,高中入学率极低,我还听说有考上高中不去读的情况。得知这些信息,我是诧异的。当教育深入人心,接受教育,考高中、读大学,变成不需要思考的例行人生经历的时候,而在这里,我仍看到了学生家长的犹豫。我是惊讶了,惊讶于此地的观念出现了倒退,退回到"放牛、娶妻、生娃"没有跳脱的死循环里,惊讶得令我对这片土地产生了陌生感。

结合现在国家大的政策方针,我们能更加强烈地感受到教育的意义。首先来看国家的九年义务教育政策。九年义务教育的用意不是说国家、政府、学校逼着家长将孩子送到学校接受教育。而是国家层面早已意识到,唯有读书才可以实现一个人的成才。九年义务教育,国家做的是一个保障性的工作,国家提供了大量的资金、政策方面的支持,让每一个孩子都能上学,让每一个家庭都能供得起在读的孩子。我们的学生家长一定要珍惜这样一种具有保障性的教育机会。想想以前我的小学、初中教育,是需要缴纳借读费的,且没有营养餐之说。在座的一定要好好珍惜当下难能可贵的读书机会,善待国家给的系列教育福利政策,多学知识。现在，明显的趋势就是九年义务教育，会变为十二年义务教育，比如男生想要圆个军人梦的，也赶紧读书吧，现在只有高中毕业才有资格去当兵。大家再不抓紧读书，就要成为新时代的文盲了。以前的文盲，因为连"男厕""女厕"都不认识而走错闹了笑话。而新时期的文盲，虽然会认识汉字，但不会利用科技、利用信息来服务我们的生活，同样也是文盲之一种。

其次再来看国家的教育扶贫。近年来，扶贫成为一项自上而下与自下而上的重大国家工程，我没记错的话，我们大姚之前是国家级贫困县，现在也还是在列的贫困县。我有朋友还在我们县的某个小村子整天忙于扶贫的工作。消除贫困，除了改善产业结构、促进经济增长等之外，最根本的还是转变贫困地区、贫困人群的观念与认知，那这样的转变就得需要教育。教育扶贫即通过提升教育的方式，来实现知识与观念的更新。教育扶贫就意味着，教育是脱离贫困的实现方式。所以想要让家庭脱离贫困，就别拴住自己的孩子，争取给孩子好的学习环境。初中毕业送出去读高中，高中毕业读大学。

有些家长可能会犯愁了，现在教育开支这么大，几乎得花光家里的积蓄。根据我2006—2010年读大学的一个计算，一般的农村家庭，供养一个大学生，需要花一家人30年的积蓄，这是非常巨大的开支。当然现在估计不会有这么夸张。自己在高校工作，就知道国家层面对贫困学生的倾斜，家庭贫困的学生，可以通过申请获得无息助学贷款，这样学费就不用愁了。除此之外，学校层面也有各种奖助学金,比如我们学院,奖助额度从几千元到上万元的都有。

所以,读书的这个过程本身,就是可以赚钱,也是可以自立的。以我的例子,我大学三年级开始,就自己通过家教解决生活费了,读硕士、博士,有公费的名额,即不用缴学费,学费由国家出,自己的生活费通过参与老师项目、学校发的奖助学金完全够用。我博士毕业,自己还可以存到钱。可能最有吸引力的是,我到大理大学工作,有一笔安家费,这就意味着,我家里不用为我花一分钱,我就读完了博士,然后,毕业之后还赚取了一笔安家费。所以,又读书又可以赚钱的工作,于我来说就是天上的馅饼。

我可以走出来,就是因为读书。我承认,除却读书,这里边一定没有什么窍门与后门。要说有,那就是我的执着,还有老爸老妈的支持,当然还有一些小幸运。所以,我可以走出去,那在座的诸位也可以。作为过来人,我期待同学们在成长的过程中,需要知道自己拥有什么,需要寻觅什么,所谓对自己的认识,对自己的"自知之明",这点很重要。要充分认识到自己的不足、欠缺的部分与能力特长。不足方面,正如我之前提到的教育观念的问题。而在能力特长方面,我想我是可以为家乡人做些概括的。昙华作为最古老的"中国彝族十八月太阳历"的发祥地"彝剧"的诞生地,"咪依噜"的故乡,"梅葛"的故乡,"中国民族民间艺术之乡",这么多文化的发祥地,孕育出来的人也饱含了当地文化的精气神,所以大家这点自信是需要有的。另外,感触很深的一点就是大家的勤劳,我们的父辈天天忙于农事,难得有闲下来的一天,孩子也是不怕苦的。现在我偶尔回老家,看到学生假期陪父母干农活,或者照顾弟弟妹妹,总是心生佩服的。所以大家是最好的存在,请怀揣你们难能可贵的品质一路前行。

讲座到了尾声,我将我的讲座用几句话概括一下,通过我自己的读书经历,给大家分享了三点我理解的成就自我的三个方面:财务自由、时间自由与思想自由。为了争取自由,争取美好生活,大家要学会多想想外边的世界,多走出去看看。而走出去有我们常见的两种方式,通过读书走出去一定要强于通过打工方式走出去。就此希望可以让我们的学生家长们有些思考,思考自己既有对待孩子教育的思想偏差与局限。好的教育环境,需要孩子、家长、老师、学校、社会的共同维护,作为共举的事业,我们共同完成。

以上,是我讲座的所有内容。大家读书的时间、玩耍的时间、干农活的时间、做生意的时间,都是宝贵的,感激大家抽空来聆听,希望我今天给大家分享的一切不是在浪费大家的时间,再次感谢大家。感谢有此次机会与这么多家乡的亲人相见,也期待与你们继续交流与相处。在讲座之后,大家如果有什么疑问或者愿意分享的,如信任我,可与我联系,我会尽绵薄之力。

家乡的李一平教育基金会

第一次听说李一平先生,是我在大姚一中读高中的时候。大概听得李一平先生创办了大姚一中,为大姚县当下教育事业的发展奠定了基础。当时网络还没进入我们这群高中生的视野,自然也没办法通过网络进一步了解李一平先生。而我亦没有途径获取介绍李一平先生的书籍及相关资料,对他的了解也仅仅停留在老师和同学们的点滴言语中。

在对李一平先生的懵懂之余我却足以感受得到老先生的分量。李一平先生的塑像就位于大姚一中的中心位置,塑像周围留足空地建水池、培养绿植用以衬托塑像,尤其在金秋,桂花开放,这片空间成为我们最愿意闻香的好去处。路过塑像,老先生总是笑的。我心里也不时会默念,老先生,您安好。塑像旁边还设有升国旗的空间,逢学校每周的师生升旗仪式和例会,总是以塑像和升旗台为中心来开展活动。伴随神圣的仪式,这一空间也有了神圣性。

三步之外是田野

自2006年高中毕业,时隔8年后的2014年,我万万没有想到,自己竟然还与李一平教育基金会结下了一段难得的机缘。这个机缘,让我得以有机会一睹李一平先生生前的诸多事迹和与众不同的风度。也万万没想到,我能够得到李一平先生对我学业的帮扶,这得益于以李一平先生名字命名的"大姚李一平教育基金会"。

2014年的一天,一个电话,让我莫名的感动。电话一响,嘿,是家乡的区号,身处异地的我抓起电话,自然来了顺溜的方言。电话是大姚李一平教育基金会的初怀雄主任打来的,电话那边,初主任和我说明了事情的来龙去脉。我才得知基金会亲自到我县的各个乡镇走访在读大学生情况,通过实地了解调研学生家庭情况,来划定基金会受资助的学生范围,他们一行也正是去了我的家乡昙华才得知我的就学情况。初主任与我一一核实和询问,并且了解了我在学校的生活学习情况。我欣喜地感受到,他们为了掌握我的信息也真煞费了苦心。他们拄着木棍,行走泥泞小道,攀爬陡峭山坡的情景,很快在我脑海中构图。他们为了不落下一个需要资助的大学生的执着信念,在我脑海中定格。边接听电话,我的内心,伴随着一阵一阵的暖流涌动。原本素不相识的人,捎来的却是暖心的问候。一番谈话之后,初主任对我说,我的情况符合李一平教育基金会的资助条件,拟对我进行资助。

时值放假,我回到老家,专门去探访了李一平教育基金会。见到了电话里边给予我关心的初主任,他一如电话里的热心肠,没有丝毫的距离感。我们交流了好久,当他得知我想好好了解李一平先生的愿望后，给了我基金会专门搜集整理的李一平先生诗文集和当地人写的关于李一平先生的回忆录，这成了我对先生之风难得的学习途径。

此次探访，我还认识了基金会的钟开云老先生。之所以叫他"钟老"，并不是单纯因为他年纪大。老先生70多岁但仍耳清目明、精神矍铄。他当了大姚县十多年的县委书记，为家乡谋了太多福利。退休十多年来，他仍坚持参与基金会的公益事业，不遗余力践行着作为一个社会人的责任与良知。在基金会办公室的墙壁上，有一张贴有基金会捐助金额超过万元的人员名单，其中就有钟开云老先生。亲切地称他为"钟老"，更多的是出于我对他的敬重之意。

陆陆续续又认识了基金会的张洪源主任、邹子云老先生。基金会给了我暖心的问候与及时的帮助。就连沟通联络我写论文的资料，他们也尽心尽力地帮我，做的全是超乎他们工作之外的事情。对他们，我更愿意用"老朋友"相称，他们让我有了久违的感觉。每次路过大姚，我都会想到他们，有空总想去基金会找他们聊聊。

2014年，我有幸参加了李一平教育基金会的奖助学金发放仪式，并代表获奖学生发表感言。仪式现场的规模出乎我的意料，可容纳500余人的会场座无虚席，主要是受奖助学生和学生家长，还有在主席台列席的县里领导。时任县委书记的陆积峰也出席了仪式。此次得到李一平奖助学金资助的学生有128人，共发放助学金 26.7 万元。对于当时还是国家级贫困县的大姚来说，有专门的教育基金会已属不易，而今得知受助学生颇成规模，我颇觉震撼。

  震撼背后，我看到了为基金会奔走效劳的诸多人的心血。最初设立教育基金用于资助家境贫寒的优秀学子，是李一平先生的遗愿。先生逝世 20 余年后，他的遗愿得以弘扬，老先生也可以会心一笑了。教育基金会的发展，得益于各个单位和个人的关心与支持。教育基金会专门做有一册基金会的捐款人员名单。厚厚的册子里密密麻麻地写满了捐助人的信息，县里的各个单位，每个个人，少则几十元，多则上万元。这个册子与另外一份名为受捐助人名单的册子形成呼应，厚重的捐款名册才得以有同样一份厚厚的受助人名册。教育基金会的有效管理，得益于像钟老先生、初主任、张主任等一样热心付出的人们。他们要么已经退休，却又重挑重担；要么担任其他职务，来基金会任一份兼职，挤出自己的休息时间来为基金会做一些自己力所能及的事情。来基金会任职并没有报酬，他们不图利，不计名，一直为基金会投注心血。

  记得有一次我在基金会办公室和他们聊天的时候，进来了县教育局的一位叔叔，说正打算退休后加入他们的队伍。基金会正因为有了他们，才得以将这份可贵的事业延续下来，越办越好。

  平时，我时不时能够接到基金会给我的电话问候。电话那头，他们关心我的学业和生活。2016 年 5 月，我面临毕业，毕业季总是因为行将离开学校和面临就业选择的困扰而变得焦躁不安。这时,钟老先生给我打来了电话,专门问我毕业的就业情况。当时,钟老先生静听我的打算,也以过来人的身份推心置腹地与我分享了他的想法。亦长辈亦朋友的钟老先生,正是在我困惑、不知道如何权衡的时候出现在我的面前,我甚为感激。工作定下来后,我很快将我的工作去向和钟老先生、初主任分享。

基金会工作人员一来代表基金会组织给我资金帮助,二来以个人情谊一直给我关心与鼓励,我想,工作也是我能回馈他们的礼物了。听了我的消息,他们也由衷地为我高兴,那种发自内心的高兴犹如看到自己的孩子的成长。他们将每个受资助的学生都搂入自己的怀抱,时常心怀惦念,想着我们不要因为经济问题而影响学业。等到我们毕业,安顿了工作,他们才会舒心。对于每个曾受资助的学生而言,圆满毕业,获得一份好的工作,就是我们能做到的最好的回馈。

一本书一种精神

认识张国信老师,是缘于一本书,书名叫《龙女牧羊的地方》,此书的作者正是张国信老师。有幸拜访了张老师,才知道张老师是于1993年在大姚二中退休的资深教师,是我老师的老师,敬佩之情更是难以言表。"龙女牧羊的地方"就是指石羊这个虽小但饱含文化的古镇。龙女牧羊的故事将石羊的历史牵引到了那遥远的传说年代,书名富有浓厚的诗情画意。只有对石羊历史有深厚了解的人才会想出如此深情款款的书名。

书的内容也如书名一样意味深长,它就是解读石羊文化的精神大餐,看完此书,顿觉自己的粗陋与肤浅。生于石羊,长于石羊,我原以为可以口若悬河地对外来的人讲"我懂石羊",这皆出自自己无知的狂妄。石羊本是一本厚重的书,儒家文化、盐文化、宗教文化、节日文化等都在这儿交会共融,而张老师将石羊的历史文化浓缩为七万多字的《龙女牧羊的地方》,精练而又不失深邃。

当问及当地老人石羊的历史，他们有些解答不了的总会告诉我解决问题的路径，"去问张国信老师"。其实在当地人眼中，张老师就是石羊文化的"百科全书式"人物，就是"石羊活态的历史书"。一个早晨，我不再顾虑自己的才疏学浅，试着去沾染张老师的文气。不远处，透过一扇窗户，便看到一位安详的老人，直觉告诉我，他就是张老师。没有我原本担心的拒人千里之外的高姿态。一句简单的问候之后，就有了我们之间两个多小时的交流。我带了一堆问题去请教张老师，他都给了我很好的解答，并且逻辑层次非常清晰。在我不停地发问中，我感受到的是一位老教师特有的气度，毫不厌倦，总是精神矍铄，以最佳的姿态，以最准确的真实可信的回答来回应我。

　　不知不觉间，他似乎既是我的长者，是我的老师，也是我久违的老朋友。当谈及他的作品《龙女牧羊的地方》，张老师向我讲述了成书的过程。虽然说者无心，但作为听众的我，却感知到张老师的了不起，张老师几句淡淡的话语，凸显了一种难能可贵的精神气质。张老师写此书，是受镇政府的邀请，此书肩负着宣传石羊文化的重任，担子虽重，但他毫不犹豫就接下了。写此书，张老师未向政府提资金要求，花了一年多的时间，查阅资料，亲自执笔，写书也遇到了各种艰难，但他一个人承担着，坚持了下来。他的解释是，"作为石羊人，能为石羊文化做点事情，是我义不容辞的责任"。此话一点不虚，因为张老师确实在用一本书践行着他的责任。我也更加理解了张老师在他书的后记里提到的"责无旁贷""欣然接受""义

三步之外是田野

不容辞"的分量。

  张老师的这本书，他没有申请版权。他说，"外来人研究石羊，是好事，我的这本书可以看作是他们研究石羊的现成资料，版权什么的，我也不在乎，他们引用我的书，也是为了宣传石羊，何必计较那么多呢。在我身体还能支撑下去的情况下，有政府、学校、外来的学者找到我，我都很乐意提供力所能及的东西"。表面看来，这仅是简简单单的话语，在他与我的交流内容中，也许是无足轻重的。但正是张老师简单道出的话语，一字一句都撞击着我的内心，感动于平凡退休教师的不平凡，叹服于一本书背后的奉献精神。

  其实放眼整个石羊古镇，这样默默付出的老一辈何止张老师一位。就拿石羊的诗书画协会来说，会员中很大一部分是退休教师，退休前，他们耕耘的是讲台那片天地；退休后，他们耕耘的是古镇的文化。同样是耕耘，只是换了时间与空间。就连诗书画协会的建会宗旨——宣传石羊，提升石羊的知名度，也彰显了他们耕耘古镇的思想。古镇的文化，总与他们有着千丝万缕的联系。就拿石羊古镇"云南首批历史文化名镇"称号的获得，也与他们的奔走呼号、执着争取是分不开的。

  从一本书，我看到了张老师愿意不图回报奉献一己之力的精神。还透过张老师作为大姚二中退休老教师的一员这样一面镜子，照见了在讲台之下还在默默奉献的大姚二中的退休老教师们。

爱恨交织的诗和远方

我坚信与梦想的民族学田野是"诗和远方"的呈现,虽然我的田野也面临过缺水、生活不便、语言不通、孤寂等问题,但看了L的博士论文,以西藏腹地为田野点,"诗和远方"则更多了复杂面向,或者直言不讳地说,他的田野里没有"诗和远方"。

我算是L整个田野调查和博士论文写作的知情者之一,而看到他的论文,他亲历的场景触目惊心,平时他与我的日常分享只是冰山一角。L说,他还有很多材料、很多困难是没法呈现出来的。我唏嘘,在他的田野里,偶遇一汪安静的湖水,偶遇汉族同胞犹如遇见故知的欢欣,喜得当地藏族同胞的帮助,即算意外之喜。在他的田野里,田野的纯脑力和纯体力的支出倒还算其次,更多是在调查路途中生怕塌方、翻车等触及生命安危的担忧。在实地的田野中,他遇到道路受阻,遇到没地方取钱,甚至遇到拿着手里仅有的钱也难以买到东西的情况。于是,翻越几近呈90度的陡坡试图摆脱困境,不想腰部摔伤,刚摔伤时,整个人只能弓起背呈90度慢走,他后来自嘲式地和我说,那时的他活像一个老头子。当时，在当地能买到由稍懂些医术之人给配的药已经很不容易，想买个云南白药膏来贴也无处买，别说进医院了。此次摔伤之后，他一直在家休养了两个多月，休养得稍好一点的时候，他返回学校查找文献，我看到他仍是一脸从田野带回来的疲惫，走路也有些不利索，显然摔伤的腰部还没来得及痊愈。

我也看到他"胖"了很多，其实是他的身体肿了，眼睛明显仅留下了一条缝，我刚开始还不知道原因，就笑说"L，你到西藏怎么生活更好了？"作为朋友，他也就对我和盘托出。原来这是高原反应的结果，他做调查的西藏腹地，海拔5000米，高原反应是必然的，需要有强大的意志力与身体素质和高原反应作斗争。海拔高，气温低，很容易就头痛欲裂。每天除了面对自然环境的挑战之外，还有来自食物的挑战。就食物的味道而言，他可以放下对食物味道的不适应，吃单调而不熟悉的食物，但关键在于每天都让他很饿。在这样的自然环境下，食物吃下去不久就感觉饿了。人一饿，立刻就有快虚脱的感觉。他每天的期待就是不要饿，每次吃饭都不敢挑食，先尽量往肚子里边塞。另外就是特别期待能有肉吃，他说，在西藏，他比在家、在学校都无比地渴望肉，唯独肉是可以多给自己体力保障的。我们既有的想象应该是藏族同胞多以肉食为主而少食蔬菜，少食蔬菜这点大抵是对的，但对多肉食这点，需要区别看待。在一般的藏族人家，肉食也还是稀缺品，藏民日常的饮食多是青稞面。L随时感觉到饿，尤其是对肉食的饿。难得进一次县城，那就像是过节，一定要过过大块吃肉的瘾。

他也担惊受怕过，当地很多人家都有藏獒。每次在村里，他都是小心翼翼，生怕谁家的藏獒没栓紧，咬伤了自己，要知道，藏獒咬人可是危及生命的。每次从藏獒旁边走过，藏獒的力道似乎要将整个链子挣脱，他随时也就有种在危险中过活的担惊受怕。他虽然也积累了一些应对当地藏獒的方法，但不幸的是，他有一次被当地的野狗咬了，当地的野狗也是出奇得多。被狗咬伤之后，他想要立刻打狂犬疫苗，但迫于当地简陋的医疗条件，也苦于不能立刻离开田野，他只能在担惊受怕中过了两个月。直到事后回到家，补打了两针疫苗，检查了身体后，才算松了一口气。

在整个田野过程中，L在金钱上的花费也是不小的。前后8个月，花费约一年的收入，正好验证了那句话"民族学（人类学）是一门贵族学科"，因为田野调查太花钱。学科开启之初，作研究的多是衣食无忧的贵族群体，也只有他们，才能摆脱金钱的烦忧安心做好田野调查。田野调查的巨大花费于参加工作不久的他是笔大数目，工资很大一笔还得用于支付学费，这些给他带来了生活的困境。作为朋友，我还得知，他的爱人刚怀孕，他就去田野了，田野和学习，让他没能陪在爱人身边，就连爱人生孩子，他也没能亲自陪伴，这终将成为他作为一个丈夫亏欠妻子的，作为一个父亲亏欠孩子的。艰辛的田野调查背后，需要一个宽容、理解、有担当的强大妻子。前不久有空见了他的家人，妻子一如我想象的坚强，和博士论文一起诞生的宝宝也可人。我想一段田野故事、一篇博士论文产生的同时，也是"共患难，同担当"的夫妻情感收获的时候。

三步之外是田野

田野里虽然有生命的冒险、连吃饱都成奢望的物质条件的不足、被歧视的精神负担，甚至为了田野无暇顾及对家庭的照顾。但当L欣喜地拿出他在田野拍的一摞照片给我看时，我就知道，他的田野调查仍然是收获。我看了他的博士论文，每个材料都来之不易，每句话都是自己的思考。去田野之前，他没有任何人脉，没有任何人的帮助，就这样只身前往。是田野里每一个普普通通的民众支撑起了他的田野调查，就像他说的"田野里的人没有坐等你去研究的责任"，他是对他们心怀感激的。

当地藏刀制作传承人扎西堆旺，在田野中送了他一把价格不菲的藏刀。在L临行前，又送了他一把，扎西堆旺说，"送给家里的阿佳（特指L的爱人），让她用来割肉吃"。扎西堆旺赠送藏刀的逻辑是放在当地的文化来理解的，他虽然不知道，藏刀于我们的文化就是一个摆件，而不是用来割肉、保护生命的必需品。但是扎西堆旺对L的临别，已经将他们最好的礼物呈现出来，已经铺展开来关心到L的家人，实为难能可贵。L虽然离开田野有一段时间了，但不忘随时和田野保持联系，尽量为田野的人们做一些力所能及的事情。我想"凡是我待过的地方，就是我的故乡，因为待过，就有了人情"，这句话用来形容L和田野的关系，也是恰如其分的。L对他爱人和我说，"以后我带你们去看看我田野结识的朋友"。L之于田野，已经到了让自己的亲人朋友和田野调查对象熟悉起来，建立起"常来常往"的期待。我想，这也就是L用他的田野经历阐释的田野：让人纠结，充满了爱恨交织，但终究还是"诗和远方"的田野。

被考与监考

　　打从读书开始,各种考试如期相伴,升学考试、入学考试、资格考试、学位考试、职称考试等,各种大大小小的考试,我这里都不尽然能囊括了,自己的人生历程与人生转变,总是通过一道道的考试关卡来实现。先来谈谈几场让我记忆深刻的考试。人生第一场算得有竞争的考试是中考,当时的情景比较模糊,只记得当时成绩还可以,被县里排名第一、第二的高中同时录取,于是选择了教学质量最好的大姚一中。这场考试成了我与我初中同学的分水岭,他们中只有很少的一部分人考上高中,其中仅零星的几位考上了县一中。

　　进入高中,根据既有的中考成绩,我被分在普通班,而成绩最好的同学被分在重点班,重点班的特殊待遇在于会匹配学校最好的师资力量。整个学校因为重点班与普通班的划分,学习具有了明显的竞争底色,并且竞争尤其激烈,因为,个人进入重点班不是一劳永逸的,而是实行月考淘汰制,将每个月的考试成绩作

三步之外是田野

为学生留在重点班还是淘汰出重点班的唯一凭证。高一的第一个学期期末考试,我竟然意外地进入了重点班。后来幸运的是,我高中三年一直留在重点班。

不过我的生存环境到了高三就很不妙了,我明显地感受到高考的巨大压力,在此之前,自己给老师、家长形成的都是成绩好的好学生形象。可惜,自己越是爱惜羽毛,就越有压力。记得高三的一次高考模拟考试,我的考试成绩尤其糟糕,差点被踢出重点班。那时,班主任着急地找我谈话,想摸清我成绩波动大的原因。因为这次遭遇的成绩下滑,自己有些质疑自己,还得了神经衰弱。高考进入考场之前,我吃了"芬必得",可是依然紧张头痛。考试结果也能预见,成绩平平,仅稍微超过一本线。过了高考这一关,尤其强烈地意识到了高考定终身的感觉,这也就是为什么高考实行了这么多年,家长和学生还是如此看中高考的原因了。通过高考,如果能考上一个好的大学,那大致也意味着一个好的人生的开端。

考试,似乎变成了限制我或是改变我的人生的幽灵,我从心底里会将考试看得很重。整个大学四年,我是一个会考试的好学生,保证不挂科,保证逢考必过。为了逢考必过,我花了很多精力,比如普通话考试,为了获得高中语文教师资格证,需要通过普通话二级甲等的测试,这于来自民族地区深受方言与民族语言影响的我就是个难题,为此我每天花大把的精力练习普通话,三个月的苦战让我得以通过考试。考试,让我相信志在必得,也陷入了必须通过各种考试来获取各种资格证书,以此证明自己能力的意识中,这样的意识好的一点是极大地提高了自己的能动性,不好的一点现在看来就是失去了自己兴趣的培养,我被考试牵引着走。因为以考试为中心的学习,目的性实在太强,也未免太功利化,自己的能力在功利面前简化为了在握的几个证书,包括结束大学四年生涯的学历证书、学位证书。更放眼看,简言之,硕士、博士也可以简化为对一纸文凭的拥有,现在回望,证书、文凭虽然很重要,但如果我可以将步调放得更缓点,对各类证书的获取更有选择性一些,然后多些时间在不受制于证书获取的路上,那么,我的路会更轻松有趣,也会更有获得感。老爸曾调侃过我,我除了会读书什么都不会,在此,我也想对自己一味陷入各类考试的陷阱做个调侃,我除了会考试一无是处。

现在回望,考试使我得以证明自己的能力,可因为专注考试,我也落入了考试的陷阱。考试,让我变得脆弱。每次考试,我都会抱着必过的心态,因而不能接受失败,比如我大学时候的英语四级考试,第二次才过。第二次考四级,压力感特别大,整个考下来身心俱疲。后来考六级,第一次没过,第二次又执着去考。当我考完试,身体离开凳子的那一刻,差点没能站稳。我这样的一种身体的唐突反应让我害怕,因为我实在是太紧张了。整个考试的过程,我头痛欲裂,终于以起身快要站不稳的状态表达出来。后来,我选择了放过六级,选择了放过自己,以至于我到现在还未能获得六级证书。这也算是乖巧的自己,无比在乎考试的自己,

三步之外是田野

终于与考试来了一场对抗，现在，周边人问到我的英语，我也能坦坦荡荡地说我没过六级，这样貌似的不完美也变成对自己接纳的一种方式。现在理解起来，对自己的接纳，不仅是对自己优点的认可，也是对自己缺点的认识与接纳，有时，不和自己的不足较劲，也是轻松睿智地与自己友好相处的模式。

细细想来，我也算资深考友，经历过很多的考试，于考试，也有些话要表达。总体而言，我算是一个考试的既得利益者，自己人生所谓的跨越与转折，都与考试有关。这点，我得感谢如我一样，没有任何资历背景的小人物，可以通过考试实现社会的流动。如果没有考试这样的阶层流动方式，那我还是一个农民的孩子，还得靠着土地为生。正是考试，向我打开了看外面世界的窗口，透过这扇窗，我得以好奇地观望与体验。所以，考试于我而言，是社会的一种神奇发明，也是得以稳固社会与实现社会流动的存在方式。

另一层面，也有我对考试本身的反思，尤其结合我自己所经历与所感触的。每每面对考试，我都得费尽心力来准备，考试耗费了我很多的精力，从一定层面而言，我的能力在于会考试，再说得直白一点，我的能力也仅限于会考试而已，有时，将自己比喻为一部考试的机器也未尝不可。在社会中，衡量人的能力的高低，考试总是最通行普遍的方式，古代有科举考试，现代有高考。考试，给了平凡人家平等竞争的机会，同时，考试作为残酷的竞争，是千军万马过独木桥的方式。

拿我们熟悉的高考来说,一个孩子的高考,往往变成一个家庭、一个学校的高考,变成整个社会为之而动,为之欢欣鼓舞的一场运动。因为其超强的竞争压力,每个个体都拼尽所能。考试,让每个孩子都多少具备抗压的能力,扛得住排名,扛得住优劣的区分。其中一些扛不住压力的就会被弄得神经衰弱、抑郁等。一方面,我佩服大家因为考试所具备的拼搏精神,不管是自发的还是外力强加的。另一方面,我也很心疼大家,为了所谓的美好人生而努力,到头来,能够胜出的也就那么几位。多数人仅是陪考的角色,在陪考中信心一次次被挫败。这样的例子我们听得多了,比如一个职位1000多人报考,这个过程就生产了批量的炮灰,如此考试的路未免太过艰辛。同时,考试虽然貌似公平,但教育资源的不平等是显而易见的。现在拥有博士学位的我,与出生于大城市的同事相比,在很多方面都有差距,同事自小就耳濡目染的东西,如音乐、舞蹈、英语,我因环境所限却未能了解、体验与学习。有时,这样的家庭、环境形成的差距虽然可以通过后天的勤奋来弥补,但要付出更多,才能享受到他们轻而易举得来的幸福。

最后,想谈谈考试过程本身自己的一点想法,总体感受是,很多考试于体验者而言,不管是考生,还是监考员,都是一场痛苦的过程。考试秉持公平公正的理念,让每位考生都考出真实的水平,真实的水平何以产生,其逻辑就是杜绝作弊。在实际的操作环节,为了避免作弊未免用力过猛,整个考试其实是将每个考生都假想为作弊者来处理的。考前封场、考中信号屏蔽、进场

三步之外是田野

安检、检查"三证"与核对人像、签考场承诺书等，都是为了防止作弊而设立的。甚至为了杜绝作弊禁止中途离场，连不得不解决内急的身体之需也被禁止。因此两三个小时的考试，也是对身体功能的检验。考前两个小时内，是万万不敢喝水的，考前更不敢随便吃东西，万一在考场里闹肚子，那后果就严重了。在考场中渴了得忍，尿急了得憋，一边憋一边答卷，思路时不时被憋得难受的身体控制着。实在憋不住者，只得狠心放弃考试，解放了自己的身体，却也失却了考试通过的机会。

　　于监考员而言，一场考试也非常有压力，因为可能无意的小失误，会酿就一场教学事故。考前监考员因为精神高度紧张，可能会夜不能寐；在监考环节，大脑更是高度紧绷，单是要记下烦琐的考试流程，都让监考员操碎了心。监考完毕，用去战场打了仗回来的紧张与疲惫作比并不算夸张。面对考生与监考员都怕的考试，我想是不是可以转变考试理念，将考试从一种管理的层面转变为一种服务的层面。即现在考试让人累、让人折磨的原因，是因为考试的过程设计将每个考生作为作弊嫌疑人，并投入了大量的管理成本，给考生与监考员带来很大的压力。如果变为服务型的考试模式，监考过程的整个设计多些人性化，比如考试中考虑去卫生间的方便度、考试环境的舒适度、考试中热水的服务等，我想，加入这些服务内容，转变考试的理念，就可以在严肃的考试里感受轻松，这样才能让每个考生考出真实水平。

不做太久的独居者

此刻写这段文字的我，不自觉想起了一首名叫《我的心是满的》歌词，"清晨，我一个人醒来，一个人整理头发，一个人买早餐，一个人赶路，我一点也不孤单，我的心里是满的，我的心里是满的。午后，我一个人散步，一个人和小鸟说话，一个人看一棵植物，一个人回家，我一点也不孤单，我的心是满的，我的心是满的。夜里，我一个人读书，一个人泡茶，一个人听雨声，一个人闭上眼睛，我一点也不孤单，我的心是满的，我的心是满的"。很喜欢这首歌，喜欢这首歌背后主人公的心境，一个人的生活，酿就了独处的能力，她懂得享受孤独，孤独已然内化为了一种美。

喜欢这首歌，是因为这首歌也诉说了我的心境，一个人的求学之路、一个人的工作之路，我的生活，我是主角，没有与我相伴生活，参与到我生活中来的伴侣、亲人。一个人生活的独享，做着如歌词所道的只有一个人参与的事情，此刻的文字敲击也就变成了我与自己内心的独白与交流。这个环节尤其重要，文字的生产成为我一个人生活中梳理心绪、表达情感、发表感慨的途径。文字时而欢快活泼，时而低迷阴沉，但表达出来，就天朗气清了。

人作为群居生物，历来是喜欢群居的，所以人的一生之路都是在寻找陪伴的过程。自小父母给我们陪伴，长大了寻求一份爱情，收获一份爱情，组建一个家庭，丈夫、妻子、孩子，都成为我们人生长久的陪伴。陪伴让我们避开了人生的孤寂。总体来讲，我们的内心其实不渴望长久的孤独，但是个体在寻找陪伴的过程中，并非心随所愿，总会因为其间的磕磕绊绊阻挡了我们愿意群居与陪伴的意愿。短暂的孤独才是享受，长久的孤独就变成了迫不得已。最极端的长久孤独的典型就是鲁滨孙，如果鲁滨孙再有一次孤岛生存的机会，他定是不会再前往的。

孤独，或长或短，我们都会遇到，我理解的长可以用一年来界定。如果一个人已经独自生活了一年，那么自己在已经习惯孤独一人的同时，也容易掉入一个人的孤独陷阱。不要在一个人的孤独心境里排斥他人，如果好不容易看到个中意的男朋友，因为他步入了你的生活让你的屋子变乱，影响到你的工作生活时间而选择放弃这段感情的话，那之前的独身生活已经让你变得不愿意接纳别人了，既有的孤独显然为你制造了陷阱。孤独是好，可别让孤独毁了你可以收获的幸福，除非你坚持认定你可以一辈子孤独，一人独居，终老其身。

曾几何时，独身者回父母的家会越来越少，仅愿意在家陪父母待几天，算是象征性的，待得越久，和父母的矛盾也就越多，越觉得和父母不能沟通，越觉得疏离了自己该有的生活太久。比如父母催婚的唠叨，就够我们受了。为避免这些麻烦，最好的方式就是早点撤离，回到自己不被打扰的小窝。但逃回小窝之后，只算是回避了问题而没能去积极回应问题。渐渐地，这样的状态，只会使自己成为越来越孤独之人。如果你身处这样的境地，你得学会适时调整。孤独感的消除，最简明扼要地就是处理好与家人的关系，学会从孤独中抽离出来，投入到家庭的柴米油盐中。

以我自己为例，我因为工作独自一个人在外生活，而一年中，我会选择一段时间和自己的家人或是朋友在一起，少则几天，多则个把月，将自己置于不是孤身一人的环境，这样的转换很重要。父母开始介入我生活的头几天，我会有很多的不适应，虽然这些不适应都是些鸡毛蒜皮的事情。比如老妈选择和我睡，想和我亲近亲近，我是挺乐意的，但也有些麻烦，我不可能想什么时候睡就什么时候睡，要想着可能会打扰老妈休息。老妈需要盖比我厚很多的被子，以至于我很容易热了睡不着，偶尔还会听到老妈的呼噜声。有一天晚上，我因为睡不好，默默地戴上耳塞听起音乐。比如和老爸老妈在一起相处的起初几天，我一种貌似强迫症的毛病犯了。被他们摆放错的东西，被他们弄脏的地，老爸抽烟带来的浓浓的烟味，诸如此类，与我之前不合的东西我都会紧张，偶尔还会有几秒的小生气。

紧张与生气之后，我都会立刻平息下来，还好没有向老爸老

三步之外是 田野

妈表达什么，偶有几次我忍不住说了"应该如何如何之类云云"，想想他们一定是难过的，原本在家乡自由逍遥的日子，来到女儿这里却变成了管束，还好，老爸老妈没有向我表达过类似的抱怨，还好只是我的一惊一乍，唏嘘了一场。差点酿成彼此不愉快的事件出来之后，我开始反思。我小抱歉的原因是父母客观上打扰了我的生活，而我自己的内心还没有想好接纳他们，接下来要做的就是要学着接纳他们。经过几天的调整，我已然开始接纳他们用自己的方式来料理我的小家，用他们打扫卫生的方式，用他们做饭的方式，洗碗后摆放盘子的方式，调味品的重新摆放方式。接纳的过程，也正是我享受的过程。我享受老妈给我做好的饭菜，享受敲门之后老爸给我开门的瞬间，享受辛苦买菜的活由老爸来担当，享受与他们饭桌上、客厅里的闲聊。在这一过程中，我完成了一个人的独处到与家人和谐相处的转变，独处的意义和与家人相处的意义也就在这样的对比中更加深刻。

  当他们离开我回到老家，我又得花上几天的时间回到我自己一个人的状态，但这个状态已经有了父母和我一起相处时的痕迹。在整理房间的时候，我发现用父母的智慧布置的客厅更好了，我可以依样沿用。老爸给我装好的柜子很漂亮，成为他留给我的礼物。我洗了他们的水杯、刷牙杯、毛巾，收拾好，等着他们下次再来。而我一个人的生活，又重新回到了一个人起床、一个人锻炼、一个人吃饭、一个人看书、一个人思考的节奏。置于孤独状态的我，已经不惶恐了，我不止有独处的能力，还存有与人相处的能力，并且可以在这两种能力间自由切换。

  以我感同身受的体悟，是想要和大家分享，你不可以做太久的独居者。你要做到既可以享受孤独，又可以脱离孤独，在孤独与不孤独之间自由切换，既可以静享一个人的花开花落，也可以在尘世中寻得幸福。

永远的孩子

父母还在,你永远是他们眼中的孩子。

一次,外婆对我说,她要好好照顾身体,多活几年,这样我的妈妈就还有个妈妈,我就还有个外婆。这话出自一字不识的外婆,却触动了我,我与妈妈,妈妈与外婆的血脉关系顿时在此言语中得到直白又深刻的表达。这话也听得几分悲观的色彩,还好,有外婆在,妈妈还是个孩子,还有人护着她,还有长辈这一树的树荫。如果外婆去世了,妈妈就变成顶老的那个人,而我不仅失去了外婆,也将成为顶替既有妈妈位置的那个人。我想,如果外婆不在,最悲痛的是妈妈,因为妈妈的处境带来的悲痛,谁也没办法感同身受,外婆不在,保护妈妈的那片温情脉脉的穹庐就不在了。从外婆的话里,我也能读到,每个人在亲情的角色中,各安其位,好好对待好被安放的位置,哪怕"好好活着"也是为了维护好完整亲情的这张网。更是解释了一句话,个人,不止为自己而活,更为别人而活,而自己的存在与价值大体是在为别人的路上体现出来的。

想想，我人生过程中的关卡，一些大的决定、一些重要的事件，总有父母的操持，而我在这样的场景下，总是坐享其成。爷爷去世的时候，我小学三年级，什么都不懂，就是难过，一直在哭，旁边有安慰我、陪伴我的家人，但现在我已然想不起来当时刻写在爸爸妈妈脸上，又是悲痛，又得抑制悲痛，张罗葬礼大大小小的事务的憔悴了，想想那个时候，我算得是在给他们添堵了。我研究生一年级寒假期间，奶奶去世了，当时我在外调查，爸爸妈妈怕我承受不了，并且我远在异地，担心我回程的路上出现不测，因此，向我封锁了消息。直到我回到家，问奶奶的时候，他们还回应我"去大妈家了"，只为了让我先吃好饭。我却没能从他们的神情语气里感知异样，直到我吃完饭，拿出买给奶奶的衣服的时候，爸爸妈妈才对我说，奶奶去世了，今天是她的"头七"。听到这一消息，头脑轰然炸裂，也才顿时领悟回到家觉察到的爸爸妈妈的疲倦与苍老。奶奶的去世，我又再一次没能为爸爸妈妈分担。

就这样，在爸爸妈妈的庇护下，我比很多孩子都幸运，自小没吃过苦头，没有遇到没钱上学、病了没钱看病的成长难题。爸爸妈妈给我营造的家，总能想要什么就有什么。儿时的布娃娃、电子琴、课外书，体弱多病而时刻陪伴我的药袋，给了我温暖的情感庇护与坚实的物质支撑，让我在成长的路上一直都是风平浪静。包括我大学毕业之后选择读硕士、博士，也来自于爸爸妈妈给的支持，因为他们为我提供的相对良好的家庭条件，没有逼迫我大学毕业就要走向养家糊口的境地。家，给了我可以继续发展的机会；家，没有成为我的重负，而是给了我足够的发展空间，让我想飞走就飞走，想回来就回来。爸爸妈妈营建的家，给了我自由的思想与坚强的后盾。

记得大学开学，是爸爸送我去的学校，这是我第一次出远门。学校所在的昆明，于当时的我来说就是遥远的国度，既好奇又害怕。爸爸为我买了旅行箱，拖着大大小小的编织袋将我送到学校。他了解了学校的饭食，一切可以让他安心后才离开。

我博士毕业到工作地，需要采买家具和收拾新家，爸爸和弟弟立即赶赴现场，帮我量房屋尺寸，确定家具规格，一起陪我买家具，替我扛重物，等待我一切收拾妥当，他们才又返回，以至于整个过程我并未劳心劳力，而变成了一个坐享其成者。前段时间，爸爸妈妈得知我要搬家，就又忙开了，说一定要来帮我。他们持续为我操心，我很过意不去，于是说自己可以搞定，但最终他们还是来了。妈妈一路晕车，但为了我全然豁出去了。在他们陪我的那段时间里，我没有做过一顿饭，洗过一次碗，都是他们在为我操持。他们走后，当我进厨房做饭时，生疏得差点做不熟一顿饭，显然我已经习惯了有爸爸妈妈在的厨房。

虽然我和爸爸妈妈在共处一屋的过程中，也会闹一些不愉快。妈妈为我收拾家务，她不识字，在整理我的书的时候，会把书放倒，我当场笑起来，妈妈就会生气。我们三个人旗鼓相当，为了一个物品的摆放会争执、会不悦。但这些都成为我们在一起不可或缺的底色，不会因为一次小情绪、一次随心所欲的表达，就担心会有什么不良后果。不管何时何地，不管我们之间是笑语，还是分歧，我们都在一起。我开玩笑地对爸爸妈妈说，他们变成了我的免费劳动力，做饭给我吃，还帮我收拾家务，他们仅仅呵呵笑笑来回应我。最后收拾好家当，爸爸妈妈要返回老家，一句"我们就回去了"，道出了他们对我的歉意与牵挂。回去当天，外婆得知爸爸妈妈回去了，专门打来电话，问我有没有伴，自己一个人好好照顾自己云云。收到年老外婆的电话，我更内疚了，长辈对我的关心，是我回馈他们的部分所不能企及的。

想到老舍的《我的母亲》，"人，即使活到八九十岁，有母亲便可以多少还有点孩子气。失了慈母便像花插在瓶子里，虽然还有色有香，却失去了根。有母亲的人，心里是安定的"。我想改变，不想再做爸爸妈妈眼里的孩子；我想为他们撑起一片羽翼，保护他们，让他们不要再为我烦忧，可以安享他们的余生。但事实是，我永远都是他们眼里的孩子，一句句嘘寒问暖，一次次不愿意给子女添麻烦，注定我就是他们永远的孩子，而我也在爸爸妈妈孩子的名分里，寻得了安定，得以享受这美好的人世间。

传统书店何去何从

　　记得我小时从本地小小的书店买得一本新华字典都如获至宝。学生时代从书店买到的《作文精选》《成语字典》《十万个为什么》《读者》等一些读物,都会惜字如金地看完,并且包个漂亮的封面,一般不外借。学生时代最有收获的时刻就是老爸带着我逛书店,毫不保留地告诉我说"喜欢什么就买"。

　　相比儿时,一些既存的书店难以激发我的热度。前几天去芒市,得知在当地新华书店会有部分地方资料售卖,我就去现场看看,不料新华书店正在装修,两层的书合并为一层售卖,必然没办法展出所有的书,于是在现有售卖的书里,我想看到的书没有摆放出来。围绕陈列区,我转悠了一下,学生教辅类占了所卖书的大部分。我唏嘘呀,还好,我的学生时代没有受到各种大山式的教辅的吞食。在这个书店里,我没有发现一本与我专业相关的书籍。书店在哪类书应该摆放,哪类书不在有限的空间中摆放出来的选择,主要是依循市场的需要。显而易见,现有传统书店已经萎缩为主要售卖学生教辅资料的空间。从书店，我们可以获取的是如何获取高分，而非以缓慢而又长久的方式去静静吸纳，以实现人的全面发展。

  作为读书人的我，逛书店已然不是我的一个惯常生活。更多时候，需要一本书，我直接从网络购买，一来实体书店已经难以买到我所需要的书籍，二来实体书店也已然没有了在逛中收获惊喜与意外的兴奋感了。所以索性在网络购买，方便快捷。传统书店，如很多地方性的新华书店、新知图书城等书店，都或多或少受到网络购物时代、电子化时代的冲击，时代在改变，但传统书店整体上并未作出大的调整与变革，以致渐渐走向没落。全国部分传统书店，包括很多国外的传统书店，已经濒临倒闭。

  我想传统书店的没落并非归结于人，即并非人的不愿意学习，相反，人的求知欲更加空前高涨，甚至有一天不学习，都大有被所在领域淘汰的危机感。传统书店的没落应该归于其并未与时代合拍，时代背景改变了，但传统书店仍在故步自封，必然没办法满足人们的求知欲。

  与传统书店相反，亦有部分书店以新的姿态占得位置，成为书店振兴的典例。深有感悟的是广州的方所，以至于在这里提到方所，都有特别想要买上一张票，飞到广州去方所看书买书的冲动，足以见得方所对我的吸引力。方所于2011年营业，定位是书籍的销售，却不是传统意义上书籍的销售。方所位于广州的繁华地段太古汇，这貌似与传统的书籍销售地段是相悖的，因为书的销售越来越成为不可能获取更多利润的产业，这样的地段选择有不能支付高昂租金之嫌。而事实上，方所此举并不是不明智，相反，方所一直经营到现在，越来越赢得人们的认可，以至于在广州，没去方所逛过，会被圈里人笑话。

方所，不是单纯购书的空间，而是融合了全球化呈现的方式，聚合了有所求的同类，集合了休闲式、慢节奏的学习体验。整个方所的主角是书，书并非像传统书店货架式整齐划一的摆设，而是每本书被理解为一件艺术品精心布置，每本书在此都有自己平等的安放位置。书籍在类别的侧重上有一个特点，即专门陈列有港澳台地区和世界其他国家的英文类图书，确实满足了人们在全球化背景下，放眼世界，理解与欣赏全球文化的诉求。方所除了作为主角的书，还融合了几个主题，第一个主题是咖啡厅。在这里，咖啡成了书的伴侣，约个好友，以书，以来自世界的上等咖啡为伴，可以实现味觉的、视觉的、深入心灵的精神给养。第二个主题是艺术展区，这里陈列有来自世界各地的创意作品，时不时让驻足者脑洞大开。第三个主题是方所文化的动态呈现。这里会定期举办作者与读者的见面会，或是读书沙龙。这一主题显然将原本静态的空间赋予了动态的过程，志同道合之人凝聚在方所这一空间中，作为个体的人其实也实现了思想的表达与交流。

体验方所，能够获得与既有传统书店不一样的全新体验，我认为它的理念已经超越了将书简单作为物质形如菜市场的蔬菜来陈列售卖，而是将书作为不同文化互享的通道，通过与书的情境交融，同时实现个体的审美表达和形塑。在方所里徜徉，经营者追逐经济利益的面向被隐匿，买书者在这里没有压力感，服务员的眼睛不会盯着你，让你产生被监视的不愉悦感。纯粹来方所看书的人们也丝毫不会有压力，反倒这里柔和的灯光、舒适的看书区等细节环境的营造，似乎都在告诉你，慢慢在我这里享受阅读之旅吧。方所，是偌大城市中文化聚合空间之一种，成为文化引诱城市资本的形式之一种，实质虽也无法逃出盈利的目的，但它具体的营销方式，会让你心甘情愿。

传统书店的没落，貌似是与人的发展越来越强烈的求知欲相背离，但创新型书店的兴起，正好解释貌似与现实需求背离却又"合情合理"的原因。创新型书店，正好一方面契合大众对精神满足的需求，同时也应时之需，在像方所这样的微空间内，可以买到来自世界范围内的书，这是全球化时代的回应，在微空间内实现了世界范围内的文化畅通与交流，形成跨文化的消费空间。方所，代表的是喧闹城市一座理想的城，惬意且不缺乏精神的给养，尊重与抚慰每一个个体。

爱的能力

提到"爱",十有八九大家想到的是爱情。爱情成为爱的最好的证明,这样看来,爱是需要被证明的,是一个人爱另外一个人或一个人被另外一个人爱着。爱的这条脉络,很容易就被简化为拥有爱情。在大众的眼里,衡量一个人是否幸福,会用一个人是否拥有爱情,是否拥有完美的家庭来衡量。因此,在我们周遭的世界,当被问及"你结婚了没?"其实更多的是善意地对对方的关心而非无事找事的八卦。而当听到"还没结婚"的回应,那所问之人一定着急,定会回复"你该找个对象了""要求不要太高"之类云云。而如若长期陷入这样固定的回馈模式中,被问之人很可能也坐不住了,很可能会胡思乱想"真是我太挑了?"进而进入自我否定的情境。这样自身有压力和痛苦不说,很可能大龄的男男女女也就彼此将就,走上大众眼中期待的常规模式:恋爱、结婚、生子。

而我认为,将"爱"简约为"爱情"未免狭隘,并且要说能否拥有爱情，其实跟一个人爱的能力的培养，具体到爱情层面拥有爱情的能力相关。我愈发深信一句话，"爱情其实就是自己和自己谈恋爱"，这样看来，爱情，其实也跟另外的那一半没有关系。具有爱的能力，具有自己爱自己的能力，那么，自己已然有能力来迎接另一半的出现，自然可以水到渠成。没有另一半，不代表自己没有能力、不懂爱、不会爱，而只是机缘还不到，与自己气质相投的那位还未出现而已。拥有爱的能力，学会自己爱自己，自己的幸福力就可以轻松掌握于自己手中，不会因为一个人的不出现，幸福就会减半。

关于爱的能力，《爱的艺术》这本书给我的启发特别大，整本书其实就在强调爱的能力的培养。首先，首当其冲是爱自己的能力，爱自己是爱别人的前提，当爱好了自己，用爱自己的方式与能力，自然可以很好地爱别人。因为爱自己，所以不会自暴自弃，而是尽力让自己活成自己想要的样子。比如，想要呈现一个健康的自己，那么你会摒弃不良嗜好，你会早起早睡，会锻炼身体，会吃健康的食物。比如，你想要亲近自然，那么你会每天花时间外出散步，闻闻花香，感受绿意，也会将花花草草种进自己的小窝，亦会早起，然后坐在窗边看书，看太阳慢慢升起。在与自然相处的过程中，保持着自己与自然之间共情的能力，比如，我面对樱花盛开的校园，留下了多少次与樱花的相遇，每次都能感受自己的生活，就如樱花一样粉红、甜美。而正是这一来自对自然的感受力，可以与男女爱恋的甜蜜感受相比，就我个人感受而言，也丝毫不比男女的爱恋感受逊色。

具备爱的能力，即自己具备了完整的与周围世界相处的能力，在自己与周围世界相处的过程中，总能让自己舒适。学会了与自己的内心相处，那不管是孤身一人，还是有伴侣相陪，你都会找到最佳的方式与这个世界相处。这样，让自己舒适的方式，同时亦可以给别人带来舒适。爱的能力的养成，实则培养了我们的广阔之爱，不会纠结于自我的幸福一定要放到恋爱与婚姻的筐中。有爱情，有婚姻，自然是好的，但即使没有，也不会影响自己幸福人生的体验。所谓，幸福不是用是否有爱情、是否有婚姻、是否有家庭来衡量的。具备爱的能力，我们就不是在等待爱的被动者，而是爱一直都在，爱自己的那份爱情一直都在围绕着自己，爱的能力让我们成为拥有爱的主动者。

亲情与婚姻的德育

很难得看到《快把我哥带走》这类温情脉脉的片子,既可以让人捧腹大笑,又能戳中泪点,在听到"你把我落下了"这样的情境台词时潸然泪下。来看电影的有恋爱的小情侣,有一家老小,亦有如我一类的闺密团。不管是怎样的群体,作为个体的我们总是活在亲情当中。面对这样一个主打亲情的片子,在观看的过程中,电影场景与生活情境碰撞与聚合,赚取了全场人的欢笑与眼泪。

生活哪里来那么多岁月静好,而是有人在替你负重前行,而亲人是我们人生路途中为我们负重前行的主角。影片将这样的形象赋予了哥哥时分。乍一看,哥哥特别顽皮,还爱欺负妹妹时秒,但生活中的打打闹闹,也构成了兄妹俩互动与呈现情感的主要形式。特别小时,哥哥为妹妹买了冰淇淋,递到妹妹手里边,妹妹眉头一皱"哥哥,冰淇淋怎么变成这样?"哥哥狡黠地回答"冰淇淋像坨屎,我将它舔成了圆圆的形状",妹妹"哦"了一声,

三步之外是田野

满心欢喜地舔起了冰淇淋。哥哥提前偷吃了妹妹的冰淇淋,还这么有说辞,年少的妹妹仍是一副崇拜哥哥的模样。儿时的妹妹是依赖哥哥的,长大一些的她回忆起总有哥哥牵她的那双手,当时分的同学问到"为什么你和妹妹的关系这般好?"时分回应"你和你弟弟有一起喝过一瓶水吗?"是的,好的兄妹关系正如时分所回答的,是可以同喝一瓶水,同舔一个冰淇淋的。在整个影片中,时分和时秒争抢同一根烤肠,争抢同一盘食物,看似霸道,实则是兄妹不拘细节的情感呈现,看得温暖人心。

  妹妹时秒再长大一点,对哥哥自年少的仰慕,到渐渐的心怀厌恶,用妹妹的话表示就是"因为有哥哥,父母对我的爱就要一分为二",有比较就会有差异,这与我们所处的时代背景有关系。特殊的计划生育政策下,一些家庭仅有一个孩子,一些家庭可以生两个孩子。在成长的过程中,非独生子女与独生子女就会形成对比,时秒总是羡慕她的好闺密——身为独生子女的妙妙。当然,影片经过特殊的情节处理,让时秒也过上了自己身为独生子女的生活。冰箱没有了划界,放的都是自己喜欢的食物,再也没人扰乱自己睡觉,但当她夜里习惯性地叫道"时分关灯"的时候,灯并没有被关上,哥哥不见了。因为生日的一个"快把我哥带走"的许愿,哥哥不翼而飞。哥哥已经变成自己闺密妙妙的哥哥。没有哥哥在的时刻,庆幸之余也不免寂寥无趣,觉得丢掉了什么。自己看到哥哥为妙妙做的一切,以前对哥哥的不喜欢,亦渐渐学会了理解,尤其随着剧情的推进,妹妹知道了哥哥疼爱自己的真相，哥哥故意打乱自己的闹钟让自己晚起，故意与自己玩捉迷藏，凡此种种，是哥哥要维持好妹妹心目中世间皆是美好的形象，哪怕让她晚一天知道爸爸酗酒、父母闹离婚的真相也是好的，哥哥最大限度地给了妹妹整个世界是完好无损的感觉。哪怕是不得不分开，也尽自己所能为妹妹打点好一切，修好楼里坏了的灯，重新接了灯线，让时秒躺在床上就可以关灯。这些细节，都很好地解释了这样一句话"岁月不曾静好，而是有人在为你负重前行"。

看完这个片子，我戏谑地和朋友聊起，夫妇结了婚面对要不要孩子的纠结，看了这个电影应该就不会纠结了。该片里的每一个孩子，都是天真无邪、有趣、活泼的，都是对父母的恩赐。另外，面对两孩政策放开，一些夫妻在面对要不要生第二个的思考时，看完这个电影，也会有答案了吧。如果做选择题，作为独生子女的妙妙与作为兄妹的时分、时秒之间的选择，我们为孩子设定的生活更多偏向于时分、时秒，所以也会有当务之急就果断生老二的想法吧。很多家庭选择生老二，是出于孩子的角度来考虑的，已然不是"养儿防老"的经济性思想，而是更多情感维系的考量，是父母与孩子，孩子与孩子之间的情感。生了老二，让孩子在有兄弟姐妹的环境中生活，让彼此学会为对方着想，接纳对方，培养与人相处的能力。而到了父母年老去世的时候，兄弟姊妹变成了最亲的亲人，这就是骨肉相连。这可能是夫妻之情、父子之情都无法超越的，因为，自打儿时起，就有那么一个人在一直陪伴着你，直到生命的尽头。所谓，兄弟姊妹之间，是最长情的陪伴。电影的片尾出现了取自普普通通家庭的兄弟姊妹合影，正是如哥哥一样的呵护与担当，让照片里的那抹笑也更加欣然。这些照片，也即是我们的缩影，照片亦能替换，替换为我们，也一样精彩。

"以前的车马慢，邮件也慢"，"现在的爱情婚姻像速食，没了回味的余地"，慢与快，姑且可以用来区分过去的婚姻与现在的婚姻吧。过去的婚姻，好慢好慢，一生慢得仅仅足够与一个人谈情说爱，爱情就沉淀在那一起走过的山路里。那个时候，因为"大家庭理想"，离婚是鲜见的，是见不得人的。不过这样的婚姻在保持平衡与韧性的同时，缺失了自由，呈现为了周全大家庭，而失去自我的形态。而自20世纪初就在争取的自由，我们在婚姻里找到了。在婚姻里，有自由恋爱，离婚亦不会受到歧视。不过在这样的自由之下，婚姻不免演变为儿戏，两个小情侣为了所谓海枯石烂的爱情结为夫妻，婚后不久就又离婚。有了孩子的家庭，父母的离婚或多或少会影响到孩子，影片中的兄妹时分、时秒原有的兄妹情，就因婚姻的终结而硬生生分开。这两天也听得这样的谈论，大学开学季，也是父母离婚季。我惊愕之余，理性分析，也不失为一种社会现象，原本要破裂的家庭，为了孩子的未来，为了平稳地度过高考，父母可以演一出相亲相爱的戏。接到录取通知书，孩子去上大学的时候，演戏的父母已然累了，毅然选择了离婚。父母的初衷是减小离婚对孩子的伤害，但殊不知，作为大学生的孩子，他们之于父母永远都是孩子，不管选择什么时机离婚，对孩子的伤害都是必然的。但以上，我没有用孩子去绑架婚姻的用意。现有的婚姻，总结来看，有了自由的争取，但为了小我而缺失了顾全家庭的意义呵护。此影片的意义，正是让我们对婚姻有重新的思考，不管是已婚之人，还是未婚之人，要读懂婚姻的厚度与责任。

性别的圈套

以前对女权、性别平等方面的议题没有涉猎，今天读《剩女时代》，才意识到自己习以为常的回应与判断，陷入与社会主流意识跟着走的圈套。不管主流意识对错与否，我们常常懒得思考，几乎快失去了思考的能力，只坐等现成的观念意识，拿来用即可。

读这本书让我不自觉地想起与我相关的买房子一事。当下社会主流的用钱方式，显然从将钱存入银行吃利息到将钱用于投资，老百姓最主要的投资就是房子。房地产业已火了20多年，即使普通民众都知道房子投资泡沫严重的问题，但人们还是会大手笔地将钱投入购买房子，不论是刚性需要，还是升值需要，房产购买依然如火如荼，房子的价格依然居高不下。我也被裹挟进主流的观念里，想给自己买套房子，毕竟还没有自己名下的房子。钱如何花与如何挣同样重要，虽然有些压力，还房贷的几年里我得省吃俭用，生活质量多少受到影响。但想想必须买的理由，就足够让我下定决心买房子，这样的决定也来得简单而偶然，我和父母说起我有一笔钱，计划近年不会在 D 地买房，因为 D 地房价太高，如果以我的一己之力买，那债务就会成为我沉重的负担。车也不想着急买，主要是我对车无感，嫌有车麻烦。就这样聊着聊着，就聊到我弟弟的婚前房子，我于是灵机一动，我可以在 C 地买个房子，所有钱我来付，房子名字落成我的，平时这个房子就由弟弟小帅住，哪怕以后他结婚，以后生孩子继续住，也是好的。这也方便了老爸老妈，老了可以选择在医疗条件好点的 C 地养老。买了房子，我也可以心安，不管价值多少，自己至少有了一套落有自己名字的房子，属于自己的栖居地。我笑对家人说，我确实需要一个这样的房子，万一以后离婚了没住的地方，或者一个人退休了没住的地方，我的小屋会让我心安。

　　基于以上种种原因，我便买了房子，现在每个月都需要准备房子的贷款，还房贷于我来说是一份压力，但我更愿意理解为一份动力、一份责任。C 地的房子，我和家人考虑的是刚性需求，升值的空间是位居其次的。于我来说，我的刚性需求应该是在工作地（D 地）买房，D 地到 C 地有两个小时车程，在 D 地工作的我断然不会跑去 C 地居住。于我的父母来说，为他们 C 地买房子用于养老也不是刚性需求。他们在老家生活了 30 多年，需要让他们离开老家的理由也就只有儿女而非好的医疗条件。而说到刚性需求，应该是在 C 地工作的我的弟弟小帅对房子有刚性需求。他在 C 地工作了两年多，还没有买房子，而他确定以后继续在 C 地工作与生活，加之他也到了要结婚的年龄，有套房子，成为了结婚的必需品。即在 C 地的房子，小帅应该是第一受益者。以上描述，仅为了理解事实，买房虽然是一件辛苦的事，但为了我们四口之家生活得更好，我是很乐意的。间接帮助小帅，我认为主要是基于我们之间的情感，我和小弟一直以来感情都特别好。现在，他比我更有需要，我自然会帮助他。

以上关于买房，是小帅对房子的刚性需求促成了买房子一事。现在，我想以我买房的这样一个简单例子，延伸到另外的话题，除却情感要素，为什么我和家人要帮小帅买房？答案在我读了《剩女时代》之后才清晰明朗。在中国式的婚姻里，男方一般要有房，女方才敢嫁过来，如果女方父母得知自己嫁过去的女儿是生活在出租屋里，大部分父母是不敢让女儿冒这样的险的。买房是我和家人为了小帅能有一个更好的结婚条件而考虑的。而女方所需要的房子，对房产证上写的是谁的名字倒是不在乎，不管是落男方的名字，还是落男方父母或是其他人的名字都不重要，她们更为看中的是拥有房子的居住权。我作为女儿，在社会规约里自然不需要为自己准备婚房，婚房可以理所当然交给男方，或者我认为的婚房是双方一起奋斗的事情。在书里描述的一个个案，女方因为有自己的房产，后来被男朋友知道，一度影响了他们的婚姻进程。男朋友认为女方有了房产，就比自己强。所以在如此社会情境下，中国女性持有房产的比例远远低于男性，男性是持有房产的主流性别。而为了给男性准备房子，常常是动用全家之力，就如我，也自然而然地参与到这一社会惯习中。父母也拿出积蓄，来支持购买房子。天下父母，可谓用心良苦。如果不是《剩女时代》，我可能还不清楚我为小帅考虑买房也是受到来自社会性别差异的裹挟,我自然而然、不需要思索的行为原来也是社会强制力赋予的。社会的力无处不在,不管我们活得多清醒,却还是难逃社会给我们的力,不管有没有解释力,社会的力都会以暴力或非暴力的方式作用于我们。

《剩女时代》讨论的剩女饱受了各种污名。剩女现象是社会进步、女性越来越独立的标志,而将剩女看作一个问题,就变成了社会在作怪,主要是社会中的男权在作怪。这股势力太强大,强大到对剩女带来不公,对剩女的污名可以在社会范围内形成常识,最后连剩女自己都在怀疑,怀疑自己选择的路是否还有意义。其实,此书是在借剩女来为整个女性群体发声。

《剩女时代》作者洪理达的研究表明,财产的性别分配不均现象非常显著。以北京、上海、深圳房产持有人的名字来看,房产中有男性名字的占80%,而有女性名字的只有30%。在买房子的过程中,一般女方也会拿出钱来支持买房,或者在还房贷过程中出力,但她们一般不会太计较房子的名字是否有自己。因为社会已经默认,房子的持有人为男性。如果女方争取房子的名字,就很容易带来婚姻不和谐的骂名。

婚姻法的财产认定与房产的名字挂钩之后,女方就更处于被动了。女方一结婚,社会多会让女性作出回到家庭的选择。一些女性为了整个家庭考量,甚至放弃工作在家相夫教子。但女性不管工作还是不工作,都在为家庭尽心尽力。如果婚姻家庭美满,那似乎没什么问题。但如果女性在婚姻中遭遇婚姻的不幸而走向离婚,她们面对的是人财两空。首先,房产没落有女性的名字,女性不可能享有房子的部分价值包括升值价值。在中国,房地产在过去20多年一直到当下,都是可以带来较大财产收益的部分。女性无权享有房子的产权,就意味着失去了与丈夫一起投资房产的巨额收益部分。女性在婚姻里整体失利,权利集中于男性,以致一些女性压抑住内心离婚的想法。她们显然不敢听从自己内心离婚的渴求,离了婚,她们没有可去的地方,没有了孩子,亦没有一份工作在等着她们。

婚姻家庭中的女性,一是失利于财产,二是失利于人身。如果婚姻对象选择不当,选择婚姻的女性就像选择了一座围城。在"家丑不外扬"的旧有规约下,占了婚姻群体中的1/4—1/3的家暴被轻描淡写为家庭矛盾,凭男人的意志来支配,却选择性地忘记理解女性的感受。疯狂英语创始人李阳与妻子李金的婚姻,就是男权观念主导下酿造的悲剧。哪怕是如李阳一样的高知,也不免沦落到在处理夫妻关系从观念上到行为上都出现问题,却还不自知的境地。

所谓的男女平等,从"五四"成为社会运动以来就一直在提,如今,女性虽然不用再裹小脚,不用成为"妻妾成群"中的一员。但男权又以另外的形式束缚住女性,女性斗志昂扬地跳出一个陷阱,却又跌入另外一个圈套。如果女性挣的钱不属于自己,房子不属于自己,财产不属于自己,身体不属于自己,那女性的权利争取又该走向何方呢?

未来的婚姻

谈"未来的婚姻"话题时,我们不应该直接来谈未来的婚姻是什么样的,而应该先判断未来还需要婚姻吗?要做好这样一个问题的判断,我们得回到这样一个话题"婚姻存在的功能与意义是什么?"如果婚姻的功能与意义不复存在,或者有其他可以取代婚姻功能的途径,那婚姻自然可以不复存在。费孝通先生在《生育制度》里提出婚姻是来自养育孩子的制度安排。在很多哺乳类动物中,诸如牛、羊一类,一生下来就能走路,几天以后就可以和成年的牛、羊一样吃同样的食物。而刚生下来的孩子是不行的,他们需要放在襁褓中,悉心照顾,从进食纯粹的奶水,到渐渐能吃辅食,到慢慢会说话、走路,渐渐地,他们才会成为社会化的人的形象。大概给孩子过周岁的仪式,也即宣告了从模糊的婴孩状态真正转向为人的形象的用意。在人口高死亡率的时代,婴儿往往是死亡率最高的,这一类的死亡是不算在家谱里的,更进一步说,他们连身为一个"人"的资格都还没有。可见婴儿是多么孱弱！如何抚育孩子成为社会再生产的关键一环，于是在顶层的设计方案里，需要一种强有力的制度以保障婴儿抚育功能的良好发挥，这一制度就是婚姻。

婚姻形态中，当下最为人知晓的是"一夫一妻"制婚姻。这样的婚姻形态在当下的全球来看也是最为普遍的，而诸如蔡华对摩梭"阿夏婚"的研究，则成了我们了解过往婚姻形态多样性的一扇窗口。讨论婚姻，我们可以将视野放到更广阔的时间维度，历史上不同的婚姻形态更有助于我们对"何为婚姻"的了解，根据既有研究梳理的婚姻形态，大致经历了从群婚到一夫一妻制婚姻形态演化的长时段。在生产力水平极为低下的社会环境中，人们看重土地的丰收，看重女性的生育，当将富有强大性能力与生育能力的女人置于预祝丰收的仪式中时，就有了用女性生殖力来隐喻土地出产力的关联仪式。这一时期，女性充当生产力的主角，通过采集所收获的能量显然高于男性狩猎所获得的能量。这一时期的社会是典型的母系社会，生育赋予了生育者本身生物性母亲与社会性母亲的双重身份。生物性在于强调血缘维度，社会性在于强调抚育的责任性维度，母亲之于孩子的关系而言，生物性母亲与社会性母亲是显而易见的。而这一时期对谁是父亲的界定就不如母亲好界定，当时的社会其实也不在意谁是孩子的父亲，不界定谁是父亲于孩子的抚育亦没有任何损伤，而代替孩子社会性父亲的角色是"舅舅"，母系社会的"舅舅"位高权重，在孩子社会化过程中起到替代父亲的责任的作用。

而进入父权制社会，即权力集中于男性的社会中，剩余财产渐渐增多，人们对财富的观念发生变化，从不主张囤积社会财富到主张囤积社会财富，从看轻财富到用财富来衡量一个人的社会地位。财富变得愈发重要，男人为了守住重要的财富，必须确定一位继承人，继承人自然是自己的孩子。因此，为了继承的需要，男人必须明确谁是自己的孩子。于是在父权社会中的男性，通过婚姻让一个女人仅仅归属于一个男人，如普遍的"一夫一妻"制婚姻。部分男人的"一夫多妻"现象，生育自然也能明确知晓孩子的父亲是谁。父亲自然从母系社会的舅舅中收回权力，继嗣由母系继嗣转为父系继嗣。这样为了满足继嗣需要的婚姻形态，明确了父亲的自然性父亲与社会性父亲角色。这样的婚姻形态到当下得以延续，自有其优势，一来明确的一夫一妻避免了性之间的竞争，自然减少了不必要的麻烦事；二来也给孩子的成长提供了良好的社会环境。

总结来看，婚姻的用意在于男女双方的合作，亦促成孩子的成长，以实现整个社会的人口再生产。那我们从当下的一些社会新形态，来大致预测未来的婚姻走向。在未来的社会中，婚姻不是必然的存在。如果一个男人和一个女人在一起不需要一张结婚证来证明其合法性，如果非婚生子女与婚生子女在道德、经济、社会等层面都是一样被对待，那么比之现在，会有更多的人自愿选择不结婚。所谓"婚姻是爱情的坟墓"，一旦变成婚姻关系，两人之间的关系已然不是纯粹的爱情关系。有研究提出"一夫一妻"制婚姻其实是对"食色,性也"的人的本能的一种束缚。说来也是有几分道理的,本性的男人和女人要按捺性子,一生只爱一个人,几乎是口是心非。男女在一起或分或离全凭自愿,而非一张结婚证或是一张离婚证,相爱的男女自愿在一起,可以在同居状态下生个孩子,出生的孩子不用担心谁抚养多少的问题,背后已经有一个具有"公共父亲"角色的国家帮孩子制定与配备好了一切的成长福利。自愿结合,自愿生孩子,出生的孩子也不用忧惧其成长。在国家公共福利足够强大,国家事无巨细地担负起养育新生儿的时候,那一份以婚姻之名将父亲母亲的抚育义务牢牢框住的用意也就可以不用如此束缚了。

  未来的社会,婚姻不是必然的形态,人们可以自愿选择单身,只要愿意接受单身的代价,不似现在单身者被社会看成是"非正常"人群;也可以选择同居,只要男女双方自愿自主,不似现在同居不婚者被社会指指点点;也可以选择未婚生育,实现一个母亲与父亲的担当,只要社会可以平等地对待未婚生育的孩子;也可以选择婚姻,自愿自主地一辈子只为一个人付出。未来的社会,人们有爱与不爱的权利,有结婚与不结婚的权利,有要孩子与不要孩子的权利,而这一切,社会之眼不会因为你选择孤独一生还是子孙绕膝而区别对待。

食物的语言

面对淅淅沥沥的小雨，人也就自然闲散了，不想出门受凉委屈了身体，于是安然蜗居家中，读点暖心的文字，顺便还有驱除寒意之功效。所读书目，我故意撇开专业书籍，因为专业书籍每每弄得我神经紧张，杀伤我的脑细胞。为了使出节假日的闲散功力，证明自己真的在闲散状态，自然毫不纠结地取出了梁实秋的《雅舍谈吃》，配合书页里穿插的美食画页，也自是一种享受。

梁实秋善于写吃，在他的文字里徜徉，我觉得很饿，正好佐证了他的话，"对美食的馋是想吃而不得吃的时候"。一篇篇美食散文，变成了一道道热闹的菜品，想象中的色、香、味一阵阵在我面前飘散开来。两个多小时，我一鼓作气读完了梁实秋先生的美食菜单，还是意犹未尽。想要立刻给自己做一顿美食是一方面，另一方面，是来自专业的眼睛，从梁先生就食物本身来论食物来看，他对食物的味道本身有独到的把握，确实只有他这样的文字功力才可以将一盘食物描绘出色、香、味俱全的画面。但于我人

三步之外是田野

类学的学科视野来看，少了食物背后的人的要素，即看不到食物背后人的絮絮叨叨。我想关于食物，如梁先生一样的文学家的笔触是一种，于人类学家笔下理当又是另外一种味道。

虽然我没有对人类学界热闹而好玩的"饮食人类学"有过研究，但对食物，我也想表达一些我的只言片语，自带一点人类学的感觉也是挺好的。从总体对食物的感觉而言，我愿意将食物理解为"人群"的食物，而非"个人"的食物。处于学习工作状态下忙乱的我们，常常要面对一个人吃饭的情况，因为多不被允许在吃饭上花过多的时间。但其实，一个人吃饭不免有些被迫感。到食堂、到快餐店，我们看到的常常还是三三两两的用餐人群，一群人的用餐，可以将无趣的食物吃得有趣。在你夹我的菜我尝你的菜期间，要讨论的、要分享的也都可以伴随吃饭顺便完成。偶尔也一个人做饭，一个人吃饭，但往往是需要强大意志力的，要不嫌麻烦，更要耐得住一个人的寂寞，所以比起一个人吃饭，我约上伙伴到食堂一起就餐的频率总是更高。

食堂的餐桌也好，一家人的餐厅也好，一群朋友的饭店聚餐也罢，既然食物的食用方式通常是以一群人的共餐方式表达出来，那么食物必然是作为连接人与人之间情感的纽带。我们日常生活中常有的一句话是"要想拴住一个男人的心，就先拴住一个男人的胃"，表面看来，这句话大概要用"食色，性也"之类的话语来理解。但我想从将食物作为情感传递媒介的角度来理解这句话，想必也是有说服力的。食物就如同礼物一样，它呈现的还是赠与人的情感表达。一位悉心爱着丈夫的女人，会心疼丈夫经常打发式的以快餐泡面为主的吃食，会耐心了解丈夫对食物的偏好，会认真关注做菜的 App，时不时来点推陈出新的菜品。在这样的耐心与细致下，暖到丈夫胃里的一定有妻子的耐心与无微不至的关怀，曾经的爱意情浓也已化为了日常的一日三餐。同样的，丈夫时不时携上妻子，到一家或浪漫、或有特色的餐厅，请妻子好好吃上一顿，以免去她天天做饭的辛苦，对妻子的心疼也已经简练为放进妻子碗里的那份美食了。食物在夫妻之间的角色如此，在亲人之间就更不用说了。每逢我从家里返回我的工作地，我的行李中最多的就是老爸老妈为我准备的食物，香肠、火腿肠、腊肉、做好的油炸肉、鸡枞油、牛肉干。我似乎有劫掠了他们所有食物的嫌疑，而这些食物，我不带走是万万不可以的。我不带走，就意味着我不接受老爸老妈给我的牵挂。食物，经过他们的打理与烹饪，已经变成老爸老妈情感的物化表达。

食物成为情感表达的一种重要物，也就成为社会交往的较好媒介，这在中国文化里是很能感受得到的。很多时候，人与人之间的交往，都是在共进一餐食、共饮一壶酒的过程中完成的。吃饭，从物理空间到心理空间都起到拉近彼此的作用。"对朋友最高规格的招待是在家里"，这话我是表示赞同的。首先，朋友不会介意我偏于一隅的寒舍，不会介意我笨拙的厨艺，表面是吃饭其实是愿意花时间和我在一起。其次，我不会担心朋友来到家中，我生活中真实的一面会一股脑儿暴露在对方面前，因为我愿意邀请到家中来的朋友，我自然愿意不设防地信任他们，也就有了愿意与之坦诚相待的诚意。自己与朋友的关系，通常也会以在自己家中招待一顿饭为分界线，在大家一起准备食物、一起品尝食物的过程中，与朋友之间的关系也会更进一步。我承认我属于乐于分享型，在工作之余也愿意研究食物，进而邀请朋友与我一同分享，食物成为我与朋友关系的促进剂。我与朋友的分享，也多有食物的相伴，真要感谢食物极具亲和力的塑造能力。

食物何以成为情感的寄托物？何以成为社会交往的重要媒介？我想其中一条是食物花费了我们宝贵的时间与精力。约人吃个饭，于经济的考量来说，邀请方需要花费金钱与时间，被邀请方需要耗费一顿饭的时间，加上往返的时间，一顿饭确实耗费许多时间与精力，并且吃饭的时间常常还没有定数，饭间喝酒，饭间聊嗨了继续去茶室进行第二场，这些都是常有的，那时间的耗费就更多了。对于现在以分秒计算生活和工作的人们来说，吃饭一事是需要谨慎答应的。于我而言，我的时间不允许我频于结交朋友，通过各种饭局来维持与扩大我的交往圈。依从我的个性特征与工作特点，我仅有少而精的朋友圈。面对饭局，我总要想想再做回复。因此，我也感激我身边愿意留给我时间与我共进食物的人们。

一个人的进食方式，多是方便面、快餐一类的速食方式，往往强调一个快字，吃饭也仅仅为了填饱肚子，虽然也有为了犒劳自己，准备一顿大餐的情况，但毕竟是少数，一个人的用餐过程是私享的过程。一群人的进食，多是丰盛的饭食为主打的慢食方式，辅以烹饪的过程、席间聊天的过程，这时间就真足够慢了。一群人的进食方式，是缓慢享受食物的方式。而正是慢食的形式，在大家同样的时间付出中，以达成互为增进感情的效果，是典型的共享的过程。与朋友的分享，不妨从忙碌的生活节奏中暂时慢下来，与身边的朋友、亲人一道，共泡一壶香茗，共同看守灶上的炖锅，共同品味席间的佳肴，慢慢品尝，慢慢聊天，用食物的语言来实现彼此的心领神会。

食物的旅行

比之《舌尖上的中国》,《风味人间》里的食物有着更为强烈的旅行味道。食物在中国各个区域乃至世界范围内自由切换,这样,我们既可以看到江南一带的金华火腿,也能感受到西南一隅的诺邓火腿,更能在时空的快速飞跃下,辗转品味西班牙火腿。不管是南米北面的大众饮食,还是饕餮的海参龙虾;不管是日常饮食,还是庆典食物;不管是当下的普通食物,还是复兴的宫廷盛宴。馍馍、粽子、鸡肉饭中呈现的日常饮食,生皮、寿司、顺德鱼片中呈现的食生基因,皮蛋、臭豆腐、鲱鱼罐头中臭的味道里显示的人对怪味的孜孜以求,澳门葡菜与马六甲移民菜中呈现的移民与当地融合的创造力,一切的食物都以特有的身份定位到《风味人间》中来,成为食物谱系中的特有坐标。各种各样的食物,跨越阶层、民族、种族、地域,生成食物的旅行,成为大家共同的普世诉求。而食物旅行的背后,是一场人类既有饮食全观的盛宴,在品味《风味人间》的味道中,启发对作为人类普世意义的食物的整体思考。

　　食物，不仅是自然的馈赠，更是文化的赋予。同是火腿，我想其同类型腌制过程的火腿，应该会诞生在大致相似的自然环境下，但最为人类津津乐道与惊叹的是，类似自然环境下生成的火腿，其实又是不一样的呈现与表达，背后是不一样的对火腿的文化理解。西班牙火腿被搬入高级餐厅，佐以红酒，配合高超的火腿切片师的工艺展示，成为一顿可嗅、可看、可感的西餐盛宴。而金华火腿，在烟雨蒙蒙的江南村落里一户普通农户的餐桌上诞生，农妇夫妇互相合作，将腌制好的火腿置于屋顶的晒台风干，配合氤氲的水汽，自然带上了江南水乡的温婉气质。由家里女主人端上桌冒着热气的蒸火腿，简单的造型、简单的碗具，是农民质朴原真生活的表达。而西南一隅以诺邓火腿为代表的西南少数民族火腿类型，则不免被刻上了几分豪爽与奔放，切得很大块的火腿是接待客人的必有礼节，最好一块就能吃腻。传统礼俗里火腿敬客人也是很高的礼节，火腿作为一头猪里的顶配部位，通常会在重要的仪式或场合出现。

　　对食物的分类与态度，俨然超过了人类生与熟、野蛮与文明的简单二分。当在《风味人间》里看到大理生皮，编导不是将生皮作为白族文化的标签置于对异文化的归类中，以制造诸位看客的猎奇心理，这点于大理生活的我深深松了口气，借此聊聊生与熟的认知与逻辑。《风味人间》里有专门对几类具代表性的生食食物如生皮、潮汕鱼生、日本生鱼片等做法的特写，编导并未落入这样的圈套，圈套在于基本的认知会将生与野蛮并置，熟与文明并置。比如生皮的例子，大多数外来者知道大理食用生皮的习俗，就非常不能理解，认为当下居然还有类似"茹毛饮血"的现象。从他们表情的不屑与拒绝，就十足表达了对食用生皮的排斥。同时加上一套科学解释里猪肉长寄生虫的逻辑，更是无比坚定拒食生皮的决心。但与之相反，我们其实又随时落入对食生的追求中，比如对日本鱼生的挚爱，日本鱼生通常很贵，因为贵，也因为这是出自发达国家的代表饮食，日本鱼生自然成为大家宴请朋友的上等菜肴。

如果我们将大理生皮与日本鱼生置于一起思考，就得出了这样一种悖论，"生"的要素与"野蛮"的要素，于大理生皮而言是并置同一的，但于日本鱼生而言又是相反的，即"生"就是"文明"。还有另外一个事实是，日本鱼生生得离谱与纯粹，而大理生皮多少因为炙烤还存有几分熟意，大理生皮也好比几分熟的美国牛排。但吊诡的是，人们质疑过大理生皮，而没有质疑过几分熟的美国牛排，更没有质疑过全生的日本鱼生。超越食物生与熟、野蛮与文明简单二分的背后，还是食物背后的权力解释。

人类总有寻求刺激食物的偏好，体现了人类探奇与冒险的天赋。《风味人间》非常大胆地将"臭气熏天"的食物搬上了荧幕来呈现食物的"肴变万千"，不想也收到了很好的评价。人们对待臭味，其理解具有显著差异性，一些人对臭唯恐避之不及；一些人认为臭的东西恰恰是美味的，认为臭是被误解的，其实闻臭就是闻香；一些人对臭的食物，宁愿夹着鼻夹也要不惜品味臭带来的极致魅力。

比如皮蛋，在国外不能接受的中国食物排行里居第一位。一次在看一个纪录片时深刻记得这样的场景：一个老外在接受美食节目的采访时，提到皮蛋时脸部顿生了很多皱纹，"这样的东西怎么可以当食物？！"表情是拒绝的，语言是拒绝的，内心也是拒绝的。而皮蛋却是中国众多餐馆里的常规菜，被食客点的机会非常大。皮蛋也很容易在菜市场与蔬菜超市买到，成为大众的食物原料被老百姓装入篮子带上餐桌。

比如臭豆腐，也红遍了大江南北，以长沙臭豆腐最为出名。除此之外还有云南臭豆腐、浙江臭豆腐、上海臭豆腐、北京臭豆腐、台湾臭豆腐等。虽然不同地域制作的臭豆腐滋味不一，有些浓烈，有些温和，有些粗犷，有些细腻，但不管怎样，它们都被冠以"臭"的名声，结果臭遍大街小巷，臭进每一个热爱臭豆腐的人的心坎里。记得有一次，我的一位对食物极为挑剔、从来不食奇怪长相和奇怪味道食物的朋友，贪婪地吃着昆明园西路火烧王的臭豆腐，吃得津津有味。见此情景我惊呆了，这也正是臭豆腐"臭"的魔力。任凭一个"臭"字对臭豆腐的污名化，也未能阻挡众人对臭豆腐的由衷喜好。

同样，国外对鲱鱼罐头的喜欢就犹如久久暗恋一个人有一天终于遏制不住表达出来之后的酣畅淋漓。对鲱鱼罐头这种美好又邪恶的味道，起先还会将其置于密封罐头里边，作为眼不见心不念的私藏物，但慢慢地，离开这种味道太久，那种按捺在心底很久很久的味道终将没办法抑制，最后在门口贴个告示，紧接着邀约亲朋好友前来享用。敲开鲱鱼罐头的那一刻，是一个久经酝酿仪式的神圣开启，罐头摇身成为大家庭美味共同分享的精神佳肴。不管脸部表情是欢愉的还是变形的，胃却是不会撒谎的欢愉。不得不说，世间之人对美好食物的追求，哪怕是那些被冠以"臭"名的食物，也真是孜孜以求不计代价的。食物面前，人们表现出了强烈的冒险精神。

在食物解决人们饥饿、供给人们能量的过程中，人对食物形成依赖关系，因此，食物代表了安全。每顿呈现在个体面前的食物，抚慰了个体深藏的不安。《风味人间》里提到一位老板。他因2008年金融危机，既有的资产化为泡沫。他不得不接受一切，但是他没有继续走老路，而是潜心经营一家餐厅。我想食物本身带给人的安全感应该也是他投入饮食业的一个原因。还有《风味人间》里，在讲述四川食物的时候，出现了来自英国的饮食研究专家扶霞的身影。刚好前几天看了她写的关于四川食物的书籍《鱼翅与花椒》，纪录片里的扶霞对比图书封面作者照片老了很多，恍然间，她已经研究中国食物20余年。人老，但食物未老，扶霞做的那碗麻婆豆腐，依然吸引着无数的好友。食物，作为忠实的、不变的伴侣，一直以其持久的味道钻进每个人的味蕾并以此与人发生连接。

接下来说说主食带给我们的安全感。在每餐的饭食中，主食不可或缺。主食为我们提供了足够的碳水化合物及能量,当然主食比之其他食物足够便宜,这些促使主食成为人们餐桌上的稳妥食物。有饭桌,必有主食。通常而言,南米北面的饮食传统仍然在延续。虽然随着物流的发达、人口的迁移与流动带来饮食的多元融汇,但以自然环境为基础的南米北面的选择已经固化在人们的味觉与记忆里,哪怕在北方定居多年的南方姑娘,也会在家里备足米,能够吃饱吃好的饭食里一定有一碗热腾腾的米饭,仿佛它带着南方阳光的味道。地道的农民们,每年在地里种上足量的稻子或是小麦,看到收获季节堆满家里的粮食才算舒坦。这预示来年的生活可以正常维持。《风味人间》里一位农民一定要亲自种小麦,用自家种的小麦蒸面食,雷打不动地拒绝市场上的面食,年复一年让自家的面食成为餐桌上的饭食,只有这样,才能使一位地道的农民心安。因此,餐桌上的一碗米饭、一份面食往往带给我们安全感,吃了主食,才算完成了吃饭的仪式,哪怕仅仅吃个馒头,吃个酱油拌饭,如此简单的搭配吃出来的也是称心如意的满足。

第四篇

雨天书斋

我理想的"家"里，是需要有书斋的，可供我读书写字。在学生年代，图书馆是最理想的书斋，是我常去的地方。记得在图书馆，读着周作人先生《雨天的书》，是别有一番味道的。工作后，终于在自己的小窝里有了一间独立的书房，算得上是工作以来给自己的厚礼。不同时期陪伴我的书斋，亦成为我成长中不可或缺的部分。我的学识、思想的积淀里，有我所读之书的供给。

人类学的现实关怀

在国内,"人类学"作为一般概念进入到普通民众视野中还未得到较好的普及。前不久,看到中山大学人类学系张文义老师的一篇文章里提及,作为校园观光的游客经过中山大学标志性建筑马丁堂,抬头看见"中山大学人类学系"的字样,眉头稍微紧锁,会禁不住好奇地问"人类学是什么?"作为资深人类学系教授向普通民众解释人类学是什么的时候也有些犯难。尽管尽其所能地解释,对方还是多少感觉有些模棱两可。这让我也不自觉想到几年前看过的一部美剧,当时角色对话里出现惊讶的疑问:"你是学人类学出身的吗?"结合语境是在表达对方像学习人类学的人一样关注遥远的过去,已然不涉猎当下的现状。这即说,即使在听过"人类学"是什么的人们看来,也不免有对人类学的误解。结合人类学的学科发展历程来看,这样的误解也事出有因。人类学的诞生即是对遥远社会奇风异俗的涉猎与窥探,从雏形时期航海家时代对沿途与"我"之不同的人们的社会生活方式的记录,到殖民时代为殖民者服务而开展的对殖民地的深入调查与书写。凡此种种对人类学的无知与误解也可得到理解。

  作为人类学研究者,对学科脉络的延续并促进其发展是安身立命的根本,也是义不容辞的责任。就人类学学人的社会责任而言,做好人类学是什么以及人类学有何用这两个问题的回答是最基本的,在这基础之上就是关于人类学的学科理念在个体社会生活中的导入及顺其自然的内化。要回答前两个问题也并非易事,以我的授课经验为例,我采用最简明的对人类学学科的理解——"人类学是对人及其文化的研究。"那么,言简意赅背后,意味着需要有拓展的层面,我这样给学生来作解释:第一个层面,人类学是对人生物性与文化性的研究,从人类学的分支学科来看,体质人类学、考古人类学偏向于人的生物性研究;文化人类学、社会人类学等就偏向于人的文化性的研究,其中,语言人类学是居于人的生物性与文化性之间的研究,从人的生物性和文化性的双重层面来看,人类学是一门十足的整体性学科。第二个层面,人类学是一门兼具科学性与人文性的学科,人类学作为一门学科,有严谨的理论架构,成系统的研究方法,严格秉持学科的科学性,从人类学的入门到人类学家的养成,就是人类学学科科学性的培养过程。人类学的科学性就如实验室基础数据研究一样,有方法、有规则,不可随意作为。同时,人类学学科又是极富人文性的学科,它的人文性也可以用以强化刚刚提到的第一层面的理解。可以如此说,除了人类学,没有哪门学科可以做到无论对作为个体的人还是群体的人的细致入微的理解与关怀。拾荒者、妓女、艾滋病患者、毒品成瘾者、同性恋者等,诸多被社会主流形态排斥的群体进入到人类学家的视野。在人类学家的分析视野里,以上貌似脱嵌的群体实则是社会的力所造成的,以此给出了以上群体的合理化解释,更深入到社会问题的探究。因此,人类学者常常带着流泪的心,给予边缘群体特殊的关照。第三个层面是历史性与现实性的关照。人类学从最初原始初民社会的研究到极具现实感的当下社会的研究,一直是学科发展的两条支柱。人类学始终坚持,人类学的发展并非建立在革命式的对既有传统的全盘否定基础上的革新,而是既延续传统,又奋意进取。

在此,我结合人类学巨擘列维-斯特劳斯(Claude Levi-Strauss)的《面对现代世界问题的人类学》①,来谈谈人类学的现实关怀面向。记得我在教授学生人类学理论与方法的过程中,学生的课堂回馈充满了对人类学研究的诸多困惑,其中最为明显的就是"为什么人类学要去研究遥远的年代?这与我们生活的现时世界格格不入"。例如,努尔人的生活离我们那么遥远,为什么还要费尽心思去研究。在民族学人类学理论的讲授过程中,不可回避地会涉及各个时代人类学的代表理论,正是深处不同年代的理论脉络,才构架出完整的人类学学科体系。那么在对理论历时的梳理中,不可回避巴厘岛人的"斗鸡"、特洛布里恩德岛的"库

---

① [法]列维-斯特劳斯:《面对现代世界问题的人类学》,北京:中国人民大学出版社2017年版。

拉圈"、毛利人的"夸富宴"、爱斯基摩人对雪的划分、易洛魁联盟部落的亲属与姻亲等研究议题在人类学学科脉络中的开创意义。凡此种种,于初学人类学的学生而言是一片空白的,更遑论其理论意义了。类似这样的问题是我们在给学生讲授课程的时候需要考虑及回应的。而列维-斯特劳斯的《面对现代世界问题的人类学》,给了我们回应学生此类问题的启发。即基于人类学的历史性与现实性研究关怀基础上,如何从对历时的理论关照中走到鲜活的现实中来。不可否认,现在的理论研究多延续传统,多在于讲清楚理论是什么,于学科意义何在的问题,但于理论研究之于现实社会研究之意义的议题直接不提或鲜有提及,变得理论研究与现实问题成了两张皮。因此,我们也对既有的人类学大家们存有认识上的偏差,认为他们的研究多积淀在初民社会研究,从最初为初民社会构建一个从西方视角看到的理论想象,到努力以地方世界来建构属于地方的理论想象,终究还是围绕初民社会为中心作解释和回应。

而此书是列维-斯特劳斯在积淀50年的田野调查与理论构想基础上,作出的对现实社会,尤其是现代世界问题的思考,具有典型的人类学学科的现实关怀。书本很薄,内容也简约,由斯特劳斯应邀到日本讲学的三篇讲稿汇编而成,围绕现实世界问题议题展开,细分为"文化霸权""当代世界中的性、经济发展和神话思想""世界的文化多样性"三个专题。就文化霸权专题而言,人类学教会我们重新反思我们的文化与他们的文化是否带文化霸权的影响。放之到世界范围内的文化，非西方文化长期受到西方文化的主导，"按照我的观点"变成了"按照我的西方观点"。当下我们的审美形式、流行趋向、价值导向，越来越与西方世界接近。而斯特劳斯提出自己对世界的认知，面对趋于同一的世界，尤其是趋于西方文明，由多元变为一元的文化背后，我们应该感到坐立不安，因为趋于单一的文化背后更加增添了世界的危机，没有哪种文化可以声称能够全然解决好纷繁复杂的世界问题。而文化的多元与多样性，能够从各个面向承担起对世界问题的解决。从我们惯有的认识来看现代世界存留的部落、聚落，很容易被冠以原始、野蛮的标签，从文明人的角度自然也就不能理解"猎头""溺婴""一夫多妻"等社会现象。而在斯特劳斯的理解中，在长期的历史时段，人们是不强调发展的，因此，在狩猎采集年代，人们人均一天投入四个小时的劳动即可获得收获。发展到精耕细作农业，对劳动力的需要大为增加，而到了工业时代直至当下的时代，人们总在忙碌中过活，越来越感受到由人变为器物的剥离感。这正是因为简单社会的稳定慢发展状态，对自然不加剥夺，人与自然是平衡的关系。而当下世界是建立在以发展为要义的思维与行动中，通过不断更新的技术对自然施加影响，当自然发生反弹，就再施加更大强度的技术革新，其结果是人与自然紧张关系的愈演愈烈。正如当下的洱海保护实例，重金之下的洱海保护，也仅仅做到各项测量指标不致太过恶化，但有朝一日，重金的保护不再，洱海的危机仍会反弹，只因为洱海对环境的承载能力已经完全超过其自净能力。据此，面对令人忧心忡忡的世界，我们唯有放下西方霸权的身段，多关注非西方的声音，以实现世界延续的多元共振。

在接下来的"性、经济发展和神话思维"专题中，列维-斯特劳斯强调"性""经济发展""神话思想"成为当代世界面临的三个重要问题。其中，关于"性"的论述尤为精彩，是在他既有关于亲属制度研究积淀上提出的当代世界面临的关于生育的新问题及解决路径。其研究可以与费孝通先生的《生育制度》结合起来看，二者都对生育新议题提出设想。随着不孕不育群体的增多及越来越个性化的生育诉求，及科学技术的发明，非自然生育现象变得越来越多，试管婴儿、代孕、同性恋生育、捐精等词汇，已然进入我们的生活，但随之而生的问题及如何解决显然没有得到重视。一些国家一刀切拒绝同性婚、拒绝代孕，一些国家虽然有法律来保障其合法性，但就诸如"孩子是谁的"这类问题的认定经常模棱两可，或是在不同法律层面互为冲突。一些国家面对出现的问题，也正寻找和制定法律的规约。而针对力图用一纸法律来形成规范的行为相比，列维-斯特劳斯提出自己不一样的看法。他认为对于当下生育问题的处理，我们不妨从传统社会中找些答案。传统社会也时常面临孩子的认定是以社会性父母还是生物性父母为依据的情况，总体而言，社会在面临孩子认定的时候，都有自己清晰的认定标准，且认定标准几乎无一例外地偏向社会性父母的认定，即以婚姻、性等为标准的认定。而当今世界，在面对诸如此类的问题时,直接通过法律规约的形式并不是最明智及最经济的举措。

"文化多样性"专题,着重以日本为例,来阐发日本致力于"文化多样性"传承与保护的成就,以此来回应"文化多样性"的多样议题。于日本而言,日本一直有对文化延续、保护与传承的传统,同时也积极吸纳、借助本土文化与外来文化,实现创新与发展。日本对文化的态度秉持既不固守本土,也不迷信外来的文化的认知传统。在这样的文化认知传统之下,我们才得以窥见积淀历史的建筑,在代代的修复与复建基础上得以保存,今人得以看到古人的灵魂,实现心之相通的要义。用中国的一句话来概括,即"纠天人之际,通古今变化"的心照不宣的文化延续与创造。

列维-斯特劳斯的《面对现代世界问题的人类学》所阐发的三个主要议题,是在长期理论积淀下的现实思考,于人类学学者而言,无论是作为个体的学术研究,还是在讲授课程培养学生的过程中,如何培养理论感觉与现实感觉,并且将二者融合串联起来,是需要以列维-斯特劳斯为范例,继续前行的。

部落的社会结构

《努尔人》①以政治制度作为主题,对生活方式的描述只是铺垫,政治制度部分的描述则对努尔人这样一个缺乏首领地位和民主情感的社会何以能够维系的问题,作出了结构功能主义上的解释,并建构了一个理想化的无政府的社会模型。

牛是努尔人社会关系的纽带,牛为努尔人提供奶、肉、血、生活必需品。努尔人看中牧民身份而轻园艺。婚姻中牛占有重要位置,会以牛的名字来为人取名,通过牛与鬼魂或神灵建立联系,牛成为努尔人发生争斗的主要原因。对努尔人的认识是从认识他们对牛的兴趣开始的,普里查德首先描述了努尔人对牛的珍视和特殊的关爱,然后分析努尔人对牛感兴趣的原因。努尔人与牛是一种共同体关系,以此为基础,努尔人的诸多与牛相关的习惯和由此引发的问题,比如为牛进行的械斗,也就变得可以理解了。

---

① [英]E.E.埃文斯-普里查德:《努尔人——对一个尼罗特人群生活方式和政治制度的描述》,褚建芳译,北京:商务印书馆2014年版。

普里查德从努尔人生态环境的角度考察了他们的食品供应问题和物质文化。放牧、捕鱼、打猎、采集野果和园艺共同构成了努尔人的生活,这种混合经济形式中,每个季节占主导地位的食物生产活动都是由生态周期所决定的。努尔人的生态学关系处于一种平衡状态但不会有所发展,混合经济的必然性是生态学平衡的结果。这种生态学特征给混合经济赋予了一种偏向性,使其有利于牛牧业,这与牛在努尔人的价值观念体系中处于最高地位的情况是相符的。同时,完全定居和完全游牧的生活同样不适合于努尔人的经济。以此得出,努尔人是经济性的共同体和政治性的共同体。战争、季节性迁移、袭击丁卡人等强化了比村落更大的单位在政治上的重要性。

普里查德把努尔人的时间观念分成两类:生态时间和结构时间。生态时间表示人们与环境的关系,可以说成是通过努尔人的劳作活动体现出来的一种时间表达法。结构时间表示人们在社会结构中彼此之间的关系,它通过一种特别的制度——年龄组制度来体现。无论是生态时间还是结构时间,努尔人都将时间过程看作由此出发又回到原点的一个循环过程。努尔人的时间是人们活动之间的一种关系,他们的计时钟表是"牛钟表",用我们通常的钟表时间观念来看待努尔人的时间注定是不贴切的。

努尔人将居住地、亲属关系、宗族、性别以及年龄的价值观通过裂变区分不同群体,它们之间的划分便是结构空间的划分。普理查德所说的空间并非纯粹地理意义上的空间,就像努尔人把价值赋予到生态时间中一样,他们同样把构成其政治结构的价值观念赋予到地理空间中,因此,空间也是结构性的。结构空间指的是在一种社会制度中,人们群体之间的距离,它是以价值观念来表达的,包括以下几种类型:政治空间、宗族空间、年龄组空间。

努尔人的政治关系基本上是一种地域关系,部落是最大的政治群体,村落是努尔地区最小的政治单位,由家庭性的群体构成。政治的意涵是相对的,所有群体进行裂变的趋势和所有群体与同一级的裂变支相融合的趋势之间是均衡的。裂变是努尔人社会结构的一个基本原则。一个裂变支成员之间接触越复杂多样、越频繁,其各部分之间的分裂与融合就越强烈。努尔人中的豹皮酋长、预言家、牛人是重要的政治角色。豹皮酋长是神圣的人物,但这种神圣并没有赋予他们在特定的社会情境之外的任何一般性的权威,他们不过是一个具有象征意义的和事佬,于实际的统治毫无关涉。他们的社会职能乃是一种能使政治制度通过世仇的制度而得以维持。

世仇是指在部落内部,各个地方性部落之间长期的相互敌对状态。世仇的原则是以牙还牙,通常还包括以命换命。一般而言,世仇只能在具有下面条件的部落分支之间维持下来:它们既要彼此离得足够近,从而能够保持活跃积极的敌对关系;又要彼此离得足够远,从而能使这些关系不会抑制那种更为和平、必要的社会接触。世仇是一种和平的政治手段,它通过表面上的无秩序来维持集团间的政治关系,是部落内部各个社区之间得到认可的、经过调整了的行为模式。其功能在于在对立部落裂变之间维持结构平衡，敌对的裂变支之间在与更大的政治单位发生关系时，又会在政治上融为一体。

努尔人的宗族制度是其社会组织的重要原则之一，也是其社会关系形式的核心线索。努尔人的宗族制度是父系的，氏族是最大的宗族群体，一个氏族裂变为几个宗族，这种宗族是源自一个共同祖先的不同继嗣分支。每一个部落都有一个具支配地位的氏族。宗族建立在血缘而非地缘基础之上，宗族的价值观念还常常在一种与政治价值观念不同的情境中发挥作用。政治制度与宗族制度之间存在形态学上的一致性：在一个部落中，村落的数量总是多于三级裂变支的数量，三级裂变支的数量总是多于二级裂变支的数量，以此类推。从大量村落到一个部落的单位窄化过程肯定也会在宗族系统的概念结构中反映出来。就此，宗族在数量及结构位置上显然被地域性裂变制度所严格限制和控制。

努尔人的成年男子以年龄为基础被分为不同层级的群体，即年龄组。每一个年龄组的成员经过"成年礼"而成为该年龄组的成员并一直保留在这个年龄组中，直到终老。这些年龄组并不构成一个往复循环的圈，随着年龄组成员的去世，年龄组也即成为一段记忆，其名称也并不重新出现。年龄组制度是嵌合在政治制度与宗族制度之间的。以年龄为基础的制度也是高度裂变的，它被分化成各个年龄组，它们是相互对立的群体。任何两个年龄组之间的结构距离都是这两个年龄组之间的社会关系。在努尔人社会中，政治制度与支配氏族的宗族制度之间是相互依赖的，而政治制度和年龄组之间则仅仅是一种联合。

总的来说，是裂变—分裂与融合二者的综合作用使努尔人得以"有序地"存在下去，具体表现为三个方面：一是以地缘为基础的部落制度。正是这种裂变制度将努尔人从地缘上联系起来，成为一个小团体，再融合成一个大的部落，从而使之有序地运行下去。二是以血缘关系为基础的宗族制度。这种裂变和融合既是相对的又是互相统一的，他们统一在以血缘为基础的宗族制度里，面对不同的群体，或裂变或融合。三是将宗族制和部落制连接在一起的年龄组制度。是年龄组制度把努尔人当地男性按年龄划分为一个个群体，再构成了整个努尔人部落。

总的来说，努尔人地区这个"无政府国家"得以"有序"地运行下去，依赖的正是裂变和融合的制度。

部落、宗族和年龄组之间的关系是层层缠绕的，一支部落的裂变支围绕着这个部落中支配氏族的一个宗族而聚集到一起。而随着裂变支越小，其内部的行为和合作行动便越是要由年龄组制度来决定。每一个裂变支本身又存在着裂变，其各个组成部分之间存在着一种对立的关系。这种对立的关系又不是固定的，当裂变支的成员与毗邻的同级裂变支或是其他较大的分支相抗时，对立又变成了联合。在缺少政府性的机构，没有法律制度，也没有发展成熟的领导制度的努尔人中，他们的社会正是通过部落、宗族的裂变和年龄组制度有效地组织起来的，从而形成了一种相对均衡的无政府状态。

《努尔人》从生态环境、生活方式等方面入手,深剖努尔人正常有序运行的社会,以期对无政府、无国家统治的努尔社会的政治制度有一深刻的理解。努尔人生活在没有一种统一的中央权力,而是存在裂变制的社会中,但绝不意味着这个社会就是无秩序可言的。恰恰相反,秩序会在一种自然的裂变过程中得到一种反向的秩序生成。动态的平衡造就了努尔人社会中不可或缺的两项要素,即由上而下的社会组织的裂变以及由下而上的裂变分支之间的重新联合。作为没有国家和政府统治的社会,努尔人以其特有的方式维持着政治系统的运作。地缘与血缘的结合,分裂与融合的辩证,形成了一个秩序井然而又不乏活力的社会。

经济与宗教的博弈

中世纪的时间为5—15世纪,在《钱袋与永生——中世纪的经济与宗教》[①]中,所反映的中世纪时间集中在10—13世纪,作者勒高夫(Goff J. L)通过对这一时期新兴的特殊群体高利贷者,宗教(基督教)规约对其的建构与框定,来呈现"中世纪的经济与宗教"这一宏大议题的叙述,是典型的以小见大视角下的研究。

高利贷者在中世纪具有时代的典型特征,一在于高利贷者是伴随资本主义萌芽阶段出现的新的劳动方式者;二在于这一群体的产生对既有的宗教逻辑带来颠覆之态,为了维护宗教的正统性,这一群体在宗教那里背得骂名;三在于即使是在宗教的压制之下,高利贷者群体仍呈发展之势,在尘世仍获得成功,为此高利贷者与宗教二者间也呈和解之态,背后反映的是资本主义社会发展的

---

① [法]勒高夫(Goff J. L):《钱袋与永生——中世纪的经济与宗教》,周嫄译,上海:上海人民出版社2006年版。

必然趋势。因此,将高利贷者作为研究的典型,得以实现对经济与宗教议题的管窥,从逻辑与操作上是可行的。正如作者所言,"高利贷,西方从12世纪一直到19世纪的这7个世纪里,有哪一个现象比它更能展现经济与宗教、金钱与救赎之间的爆炸性混合呢";"高利贷,在某种意义上,'催生了资本主义'"。

本书的叙述逻辑在于,通过宗教话语下的高利贷者,来建构中世纪的高利贷者形象,以此推演到高利贷形象背后作为推力的资本主义经济。"货币经济的迸发与扩散,威胁着基督教的古老价值",研究的目的在于表达此时期经济与宗教间既矛盾冲突又妥协和解的复杂张力。

首先,作者浓墨重彩呈现宗教话语下的高利贷者形象。在基督教传统里,是将上帝与金钱对立开来的,宗教传统不可能为通过不当手段获取财富的高利贷者保驾护航。因此,在基督教社会的眼里,高利贷者是令人可怖的金钱的吸血鬼,是臭名昭著的污染者、肿瘤、梅毒、污染者的黑暗、欲望的恶的孪生兄弟,呈现的是十足的兽性形象。高利贷行为被纳入金钱与金钱的交换,这是同一物品的交换,同一物品的交换应该纳入等值交换,等值交换的目的在于"通过强化互享链以密切关系网",而互享链正好支配着基督教社会关于经济交换的认知,高利贷者通过以钱生钱的方式是不被接受的,因此遭到严厉控诉。在严厉控诉下的高利贷者形象是掠夺、是偷盗、是异端、是不从事生产的游手好闲者、是上帝时间的偷盗者。高利贷的诱惑还带来好逸恶劳,"带来了对土地使用和农业活动减少的威胁,与之伴随的则是饥荒的幽灵"。高利贷者犯下的是作为偷盗的违反正义的罪孽,这与同时期所提倡的讲求正义是相背离的。

其次,高利贷者与宗教的紧张关系。在宗教范例中,高利贷者出现的频率很高。基督教传统对高利贷者充满蔑视,且进行了不懈怠的长期控诉。高利贷者被指控为对金钱(尤为可耻)的操纵、贪婪、懒惰、偷盗,这样的控诉最为沉重。"对高利贷者的指控是全面的、彻底的。"宗教范例中,给出高利贷者多种的非正常死亡,意味着他们唯有被地狱接受的悲惨下场。

最后,宗教与经济的和解。高利贷者与宗教紧张的背后,是整个经济大飞跃带动的货币流通的增长与信贷的发展。这个过程,也伴随曾经古老的判决被更新、被细致化的过程。在社会的真相里,高利贷是社会晋升的一种途径。在社会生活中,利率被允许。高利贷者与被社会和宗教认可的商人群体,有某种相近的亲缘群体,在商人中,亦免不了高利贷的气息。因为二者近在咫尺的关系,商人之名可以为高利贷者隐藏自我。在实际的指控与惩处中,只明确惩罚那些过分的高利贷者,而绝大部分高利贷者是可以游走与出逃的。

其中宗教为高利贷铺路最为巧妙的发明是关于"炼狱"的发明。天堂对高利贷者是拒绝的,宗教眼中的高利贷者,为了获得永生,就只有别无选择地放弃钱袋。这样别无他法的选择是财富与天堂、金钱与地狱战争的导火线。而"炼狱"的发明正好是宗教在高利贷者面前的妥协。炼狱,其实是"无条件地向高利贷者保证了天堂",是在宗教与高利贷者之间生成的安全阀。炼狱,也象征了资本主义前奏以高利贷者为代表所遇到的障碍,一种新生经济体,在受到系列障碍后终究取代旧有的系统。这样看来,"资本主义的启蒙者,就是高利贷者"。正是炼狱的存在,得以看到逃离地狱的希望,"让高利贷者得以推动13世纪的经济与社会朝着资本主义发展"。

妥协之外,宗教本身也与高利贷者时不时表现为共谋的关系,高利贷者的财富只要是隐藏不声张的,在寂静中统治的,就可以被理解与接受。在宗教面前,高利贷者可以通过告解、悔恨、捐赠、偿还等形式,换得宗教的接纳。

本书的出彩之处在于不就经济论经济,而是加入了宗教的元素。正如作者所表达的,经济未能周全关照嵌入到经济中的社会关系的考量,因此,对高利贷者的研究将致力于总体性,加入文化和精神分析,全盘笼络起高利贷这一经济现象所嵌入的社会关系、实践与价值的集合。作者在宗教中打通了总体性呈现的通道。

但是,本书未免有"轻经济重宗教"的遗憾,对高利贷群体的研究,应该有一个全面的了解,不管是作为背景的理解还是呈现在文本中的材料。整个研究多援引宗教义典,如《听告诫者手册》《范例》,相关文献功力令人不得不叹服。但因这一部分的书写太完美,反而冲淡了对"经济"的解释力。例如,我更愿意看到高利贷者与民众、与国王贵族交往的以经济生活为核心扩散出去的社会生活层面，相比而言，通过义典来还原高利贷者的形象，未免与从传说故事中来研究人物形象一样，太具想象而不接地气。虽然作者在书中也间或提及高利贷与宗教教职人员的复杂关系等，但呈现力度是不够的。我想此书的续篇之一，可以通过以下问题来开展，如高利贷者的经济生活、高利贷者的社会网络、高利贷者的生存策略等，以此来探讨高利贷者身份的合理性与非法性。在这一过程中，高利贷者的身份在宗教看来是明确需要打压的，但深入来看，宗教也似乎为之妥协。续篇之二，伴随资本主义的成长，高利贷者如何追寻到身份合法性的认可，这个过程应该是整个宗教逻辑为之调整的过程。

微信时代的民族志书写

《微信民族志》[①],此书最为重要的探讨的命题是微信民族志何以可能?由于技术的推进,人活得越来越接近神的状态,正如畅销书《人类简史》的副标题"从动物到上帝"所表达的意思一样。"于是我们发现彼岸天国并不在天上,而是在地上。"手机是人活得近乎神的重要载体,通过手机,人们可以实现"千里眼""顺风耳"的千古神话。手机俨然成为身体以外的器官,几近与身体并重,若问"敢不敢卸载微信",已然可以考验人们对微信的依赖程度。通过各种类型的圈与功能,微信成为典型的生态部落。在这一生态部落中,人们满足了生活之需求,一是表达自己了解别人的需求;二是联络感情和话语狂欢的需求;三是消费的需求。在每天刷微信的过程中,微信已经内化成为人们生活的一部分。

首先看微信与个体性塑造。微信技术带来的转型与整个社

---

① 赵旭东、刘谦:《微信民族志:自媒体时代的知识生产与文化实践》,北京:中国社会科学出版社2017年版。

会被技术和理性高度支配的时代是呼应的，以技术与理性的推崇为代表的现代性意识与中国的日益崛起同步，这种现代性的意识包括对个体主体性的重视，个体的主体性意识在人们使用微信的日常实践中得以强化。如果将社会生活理解为展演的过程，那么微信这一自媒体也就变成了个体精心织就的展演场。正如格尔茨（Clifford Geertz）所说，人是悬挂在意义之网的动物，人于微信而言，不仅是通过时间的花费实实在在地将其悬挂在网上，微信更成为人的意义编织与表达之网。

　　行走于微信世界的个体，均会用个体性的表达来呈现自己的世界，"微信让书写变成不再是一种工作的或职业的一部分，而是转化升腾为一种彻彻底底的自我表达、自我愉悦以及自我实现的新空间，人们从中既发现自我，也同时发现他者的存在"。微信空间虽是"虚拟空间"，但是它具有网络社会本体的多种可能性。"微信作为民族志的诗学与政治学的'写文化'，它既具有真实性又具有自反性，可以放大虚拟社会事实，也可以深描虚拟社会事实。"

　　人类学进入微信空间的研究，"就不再是在一个实体物理空间中所做社会组织和结构的研究，而是一种深入灵魂世界中所做的有关心灵组织和心灵结构的研究，是一种由内向外的研究"。微信切入下的民族志书写，深入到个体和群体的生活本身。"微信民族志是研究中国人的国民性和人格行为的重要手段之一。"微信民族志，对人的研究要更为深入到骨子里。

其次，看微信于社会整合的意义。"全球化指的是空间距离的死亡"，网络是促进这一全球化的实体。"当今社会，平面化世界日益凸显、时空碎片化、去中心化等，从而倒逼社会结构的种种转型。"例如，平面化所带来的结果就是社会地方性组织的衰败和失落，微信时代正是可以讨论社会转型的典型。语言与文字成为除性与暴力的直接肉身接触之外的个体社会整合，微信正好就是通过文字的互动来实现社会整合。如微信的功能兼具"库拉"的形式，在互为点赞评论、红包发放中，实现"库拉圈"应有的社会维系功能。"微信技术整合社会有机体的过程，也必然带着社会组织的重构、分化以及权力的转移。同时，社会整合的达成，在一定意义上也是社会控制的达成。微信技术对人的需求既是一种迎合也是一种支配与控制。"微信实现社会的重塑或成为社会重塑的一种写照，在以微信为代表的信息技术的革新的背景下，塑造的是后辈文化，即前辈向后辈学习的文化为主流，如孙子孙女教爷爷奶奶玩微信。

同时，微信空间"实质上创造了一种虚拟的'共在的空间'，满足了人群在不断分化、不断疏离之后的种种需要"，即哈贝马斯（Jürgen Habermas）的"公共空间"。他的"公共空间"的理论是"去中心化"的，即没有哪一个参与主体能够全然主导聊天的主题与进度。作为个体在微信这一"公共空间"中是平等存在的，这于线下的个体之间的不平等是一种重塑。微信作为公共空间的存在方式，也是社区认同、群体凝聚力建构、归属感创造的有效方式。

最后,看微信与人关系的"爱恨纠结"。手机自然产生出人们的"恋机情结",体验到来自手机的裹挟感。在进化论学派中的"技术决定论"看来,技术的进步推动物质的发展,进而推进文化的进步,这一逻辑用于微信技术的分析亦是可行的。延续"技术决定论"理论脉络的学者奥格本(William Fielding Ogburn)更深化了技术与文化的关系研究,认为以技术推进的物质文化的飞速发展使得文化越来越难以适应,因而出现了文化滞后、文化失调的现象。技术毕竟掌握在少数人的手中,不掌握技术的多数人在使用手机的过程中就陷入了"奥威尔式的世界"。记得看过一篇微信推文,手机里让普通人都欲罢不能的游戏App,是别有用心的少数技术人员用成瘾性的游戏消磨大众,以实现普通民众无法追赶少数精英的用意。

此书除去对微信民族志何以可能的探讨,还有对微信民族志如何书写的尝试性回应。从某种意义而言,人类学是对新的文化类型的冒险之旅,人类学天生有对人所创造的全部文化的兼容并蓄。从业余民族志到经典民族志,再到阐释民族志及反思民族志,不同时代不同形式的民族志主张,都没有放弃过力争对研究对象准确性的表达。对微信民族志何以可能的探讨,其实质就是人类学自身对世界真实性把握的一种探讨。赵旭东老师在玩微信的过程中,深切体会到微信与个体的紧密关联及人与微信之间的"爱恨纠结",在"京城人类学雅集"微信群群友的力促下,推进了关于微信民族志的研讨。

据此，对什么是微信民族志，微信民族志的研究内容是什么展开了讨论。"微信民族志，就是指基于移动互联网的网络现实空间或微信社群的田野工作的文本及参与观察记录。"微信之"微"，即微生活之一种，通过微信形式实现人与人之间的交流与沟通，"带来了表达方式、社交方式以及信息传播方式发生变化"。"微信民族志是对虚拟民族志的深化，是专门以微信技术引发的社会文化现象为研究对象的一种民族志新范式。"微信民族志写作可以大致从四个方面切入：一是对微信平台上发表的内容进行民族志研究；二是对微信使用者的民族志研究；三是微信使用对社会生活的影响研究；四是对微信平台上发表的民族志研究成果进行研究。"微信民族志最大的意义在于它促使传统人类学对人类学的研究方法和人类学的本质进行反思，启发人类学以更多元、更包容、更客观、更敏锐的态度研究异文化和新文化。"

抚育的社会功能

费孝通先生的《生育制度》[①]以"生育制度"为名,探讨的不仅仅是一般的生育问题,而是以生育制度为核心,从社会本位文化观来分析探讨中国微观社会结构,即探讨婚姻、家庭、夫妇配合、亲子关系、代际传承、亲属制度等问题。在费老看来,这种种制度的安排,均是出于对新生小孩进行抚育的需要,最终目的是实现代际之间的传承、种族的绵续和社会结构的稳定。

费老在书中一直坚持功能主义视角。所谓功能主义,即认为社会是具有一定结构的系统,社会的各组成部分相互关联,并对社会整体发挥必要的功能。包括社会结构在内的文化体系都属于人用来满足其基本生物需要及由生物需要派生的各种需要的手段。从功能主义的视角,费老认为种种制度的功能是为了辅助生育。

王铭铭教授认为,《生育制度》的核心追求是从人和社会的

[①] 费孝通:《乡土中国 生育制度》,北京:北京大学出版社1998年版。

再生产出发去发现一套可以应用于任何特殊文化的普遍概念。综观全书，费老形成了一套"个体的生活需要社会结构的完整，为了保持社会结构的完整性，就必须具有一定数量的人口，而人口的世代继替有赖于双系抚育，为确保抚育，就必须建立以婚姻为基础的稳定的家庭三角结构"的完整逻辑体系。具体论证的过程，费老围绕以下关键词：抚育、婚姻、夫妇、三角关系、社会继替、亲属扩展，来展开对生育制度的讨论。

费老认为，生育本身就是一件"损己利人"的事情，如果彻底为自己打算，就得设法避免生殖，堕胎、杀婴和疏忽致死，使新个体得到生命之后还是不能生长。因此，人类种族的绵续很难说是生物机能的作用，供给新的社会分子是生育制度的任务，生育制度是从种族绵续的需要上所发生的活动体系。生育制度是人类种族绵续的人为保障。生育制度的内容绝不能是一些人类本能的行为，社会完整是个人健全生活的条件，而社会的完整必须依靠人口的稳定，稳定人口有赖于社会分子的新陈代谢，因之引起了种族绵续的结果。

父母抚育孩子是一种生育制度的形式，这种形式在现有的环境里是有效的。但费老亦对未来的社会预言，认为人类总会有一天不必用自然方法去怀孕和抚育胎儿，因为这终究是一种痛苦的事。人类有责任为妇女免除这些痛苦，以人工的方法使生殖细胞结合，在机器里把胎儿养大。这时候，无疑的，我们现在的生育制度的形式会完全改观。

从生物层面上说，抚育作用是以单系开始的，那人类是怎样把父亲拉进这抚育工作中去的呢？观念认为"这是我自己的骨肉，怎能忍心不管呢？生物联系成了感情联系和社会联系的基础"，但实则是生育制度给的强制力。我们与其说因为两性的好爱，所以愿意共同抚育儿女，倒不如说因为要共同抚育儿女，两性间需要有能持久的感情关系。

两性分工和抚育作用加起来才发生长期的男女结合，配成夫妇，组成家庭。确立双系抚育的文化手段，这就是我们普遍认同的所谓的婚姻。婚姻是人为的仪式，用以结合男女为夫妇，在社会公认之下，约定以永久共处的方式来共同担负抚育子女的责任。在孩子出生之前，抚育团体必须提前组成。男女相约共同担负他们所生孩子的责任就是婚姻。婚姻是社会为孩子们确定父母的手段。婚姻与生育的关系重于婚姻与两性的关系。婚姻是人为的确立双系抚育的手段，是人类历史的产物。一切社会制度的形式都是手段，手段必须依着处境而变动。在母子的关系里，生物性和社会性似乎是不易发生变异的。但生物性的亲子关系和社会性的亲子关系在概念上应加以区分。婚姻的目的是确定社会性的父亲，对于生物性的父亲的确定倒还处于其次，事实上父与子的生物关系的要求确定本身是一种社会的规定。

婚姻不是一件私事，结婚煞费了苦心。例如，"劳保拉"与其说是新娘的价格，不如说是维持婚姻关系的一笔押款。在中国传统的婚姻里，一方面有月下老人的暗中牵线，一方面有祖宗的监视，一方面还有天地鬼神来作证，这样把确立个人关系的婚姻弄成了一件热热闹闹的社会举动，更把这和生物基础十分接近的俗事，转变成了好像和天国相通的神迹。为了这双系抚育，我们不能不敬服人类在文化上所费的一番苦心。

性和社会常处于相冲突的地位，原因在于性威胁着社会结构的完整。若让性爱自由地闯入已有的重要社会关系中，它不但可以破坏想结合的男女两人间原有的关系，而且还可以紊乱整个相关的社会结构。外婚的意思，并不是生物上的无关，而是向原来没有社会关系，或是本来不属于密切合作的生活团体的人中去建立两性和夫妇关系，这样新的需要就可以不必破坏已有的结构而得到满足了。外婚的积极方面在于可以合二姓之好，由此，婚姻并不只是生物的交配，它还是文化的交流。

中国传统社会夫妇是"相敬如宾"的，中国传统社会会很严格地把夫妇关系弄得"上床夫妻下床客"，但是对于男子的感情生活却很少加以严格的拘束。从花篮瑶的调查来看，从结婚到生孩子之间的一段时间是实现夫妇关系的预备。最有意思的就是他们把结婚的仪式拉长，要到孩子满了月才算结束。没有孩子的男女间的夫妇关系是预备性质，还没有到条件具备的地步。

《生育制度》中"家"专指父、母、子三角结构，等于Family；"家户"指地域团体的基本单位，等于Household。夫妇间仅是一条直线的关系，孩子的加入使三者间成为稳固的三角形。孩子不但给夫妇创造了一个共同的将来的展望，而且把这空洞的将来具体地表示了出来。孩子的出世才完成正常的夫妇关系,稳定和充实了他们全面合作的生活。生育制度的基本结构是父、母、子的三角,而这三角是现在可以观察到的人类社会普遍的基本结构。

在一个抚育是父母的责任的社会中,父母就得代表社会来征服孩子不合于社会的本性,因之生物和社会的冲突转化为施教者和被教者之间的冲突,再转化为亲子间的冲突。在父权社会中,代表社会来执行权力的是父亲,站在孩子立场给予私情慰藉的是母亲。子方对于亲方最初是一种生理的联系,接着是一种共生的联系,最后才发生契洽的联系。父母把子女看成自我重生的机会,也是抚育作用的保障。把理想自我交给子女,一方面不失为解决个人内心矛盾的出路,另一方面也正合抚育作用的需要。

在一定的社会分工结构中,新分子要进入到社会必须由旧分子把职位让出来,这就是社会继替。一个社会规定继替原则的目的是免除社会混乱,我们可以想象一个对于继替作用没有清楚原则的社会,每逢一个人死亡或退位,他所占的地位都要成为一番争夺的目标时,这个社会的混乱一定难以避免。为了社会秩序和社会团结,社会继替不能不从单系,可是为了双系抚育中所养成的感情联系,单系继替也永不能彻底。因此,在我们亲属体系中虽不能抹杀父母的任何一系,但也永远不会是双系并重的,于是形成了单系偏重的形式。

抚育作用推到家庭之外,而依生育及婚姻关系的路线时,就形成了亲属。亲属也就从家庭这三角关系结构中扩展了出去,亲属是给抚育任务扩展的一个可利用的原则。家庭不但在结构上是亲属的核心,在感情的造成上也是亲属的核心。

社会联系的实质是行为和感情,行为上相互依赖的程度和感情上痛痒相关的深浅,决定了我们社会联系的亲疏。

潘光旦先生的《派与汇》,是对费老《生育制度》的评价。潘光旦先生的"派"是分析,"汇"是综合,在分析与综合中出新意。"派"要广博诸子,"汇"要集各家大成。费老写作的出发点是生育,但关注的重点是在"制度本身"。以潘先生的观点,费老生育制度的研究成果明确否定了生育制度是人们用来满足生物基础之上性的需要的社会手段的观点。但难能可贵的是,费老实际上把对家庭的微观研究指向了宏观的社会关系与社会结构。费老有丰厚的理论储备,并且在观点的阐释方面是没有门户偏见的。避免了学术上的"我执"心理,做到了在广博的基础上始终保持一气呵成的贯通,不离主题,即在"万变而不离功能论"的同时,亦有"一家言的精神"。费老的此学术价值提醒人们,在各派思想引入并逐步形成各种蔚为大观的思潮的今天,如何通过吸收与汇集来丰富"我心"已经成为急迫任务。

云南的性别研究

与一本书的相遇,就是与书背后的人的一场促膝长谈。缘分是个圆,圆圆圈圈。世界这么大,不同的阶段,恰好又能与同样的人相遇,缘分的奇妙就在于此。而与沈海梅老师,恰好也是一场圆的相遇。硕士研究生的时候,沈老师给我上过课。上课内容已经模糊,只记得刚步入专业的我,是被老师牵着走的。第一次比较系统地关注沈老师的研究是前几年读了她的《中间地带——西南中国的社会性别、族性与认同》①。当时,被她书写的气度震撼。在从事学术研究的领域,女性学者所占比重并不算多,而沈老师算得其中的佼佼者。她的文字,既有女性特质的书写,如对云南楚雄地带"罗罗泼"群体民族志的细腻把握,也有宏大的地域关怀视野。或者,这句话放在沈老师身上的话,我可能犯了性别的偏差。诸如沈老师一类的女人类学家,为什么一定非要置于

---

① 沈海梅:《中间地带——西南中国的社会性别、族性与认同》,北京:商务印书馆2012年版。

女人类学家群体比较而非人类学家群体比较，比如，细腻笔触作为女性特质一类的表述，也是有问题的。原谅我的性别理解不到家，也愈发感受到性别研究的无穷魅力。

《中间地带——西南中国的社会性别、族性与认同》的副标题是"西南中国的社会性别、族性与认同"，沈老师总体的构思与布局在于通过性别、民族国家、族性、民族认同的研究，来重新定位何为"云南"的问题。在她《中间地带——西南中国的社会性别、族性与认同》的研究中，"云南"跳脱了中原视角"边缘"的固化认知，相反，"云南"置于南亚、东南亚的视域范围内。这样通过你看我、我看你的视角转换，延续东方学的理论阐释，"云南"不再是历史书写里的"莽荒"之地，不再是文化中心主义下的边缘地带，而成为中国内地与东南亚的中心，成为西藏和东南亚的中心。如此视角的转换可以看到既有研究中无法看到的内容，在中心看边缘的同时，边缘的视界中也在构建一个中心的想象，在建构的想象中，边缘对中心的接纳并非铁板一块，而是根据边缘自有的复杂性呈现不同的认知与复杂的动态实践，边缘在与中心的互动中也创造了另一个中心。因此，沈老师笔下的云南，是多种文化交会、多重关系叠合的中间地带，丰富何为"云南"的学理解释。就此，香港科技大学的马健雄专门为《中间地带——西南中国的社会性别、族性与认同》写过书评，里边写道"作为近期中国西南研究，特别是云南研究的历史和人类学方面的最新成果，随着时间的推移，该书对国内西南边疆及少数民族研究的影响也将逐步浮现出来",这样的评论较好地概括了此书在学术研究中该有的位置。

我读沈老师的第二本书《从地方观照世界——沈海梅教授性/性别研究自选集》①,幸得沈老师所赠,在我的书柜里,我专门腾出空间,用以放置别人赠我的书籍,学人之间,送书总是要胜过礼物的往来的,每每收到赠书的我心总是欢喜,书配上作者的签名并交到我手里的时候,书似乎从一个孤芳自赏者变成了一个愿意分享的活跃分子,我也顿生了一种亲近感和责任感,会好好善待此书。所以我所收获的赠书,我都读,读得还分外认真。正是沈老师所赠的缘故,我才得以跟进沈老师关于性别研究的集成及最新研究成果。

我虽然不作性别研究,但在闲暇里,也会关注一点性别的研究,让我可以时不时跳出社会潮流中人云亦云的性别定位,对社会惯习附加的性别角色有些许反思,从不惑到惑并一点点解答的过程中,自我的认识也稍显清晰了些。我自己性别认知的过程,就是一个学术如何影响生活的鲜活个案,而这一过程中,沈老师的性别研究为我打开了这方面的视野。沈老师的性别研究与关怀,是其学术开启到现在学术饱满状态一直在延续的学术生命线。从2001年出版的《明清云南妇女生活研究》,到2012年出版的《中间地带——西南中国的社会性别、族性与认同》,再到2017年出

---

① 沈海梅:《从地方观照世界——沈海梅教授性/性别研究自选集》,昆明:云南人民出版社2017年版。

版的《从地方关照世界》,都延续性别研究的脉络。她的研究既有对历史的着墨,也有现实维度的关照,既关注传统民族学意义的田野对象,也积极投注到新时代塑造下极具时代感的研究对象。从明清时期云南烈女群体的出现看边缘文化的主流化过程;从西双版纳曼底傣泐人看民族认同中男性客位化与女性主位化的认同实践;从大理白族地区"绕三灵"中性的阈限看不同时代背景的族性表达;从楚雄永仁直苴彝族"罗罗泼"的性别视角来讨论当地的社会暴力与社会失衡问题;从国际NGO在云南的推进看其与云南妇女发展事业的关联;从云南的"外籍新娘"现象看人口失衡及现有移民管理的滞后问题,此一脉的研究都是在性与性别的脉络中展开,在问题发现与理论回应方面有令人眼前一亮的独到见解。

  沈老师在具体的研究中很好地充当了两重角色:一方面是在纯粹的学术研究基础上体现出来的学术造诣;另一方面也将学术落地,形成咨询报告,助推社会服务与成果的转化。所以,沈老师的研究自在高冷中透着温度。

爱情的修为

爱情是个人的，更是社会的。喜欢一样东西，爱一个人，表面来看是很个人化的选择，实则是社会的安排。比如，个人的喜欢受社会给的价值观的束缚，在嫁人要嫁解放军的年代，军人在对象选择列里很吃香，但这几年热度明显有回落的态势。个人的家庭背景、教育背景亦对其找的对象有筛选作用。父母关系良好的家庭出来的孩子拥有较强的安全感，愿意相信对方；而父母离异或父母关系糟糕的家庭出来的孩子会相对没有安全感，对对方容易产生猜疑。如果家庭有宗教信仰背景的，那么往往在择偶标准中，会将信仰同样宗教的人优先纳入自己的择偶圈里，这也就是穆斯林找穆斯林、犹太人找犹太人的原因。受过高等教育的群体，一般而言会有稳定且不错的收入，对象标准中对对方的财力要素会是次要考虑的问题，放在第一位的应该是合拍、能聊与对方的另外一种"才力"能否吸引自己。因此，从一定层面而言，爱情不仅是各种自由选择的结果，更是社会给的强制力。

人是社会性的存在，人在社会系统中生存，就有了人以群分的说法。同样，对爱情的理解与偏好特征上，也是可以作出类别划分的，对另一半的定位，有照顾型、朋友型、师长型、狱长型等，不同的定位意味着个体在处理爱情的过程中会呈现出不同的角色扮演。这样一来，将爱情纳入将人作为社会性人的大的分类来看，爱情是可以理解与学习的。这样对爱情能力的生成就有了广阔的视角，对爱情的理解也就不会仅仅局限于一己之力，也就不仅仅是自己在小我的天地里的简单习得。

将爱情纳入爱情社会学的理解中，就加注了社会学理论的深度注解。对所有人类的爱情，不管是历史的，还是当下不同国别的，都可以在爱情社会学里找到答案。我国的爱情社会学由台湾大学孙中兴教授提出并开课，开课至今收到了很多的正向回馈。他的爱情社会学公开课很受追捧，《爱情社会学》[1]一书也已经出版。正如他所指出的，诸多身份、诸多群体，其实都缺乏对爱的能力、对爱情的习得的正规的教育，这些能力仅仅在较为个体性的个人与家庭中自我领悟与习得，这样就没有全观与他观的部分进来，所接受的爱与爱情的习得也往往仅是坐井观天。

因此，在我们的理解里，要将爱情作为一门学问，形成爱情是可以学习与培养的观念，使自己从小我的世界里走出来，去看

---

[1] 孙中兴：《爱情社会学》，北京：人民出版社2017年版。

看更为广阔的爱情的含义。那么我们就需要学习如何谈恋爱,以培养一种爱的能力,而非爱无能。从选择爱情,到经营爱情,到结束爱情,这些都有章可循。在修得了爱情这门学问之后,你将永远拥有爱情,有或没有另一半,这样的力将一直陪伴你,成就最好的自己。这个时候,爱情均是属于每个人的,不管你是否拥有爱情,你都具备谈爱情的资格,因为,你已然具备爱的能力,爱自己、爱别人的能力。

在《说文解字》中,对"爱"的解释是走路的样子,意为爱情就是两个人走到一起肩并肩手牵手的样子,即强调的是"平等对待,共同奋斗"。"爱情,直教人生死相许","长发为君剪,短发为君留",爱情有如此的魔力,诸人向往之。而真正触碰到爱情,个体的感受又会因人而异。爱情,有人认为很难去处理与经营,不过难与易也因人而异,尤其是因了个体的态度而异,即成不成其为一个问题,在于个体对它的态度;而问题的难易程度,在于个体有没有尽力去理解它、解决它。所以,在积极的态度面前,爱情可以被理解,也可以成为一门学问,提高个体爱的能力。根据此逻辑,爱情是可以理解与学习的。因此,《爱情社会学》也正应时之需,爱情社会学作为一门课程的出现,基于这样的逻辑:当下的精英教育过于关注作为个体的职业生涯,而忽略了同样作为生涯部分的生活、生命与情感的部分,而爱情社会学,正好补了这方面的短板。

读完《爱情社会学》整本书,会让人豁然开朗,感慨原来爱情是可以这样理解的,之前通过自己狭小的天地感受到的爱情,比起《爱情社会学》的宏大修为,自己的既有部分就不免狭隘,也不免仅仅是个体的自圆其说,自己觉得妥当而已,实际难以看清爱情、经营爱情。这本书正给了我们全面理解与修炼爱情的机会,赐予我们爱情的力。

该书特点之一是有极强的理论性。爱情社会学作为一门学问,必是以科学为指导的,其目的就是如何科学地理解爱、学会爱。其间有强大的理论作支撑,比如对婚姻的理解援引社会学的相关建构理论,认为"婚姻是两个人从面对不同的自我、他者和世界,转而面对面协商各自的自我、他者和世界,以获取或重建崭新的意义",在这个过程中"两个不同的人进入一个婚姻关系,两个人的身份都增加了"。从建构论的视角来理解婚姻,那么婚姻中双方是重新建构的、更新的、互为改变与进步的。在此理论的指导下,我们可以找到理想的爱情,且能够经营好身处日常生活中的爱情。比如援引爱情理论三角论(The Triangular Theory of Love),指出爱情的三个构成要素:亲密(Intimacy)、激情(Passion)、承诺(Commitment),用理论来行文,具有概括力与深度。其间有可靠数据作支撑,比如作为爱情标准之一的所谓"一见钟情",孙老师用数据说话,怀有一见钟情的可能性是很低的,大概只有16%—18%的情侣是一见钟情。数据告诉我们,谈恋爱,所谓的"日久生情"比"一见钟情"要普遍与靠谱。

该书的特点之二是有较强的实用性。孙老师在这门课的讲授中，既可以宏观又可以事无巨细，算得爱的能力的速成班。书中占了大量篇幅的章节就是根据自然恋爱的过程来呈现爱情的知识。如"爱情的开始""爱情的维系""爱情的结束"章节，各个环节均会有娓娓道来的建议指导。比如，当问及婚前该不该有性行为，他的回答是"我觉得问题是你会不会有一个好的性行为"。比如，面对分手，孙老师就这样建议，"在一起需要一个典礼、一个仪式，分手也需要。我希望你们在一起的时候，就想好分手的仪式，这真的是有可能的"。他以理想的、周全的方式，在爱情的过程中教会我们妥善处理好与对方的关系。

该书的特点之三是具有较强的反思性。整本书以全面宏观的视角，抛出与回应何为爱情、如何理解爱情、如何经营好爱情、如何处理好爱情中的复杂关系等诸多议题。这些议题往往会对我们既有的对爱情"一厢情愿"的认知形成对比与反思，在这样的反思中提升对爱情广度与深度的理解，形成对不同文化、不同背景下产生的爱情的宽容。如爱情的依附风格有所不同，安全型的依附风格，往往认为世界是安全的可以相信的，对待另一半的时候也是信任的基调；避免型的依附风格，往往因为与人相处太过亲近会感觉诸多的不自在，因此，对待另一半的时候，非常强调空间感与距离感；焦虑型的依附风格，往往对人存有担忧与恐惧，对待另一半时因为一直担心对方是否爱自己，因此很容易将对方吓跑。以上三类不同的爱情依附风格，大部分人都是可以对号入座的，对号入座的同时，于自己就是很好的反思的机会。此书还指出当下社会中的婚姻会出现的问题，同样发人深省。孙老师就指出当下婚姻中的浪漫的商品化（Commodification）倾向问题。当爱情的诚意需要与经济挂钩，如类似"钻石恒久远，一颗永流传"的广告及广告背后的意图深植于心的时候，我们得要反思爱情的真意是什么？我们当下的爱情在面临怎样的问题？

精英教育的陷阱

《优秀的绵羊》①是对以美国为代表的精英教育的系统反思,对于中国的精英教育反思,乃至世界范围内的精英教育反思,都有借鉴意义。

教育就本质而言,是表达与传递社会价值观的方式。那么,我们不免要思考,所谓精英教育的价值观是什么?精英,似乎对任何东西都有一种与生俱来的高度悟性,是不会输在起跑线上的最后赢家,有着不可一世的自信和完美无缺的光鲜外表,但这些被剥离后,在精英的身上,其实还寄居着令人窒息的恐惧、焦虑、失落、无助、空虚和孤独。比如,他们很忙碌,很惜时,总是在赶场的状态,约会是一种快餐式的约会,他们的交际就如同匆匆行驶的夜航船,只见轮廓,不见实体。他们对成就与成功充满热情,有着一种压迫式的追求,因此,必须高效地完成既定的目标,然

---

① [美]德雷谢维奇:《优秀的绵羊》,林杰译,北京:九州出版社2016年版。

后再快速转移到下一个目标。而问题在于，参与的事情越多，能做好的事情就越少，并且很可能很多事情都做不好。同时，他们害怕失败，甚至因为焦虑，因为没时间找见自己，他们还被一场抑郁的流行病所包围。精英总是在求稳，体会不到不确定性带来的愉悦，从未任由生活自由地发展，总是要保持冷静与秩序。

所谓精英的标签在社会的价值观里是可以简化的，简化为完成课程、修够学分、考试得高分、有各类证书、有各种奖项。其中，文凭被奉为精英标签的必需品。这种简化标签下的精英，不自觉将所谓追求自由、满怀激情的奇才与怪才排除。教育的价值也用短期内的回报率或实用性的狭隘目光来衡量。实用主义的力量实在太强大，短、平、快的精英再造与评价方式，催生了一批塑造精英的文化包装公司，教学生包装自己，以达到快速在精英之列凸显的用意。精英教育系统虽然培育出了高智商、有成就的20多岁的年轻人，却没有教育出他们领悟生命的追求，他们甚至不知道如何去寻找生命的意义。他们按部就班地生活，缺乏新生活的想象力，在内心深处，他们也缺乏勇气和自由来创造自己的道路。

精英教育系统，因为"精英"二字，注定其只属于少数人的教育，即不公平地被富裕家庭占有。那精英教育正好给富裕家庭提供搭建人脉、巩固自身价值系统、互相承认顶层位置的平台。精英教育魅惑着所有人，不管是平民阶层，还是富裕家庭，所有人都有对追逐名校的痴狂症。平民期许有朝一日步入名校，就可以鲤鱼跃龙门,就可以平步青云,虽然这样的跳跃概率很小。富裕家庭则渴望步入名校以进一步巩固自身的富人地位,当然,富人要进入名校的概率就很高了。在精英教育系统中,父母成为参与精英教育的重要作用力,为了让孩子可以完成上名校的夙愿,就以计划经济的模式来控制孩子。孩子自出生就变成父母生命的延伸,走上一条要完成父母使命的道路。在孩子的耳畔,来自父母最多的话莫过于"你必须尽力"。而孩子,为了维护父母眼中的好孩子形象,也努力迎合父母的需要,建立一个父母期待的自我而非真实的自我。孩子能够被名校录取,也成为家长身为人父人母的成功,是得以彰显家族光宗耀祖的重要事件。这样,名校在众人的趋之若鹜之下,上演着最极端的竞争、最亮丽的履历、最惨不忍睹的录取率。

　　作为深处精英教育之下的个体,需要适时反思,在学校获取的各种奖项与荣誉,其意义何在?其是否值得?避免在所谓外界赋予的功成名就的光环下,仅仅是作为在终生竞争的集中营里的茫然生还者。事实是,所谓精英在为了维护自己以优秀成绩为表征的羽毛的同时,付出太多,在为了收获的这条路上实在陷得太深。作者就举了这样一个例子,当一个学生向作者提出想要有更多的时间思考自己所学而苦于时间不够的时候,作者建议她,可以考虑放弃全 A 成绩的念头,这样便会有更多的时间来思考了。作者建议完,她即刻用一种异样的眼光回应了作者,似乎在责怪作者试图给她灌输某种邪恶的想法。

同时，我们也应思考，我们需要的真正的教育应该是什么样子，作者比较赞同"教育是当你忘记了所学的一切之后所存活下来的那一部分"的观点。而真正的大学的使命，应该是追求生命的目的，即社会存在的意义以及人存在的意义。真正的教育不止于教给学生知识，而是教给他们如何思考，如何获取知识的能力。倡导质疑是一种技能，犯错是智慧的基础。学会质疑，学会试着铲除既有教育系统潜移默化地在我们心中播下的那颗恐惧失败的种子。因为一直成功并不是能力的体现，而是脆弱的表现，因为出于害怕失败，个体往往放弃了一些本来能够造就他成就自己的机会。学会走出自己的路，正如"要过上有意义的成年人生活，一个人有必要成为一次孤儿"。这个孤儿有能力作自己的选择，犯属于自己的错误，过自己需要的生活。

乡土作家的乡土情怀

毕增堂老师是我的家乡楚雄一带的乡土作家。所谓人如其文，喜欢他的文字，也喜欢他的为人。现在和毕老师亦师亦友，前不久，他还专门请假一周陪我和美芬姐在楚雄一带调研。我对他的打扰也变成理所应当，可谓老友。

《撵山狗》①是毕老师的代表作。毕老师的文风一点儿也不艰涩。他的文字是真正与读者坦诚相见的，读来如行云流水。读着他的东西，就想要一口气读完，所以我都要安排一个可以读完他小说的时间段，以便一鼓作气欣赏完。语言不多余，不做作，描述能用一句话的，决不再多说一句话，读来有流畅之感，很切合我读好的小说、散文一类作品的情感需要和体验。

毕老师算是自学成才的本土作家，但文学语言很有造诣，语言经典层出不穷：语言时而具有杀伤力，如带血的刀刃，能切中我们想要表达却无力用语言去表达的部分，对现实有较强的鞭挞

---

① 毕增堂：《撵山狗》，昆明：云南民族出版社2009年版。

和反讽力度；时而细腻温存，散发着温暖的气息，干净纯粹，一如蓝天白云，从他的文字里就能寻得一份心的回归。

毕老师的作品地域色彩和乡土气息颇为浓厚，让我无时不感受到作品里散发的土气息、泥滋味。话说"土"的东西很有些下里巴人的味道，但"土"有"土"的味道，毕老师的"土"有乡间浓浓的泥土清香：有乡土人朴实、随性、大大咧咧、不受束缚的整体人格的体现；有当地方言俗语所打造出的独一无二的灿烂智慧的地方文化的凸显。没有复制，别人想学也至多能学个空壳。毕老师的"土"气息里道尽了专属当地的风土人情、生活常态、精神高度，如一方广袤的土地，一般人远眺时感受到的只是贫乏无味，没有一点活气与魅力。但毕老师能看到广袤土地里勃勃的生机、肆无忌惮吹拂的风、隐藏于深处的当地人鲜活的精神状态。在他的文字里，在他的敏锐的感受力里，引领着我们对"土"注入更多欣赏的目光。

我不想将毕老师作品中的人物形象做"好"与"不好"的简单评论，只是觉得毕老师作品中的一些人物形象甚为饱满，如牛满铭、普峥等重点着墨的主人公形象彰显了独具特色的饱满人物特征。他们算得是被民众捧着的光环式人物，但毕老师并没有将他们打造为典型的英雄式人物。他笔下的牛满铭、普峥，更多的是平民化的形象：放得下官架子，完全生活在百姓中间；为了能争取到地方的资金补助，不惜放下所谓的尊严各处奔走呼号；为了有一个好的结局，也会在过程中使点"阴谋诡计"；他们充满色性，各种荤话、荤念充斥着他们……可以说，这样的形象塑造并没有刻意为之，才让我们有人物形象的现实存在感，真实、活灵活现的形象就如同跳跃的音符，充满生命力。

　　毕老师的人物形象塑造呈现很分明的类型化特点，大致分来就是牛满铭、普峥类，与前者形成强烈反差的政府官员类、当地民众类。毕老师在类型化人物的形象塑造方面是做得很成功的。但毕老师刻画的类型化人物中的个性化人物，就有平面化之嫌了，刻画不同的人物很多就是一个模式，虽然可以表现一类人物的特征，但个性化不强。我个人认为刻画人物应该是可以鲜明地被区别的，即使是配角式的人物形象，也有应该让我们牢记于心的那么一两点特征，循着这样一种目的性，就可以用相对应的语言来刻画人物的个性特征。虽然作品中也有鲜明的个性化人物特征的塑造，但小说里牛满铭和普峥的形象是近乎雷同的，这可以归入毕老师作品中的典型的类型化人物中。其余做衬托、比较的配角性人物形象的塑造过于平面化和单调化。但其实，人物形象的塑造应该是立体的，即使是同样类型化人物中的两个个体，也有区别对待的地方。

　　毕老师每部作品都有值得称道的地方，都有让我触动和难以忘却的记忆。如果让我从中挑一篇最喜欢的，我就选《盖好新房过好年》吧，也许这篇更适合我的口味。这篇小说从表面文字读来，有种清新明丽的感觉，扑面而来的是乡间的土俗气息，这种气息自然给我一种田园之乐，能充分进入到他给我们打造的小说环境中,给我印象最深的是那一家三口的怡然之乐。毕老师在处理"盖新房"这一事件引发的危机和深层问题方面处理得很好,男主人公的悲剧表面看来谁都无心于此,但这如此的无心也就引发读者更深的思考和追问,是谁打破了这样一个其乐融融的家庭的平静?

在这篇小说的文字方面,我叹服于毕老师的笔法。里边每一个人物的形象塑造都让人难忘,似乎已在自己的心灵深处埋藏。普通却又无不流淌温暖爱意的一家三口;带来房屋补助金就像给三口之家带来救星,并以此为名常常到三口之家吃喝的乡政府工作人员;民众心目中理想的官员形象——县级官员,形象都刻写得很到位。

也许我喜欢充满希望结局的小说。小说中,县级官员的出马,为查明男主人的死因提供了一线希望,紧接着,便是一片大好的、歌功颂德的局面,这样给人希望的大结局可谓大快人心,结尾虽给人些许安慰,但这样的写作也给了我更多的隐忧,人亡不可逆转,悲剧已经酿就,无可更改,不知未来的类似悲剧是否还会重演。这样的结局给出了对现实深切的思考。

相比这样一种充满希望的结局,如《撵山狗》中的牛满铭,《山路原无语》中的普峥,他们的结局算得是一反常态的:牛满铭一心为民却要锒铛入狱;普峥苦心为民办实事,这样一位办好事的基层干部形象,最后也被毕老师安排了归宿——失足而被流水淹没。这样一种出乎意料的结局与我们内心预想的人物的结局形成一种极大的反差和冲撞力，从而引发我们更多的深思：如此结局的用意何在？

　　读完毕老师的作品，也会有些疑问。在《四山情话》和《情系彝山》中，都有一个叫"高叶"的人物，但两个形象指的不是同一个人，鉴于所有篇目中都有"普峥"这一同一的形象，我觉得"高叶"的名字在两个篇目中是否应该区别开来？在塑造牛满铭和普峥形象的时候，有对他们色胆包天的着墨，并且着墨较多，这在塑造完整形象方面是大有帮助的，但如果只是简单的为了塑造人物的完整性，这样的着墨又让我很不解。还有作品里的主人公：《撵山狗》里的牛满铭、《山路原无语》里的普峥，都有如出一辙的相似，毕老师一定对自己主人公的形象塑造上有更多的思考，这些是我品读过程中产生的疑惑。得知毕老师又出了新作，包括《风流的山路》，期待与毕老师再聚再聊。

一本雨天的书

周作人《雨天的书》①中弥漫着浓浓的水气息,是一个水意象的织构图。水一方面是他情感表现的承载物:水既是他生活中美与悦乐的背景;也是他苦闷与忧惧的隐喻。另一方面水寄托了他作为一个智者的思考:为摆脱因"雨"所生的气闷而读书作文;在苦雨中寻得苦中取乐的人生哲学;在品茗中将生活作为艺术的赏析。周作人的情感表露和智者之思,均与水发生着千丝万缕的联系。

周作人在他的文章中曾多次强调了他的水乡人身份以及对水的偏爱,水成为周作人一生摆脱不掉的情结,与他的精神世界发生着微妙而复杂的联系。《雨天的书·自序一》中,周作人试图道明他《雨天的书》中所衍生的情感"气闷""心思散漫"的情感,均是在雨天清冷、缠绵、阴沉的背景之中。他一直强调雨天的阴沉气闷,唯恐读者忽视而不能感受。他就在雨天的渗透之

---

① 周作人:《雨天的书》,长沙:岳麓书社1987年版。

下，营造了一个清和冷的审美世界，来"对付这雨天的气闷光阴"。周作人将自然中寒气彻骨的雨天与晴雪明朗时心中的"雨天"联系在一起，那么自然的雨天也就带有了某种暗示和寄寓，一如他心里的雨天，他心里的"雨天"比那自然的雨天要来得更阴沉、更持久。于是带着这心中的"雨天"的续写，也就成就了这本《雨天的书》。在《雨天的书·自序二》中，周作人更进一步表露了对"雨天的书"这一名称的喜欢，并"现在仍旧拿来作这本小书的名字"。《雨天的书》正是周作人因雨而写的。周作人在《泽泻集》中重新将《雨天的书·自序一》收入该集子，尤见周作人用意之深，尤见他雨天的心境仍将继续漫延开去，在他的写作生涯中保持良久。

综观《雨天的书》，整部集子充满浓厚的水气息。水意象摆脱了单一的形态，而是水象万千，可谓"随物附形"。有"只是蜘蛛丝似的一缕缕洒下来""细得望去都看不见"的使人气闷消沉又闲适的冬雨；有"冒雨夜行，更显出水乡住民的风趣""归途遇暴雨，一叶扁舟在白鹅似的波浪中间滚过大树港，危险极了也愉快极了"的水乡戏水之乐；有想象中的"在大漠之上，大雨之下，喝着四打之内的汽水，悠然进行，可以算是不亦快哉"的雨中豪情的抒写。丰富的水意象建构起了周作人复杂的情感。

一、水意象中的情感表达

水与周作人的一生最为亲近，儿时的浙东水乡生活给周作人提供了与水共乐的广阔天地,"美与悦乐"的背景中不乏水的存在,在水中捉鱼摸虾,在船中嬉戏,听滴滴夜雨击打乌篷船发出的扣人心弦的声音。水的灵动、透澈、柔和,伴随周作人一路走来,他的《乌篷船》《苦雨》《济南道中》等文章都真切地向我们道出了他对水的欣喜与钟爱。然而因周作人的复杂与深邃,他对水的情感并非只是单纯的"美与悦乐",在他的《唁辞》《苦雨》《山中杂信》等文章中,水成了苦闷和忧惧的隐喻。水意象寄托了周作人丰富的情感体悟,作为爱智者的形象,他曾说过"生平与水太相习了,自有一种情分,仿佛觉得生活的美与悦乐之背景里都有水在",然而他也说过"虽不能说对水完全没有情愫,但也并不怎么恋慕",这样一种对水看似矛盾的感情,正是周作人复杂思想在水意象中的最直接显现。

(一)"美与悦乐"的背景

《雨天的书》中的"美与悦乐"较多地表现于对水乡生活的描写和追忆。周作人的少年生活与水是分不开的,少年时的悦乐与情趣很多与水有关。在周作人少年时期的日记中,有许多他对水乡的水独具敏锐洞察力的描绘,"听雨声甚厉,如在乌篷船卧泊鉴湖边挑灯听秋雨时""雨益厉,打篷背作大声""作声甚厉,又兼雨声,对面相语不能闻,雷电爆如,耸人毛发"。周作人自小生于水乡,与水朝夕相处,对水的感悟也是独到的。水伴他一路走来,装点着他的生活和作文。水不仅成为周作人儿时日记的内容之一,水气息也溢满了他青年时期的日记。例如,一向追随大哥的周作人在大哥1902年赴日之后,甚感寂寞,在日记中便写道,"夜,雨霁。挑灯独坐,听窗外蛙声,如两部鼓吹,东风萧萧,吹白杨作响,声甚凄清。煮茗自啜,怀忆远人,思作日本信,因无雨雁而止,当待考后矣"。

  周作人是思想细腻之人,夜雨、雨后的蛙声影响着他的心境,这种无人能诉的心境也唯有在"煮茗自啜"中自我调适。周作人同时也将这种无人能诉的心情以日记的形式抒于笔端,实现与自我心灵的对话。这样一种通过写作来诉求心灵的方式在《雨天的书》中表现得最为突出。少年对水的独特感受力,带他走进了中年对水更为深沉的思考。当他带着故乡水的润泽走向广阔的外部世界后,故乡的水和水乡自由自在而又充满情趣的生活成为他记忆中最美的画面,牵动着他一生的情思。难怪在《苦雨》中,他也会不由得回忆起20多年前的水乡之趣。这记忆如数家珍,清晰可见。"卧在乌篷船里,静听打篷的雨声,加上欸乃的橹声以及'靠塘来,靠下去'的呼声,却是一种梦似的诗境","冒雨夜行,更显出水乡住民的风趣",并将这些童年中水的逸趣与好友孙伏园分享。即使是拉回到写作《苦雨》的现实,他也禁不住将眼光投到小孩子在水中嬉戏的热闹情景中。从孩子身上周作人也找到了自己当初戏水的童年之趣,孩子们的形象也就是他童年之趣的写照。

  我们也就不难理解他所说的"生平与水太相习了,自有一种情分,仿佛觉得生活的美与悦乐之背景里都有水在"。对于水如此亲切,水是周作人生存、追求生活的"原始本能"。周作人紧握这份"原始本能",在对水切身的悦乐和深切的体悟中,他爱上了水的润泽与生气。与之相对的是周作人忍受不了的枯槁的生活,认为北京"干巴巴"的,缺少生气,对北京泥塘似的"海"实在不满意,总不免要想起那"水巷小桥多的地方"来。中年的周作人,仍对故乡之水心荡神移。在1926年,周作人怀着无限的乡情,自己给自己写信,写了《乌篷船》。周作人认为船是故乡最为有趣的东西,水与船共同演绎出了令周作人难以忘怀的水乡之趣,就连遇上风浪,船不小心打翻了弄得船底朝天,也被周作人视为一种水乡的特色。这样一种乘船渡河面临的危险,在周作人看来,水给人传递的死亡的气息均悄然隐遁,留下的纯然是乐趣。乘船的同时便可游山,抱着游山玩水的悠游态度,在船中品着清茶,"睡卧舱中,听着水声橹声,来往船只的招呼声,以及乡间的犬吠鸡鸣,也都很有意思"。周作人便在这水中、山间、船中,深深品味着这种自我营造的甚为难得的游玩之趣。

周作人应邀到济南讲学,在去济南的途中和在济南停留的日子里,写下了《济南道中》《济南道中之二》《济南道中之三》。周作人虽然是第一次去济南,他的文字中却处处联系着故乡之景。济南的许多景致与其家乡浙东甚为相似,令他亲切之感油然而生。就是游览著名的大明湖,也觉得它仿佛像南京的玄武湖,趵突泉的池水在雨后颇是浑浊,加上周围的石桥、石路以及茶馆之类,周作人也觉得很像故乡的脂沟江。认为济南"很有江南之风味""所以是颇愉快的地方"。这些日子伴随他的都是绵长的雨天,使济南增添了水润之气,这种雨天的情形就恰似故乡的雨天。他一路领略着夜航船之趣,游大明湖,畅想《老残游记》中"四面荷花三面柳,一城山色半城湖"的温润景致。而这些景致因雨天的缘故而愈发滋润,童年时期的水乡之趣得以重现,可以说对"家家泉水户户垂杨"的济南城的尽情描绘,也灌注了周作人对水乡之趣的追忆。

周作人"美与悦乐"情感体验可看作他对故乡之水的情感主线。直至晚年,他在《立春以前·雨的感想》中,仍在怀念着故乡的雨中之乐,"秋季长雨的时候,睡在一间小楼上或是书房内,整夜的听雨声不绝,固然是一种喧嚣,却也可以说是一种萧寂,或是感觉好玩也无不可","大雨如注,石板上一片流水,很高的钉鞋齿踏在上边,有如低板桥一般,倒也颇有意思"。尤见故乡之水已成为周作人一生捻不断且挥之不去的情思。

周作人对故乡之水的灵动之趣的描绘和所付诸的浓重情感,实际上正构成了他对故乡一种挥之不去的依恋情结。他对故乡之水有深重的感情,但他也说过"我生长于海边的水乡,现在虽不能说对于水完全没有情愫,但也并不怎么恋慕,去对着什刹海的池塘发怔"。在《故乡的野菜》中,他提到"我的故乡不止一个,凡我住过的地方都是故乡,故乡对于我并没有什么特别的情分,只因钓于斯游于斯的关系"。这不免与他"仿佛觉得生活的美与悦乐之背景里都有水在"有矛盾冲突之处,他既有对水的亲切,也有对水的畏惧。这应从周作人的心路历程来看:"美与悦乐"源自儿时的不谙世事,对水的理解是纯粹的,甚至面对水倾船翻、人落湖中这样令人心惊胆寒的事他也难觉水的危险。随着年龄的增长,加之人生阅历的丰富,故乡的自然之美已被人事的丑恶所打破,对故乡、对故乡之水的完美体悟而形成的"美与悦乐"的画面也因之打破,无怪周作人在《雨天的书·与友人论怀乡书》中说道:"浙东是我的第一故乡,浙西是我的第二故乡,南京第三,东京第四,北京第五,但我并不一定爱浙江。"

(二)苦闷和忧惧的隐喻

《雨天的书·自序一》中,北京的冬雨使原本寒彻心骨的冬天更寒上加寒,虽然只是冬雨,怎么也没有夏天的倾盆之势来得猛烈,只是蜘蛛丝似的下着,甚至细得都让周作人的视觉难以察觉。察觉不到的东西似是可以忽略的,然而正是这一丝丝缕缕的雨,织就了一幅阴沉的阴雨图,使周作人十分气闷。这是因阴雨环境的气闷,还是因心的气闷。周作人雨中生闷气,并不是毫无缘由的,这不由给雨附上了一层模糊的难以捉摸的情感。在这阴沉气闷的雨天,周作人努力尝试着去摆脱,他畅想着"觉得如在江村小屋里,靠玻璃窗,烘着白炭火钵,喝清茶,同友人谈闲话,那是颇愉快的事",但如此愉快的事于他来说,也只是空想罢了,正如"不过这些空想当然没有实现的希望",他无力摆脱这种阴

三步之外是田野

沉天气施加给自己的气闷心情,带着气闷心情再看天色时,这始终如一的天气在他眼中显得愈加阴沉,他显然因这阴沉的天气更是愁上加愁。既然与友人闲话来试图排解烦闷是种空想,那么"做点正经的工作"来转移心思和情感总该可以吧。但他"心思散漫,好像是出了气的烧酒,一点味道也没有"。他试图去改变阴雨天的坏心情,终究还是无能为力,这几多的抑郁难解难排,便积蓄成了《雨天的书》的苦闷,甚至是忧惧,他的苦闷忧惧的情感具体表露如下。

首先,是对"露水的世"的哀感。《喧辞》中,周作人引用了日本诗人小林一茶的诗句,"露水的世呀,虽然是露水的世,虽然是如此",表现了自己对早逝少年的哀悼。周作人用"露水的世"喻青年男女的死,虽属引用,并且用的是极其朴素吝啬的笔墨,却真实道出了周作人对"露水"般世的哀叹。"露水的世"隐喻了齐可女士的英年早逝。周作人的一生,经历了太多这样的生离死别:端姑的夭亡、椿寿的因病而亡、不久后的爱女若子之死,这些逝去的痛,周作人都深切体验过。他们的逝去也可用"露水的世"来概写。对待他们含英咀华,却即刻如水逝去,如繁花落枝的猝然永逝,周作人为此有着无限的痛之思。周作人发出如此的感慨"虽然是露水的世,然而自有露水的世的回忆,所以仍多哀感"。露水的一生固然短暂,但露水的一生也尽显了美丽。在阳光下自取灭亡的时刻,也正是它摇曳身姿、尽情展露自己生命的时刻,露水在消逝中也自然贮存了露水美好的回忆。露水短暂易逝的一生,也正如青年男女的含英永逝。周作人通过"露水的世"般的生命的陡然流逝来反观自我,使自己这一年长的幸存者感到自身生命的短暂,自然渗透着无限的哀感,正如"明知逝水不归,落花不可返枝但无论怎样达观,终于以断念"。对"露水的世",周作人有自己内隐于悲、外显于坦然的悲悯,感情至浓却又表现于外愈淡。他将露水般的死看得同生一样严肃而平凡,也怀着一份敬意。

若子病于一个雨打杏花之夜,周作人的心绪凌乱,他满心凄凉地忧惧着在死亡边缘徘徊的若子。最终一切的忧惧都已过去,夜雨虽带走了杏花,带走了春的气息,但夜雨也最终带去了一家人对死的忧惧,若子的安然无事得以让周作人凌乱的头脑在这疯狂恐怖的雨夜略略镇定。这雨夜也就有了特殊的意义,它既暗示着死亡讯息的降临,也超具魔力,将下放的死的恶魔收回,这雨夜也就包含了生命的不可揣测性。《若子的病》对于周作人,恐怕不仅是压抑着的爱的本能,他还因为女儿的接近死亡而复生深化了对死的思考。而后的《若子的死》更增了这一"雨夜"的凶神恶煞。若子由病,到病中生还,再到猝然逝去,若子生命的零落正如"露水的世"的呈现,消逝得如此唐突,也正如突袭的夜雨,没有丝毫的征兆,周作人面对难以回首的亲骨肉的生离死别,只用寥寥数笔写下了《若子的死》,唯有发出如此的哀感"我以前曾写《若子的病》,今日乃不得不写《若子的死》"。周作人在哀痛万分的情状下写《若子的死》,我们读来似乎缺少大悲大痛,而这正是他痛至极致的表达,"露水的世"也正足以概括他对爱女猝然而逝的悲痛。

其次,是对"苦"的况味。周作人的情感体验中多带苦味,连他的居住环境也是苦味十足,"长雨殊闷人,院子里造了一个积水潭,不愁平地水高一尺了,但毕竟还是苦雨,不过是非物质的罢了",于是便有了《苦雨》的创作,可见《苦雨》除了表现当时"阴雨绵长"的自然环境外,还隐喻了周作人阴雨般愁闷的心情。这样的苦较多源自现实中的兄弟失和,周作人对大哥的追随与景仰随之灰飞烟灭,"两星永不相见""过去的蔷薇色的梦都是虚幻"。

《苦雨》除了隐喻兄弟失和,还隐喻了"五四"后周作人难解难排的心情。周作人创作《雨天的书》,正值新文化运动退潮之后,周作人与许多在新文化运动中寻求科学与民主,讴歌个性解放的进步知识分子一样,陷入了不同程度的梦醒了无路可走的新的思想苦闷。周作人摆脱不了对"五四"情感上和精神上千丝万缕的联系,那是他以自己的理想、青春、生命力投入的,一种难于排解的孤独感与苦闷心绪便弥散在《雨天的书》中,这才有了《苦雨》。《苦雨》中说到"时常被它(雨)惊醒,就是睡着也仿佛觉得耳边粘着面条似的东西,睡得很不痛快",此时的雨毫无乐趣可言,寄托了周作人辗转反侧中透露的复杂心绪。一夜的令人难以忍受的雨,浸满了全屋,虽说是"兴高采烈",展示的却是难以咀嚼的苦趣。周作人由雨想到的是川岛君"他们"可能会受惊,家乡的穷朋友会有不幸。他情系别人,时刻有一颗盛装别人的心。这时，他不是虚伪地悲天悯人而为之悲叹，正如他所说并非世间所谓的"悲天悯人"或"博施济众的慈善主义"。他认为悲叹也终将无济于事，更增了他对遭遇和困境的深刻体悟，不去虚伪为之悲叹的背后实暗藏了一种忧患情怀。"今天太阳已经出来"，作者阴雨的心情本该被太阳烤炙，伴着外出游嬉的兴，足可以让他祛除一切阴郁。然而常怀苦味和忧思的他并未如此，而是继续在"雨"中抒写着"雨"一样的心情。

除了《苦雨》外，《山中杂信》也一样苦味十足。在《山中杂信》中，连日的雨纷繁地下着，让空气更加的冷、更加的潮湿，是雨将和尚们晾晒的香椿干弄得湿漉漉，竟说自己总觉得对那班和尚心怀抱歉，这不难体会周作人雨天纷繁的思绪，他是出于一种自责，将不属于自己的错强加于自己。他的自我的责难其实是出于他的一种自省，一种怀疑主义的产生，因为"我近来的思想动摇与混乱，可谓已至其极了""我只将这各种思想，凌乱地堆在头里，正是乡间的杂货一料店了"。信的一开头由雨而引发的对和尚的歉意与自己现在思想的杂乱至极而自我无法抉择的困惑是具相关性的。这阴雨沉闷的天气，纷繁乱飞的雨丝，也就像极了周作人复杂烦乱的思想，正如他在《过去的生命·歧路》中所说"我爱耶稣，但我也爱摩西。耶稣说，有人打你右脸，连左边脸也转过来由他打！摩西说，以眼还眼，以牙还牙！我如果有力量，我必然跟耶稣背十字架去了，如果有较小的力量，我也跟摩西做士师去了。但是懦弱的人，你能做什么事呢"，这正道出了周作人当时的纷乱和迷惘徘徊。天空的思绪可以通过下雨的形式来"发泄",而周作人纠结起来的思绪是逐一向伏园兄道来的。他将在山中养病的所见所闻、所思所感与孙伏园一同分享。周作人纷乱的思绪之苦在给孙伏园的信中得到了抒写。《苦雨》《山中杂信》中的苦味,在雨中不停地表现着,也就随雨一直存在着。难怪他的寓所一再以"苦"字命名,从"苦雨斋"到"苦茶斋"以至后来的"苦竹斋""苦茶庵",后又引"乐行不如苦住"的佛经语,将"苦茶庵"改为"苦住庵"。他在雨中向我们表现的苦给了我们一种特殊的感受,他的苦不是一时就能下咽、一时就能消没的,而是长久地留在舌端,这也就给了我们"苦雨庵中吃苦茶的老僧"的形象。

在水意象中,表露较多的是周作人对苦的况味,然而在他别的作品中,将这种苦升华为了忧惧,正如他所揭示的"鄙人是中国东南水乡的人民,对于水很有情分,可是也十分知道水的厉害,《小河》的题材即由此而出。古人云,民犹水也,水能载舟,亦能覆舟。法国路易十四云,朕等之后有洪水来。其一戒惧如周公,其一放肆如隋炀,但二者的话其归趋则一,是一样的可怕"。周作人将这称为"古老的忧惧"。

二、雨天的智者思考

苦闷、忧惧是周作人借助水传达给我们的情感体验,然而周作人并未将此停留在情感体验的层面。他是生活的智者,有在无常、无告、无望中追求的精神和韧性,正如孔子曰"智者乐水"。周作人并未因气闷的雨天而颓丧、无所事事,他将所生的气闷用读书作文的方式得以转移,用书香墨香解释现世的生活,排解心中的抑郁;《苦雨》寄托了周作人苦中取乐的人生哲学,他有提前预知苦的超然心境,当苦真正降临之时,苦味也就可以减半,同时也有苦的真正降临与希望相符而产生的愉悦;周作人更有对生活的泰然自适,能将平凡的生活作为艺术的赏析。在他眼里,白菜比玫瑰花还更惹人爱,也就有在现世"看秋河""听雨""品香茗"的闲情逸致,因此"秋河""夜雨""清茶"等意象也即成了周作人将生活作为艺术的赏析的最好阐释。

(一)读书作文中寻找慰安

周作人因令人气闷的雨天而滋生的抑郁既无友人可以诉说,也不是"找点正经事做"就可以随便转移的,唯有诉诸笔端,自己与自己作心灵的诉求。他将自己置于书斋的生活中,追怀先贤,"历览千载书,时时见遗烈""所看的书里也偶然有一两种颇惬心目,仿佛在沙漠中见到了绿洲一般,疲倦的生命又恢复了一点活气"。与书展开心灵的对话,在与遗烈结缘和对话中,使自己寂寞的内心得到慰藉,精神也得到升华。周作人在《自己的园地·序》中提到"我因寂寞,在文学上寻求慰安,夹杂读书,胡乱作文……或者国内有和我心情相同的人,便将这本杂集呈现与他;倘若没有,也就罢了。反正寂寞之上没有更上的寂寞了"。他承认自己"夹

三步之外是田野

杂读书,胡乱作文"都是因为寂寞,他希望在"文学上寻求慰安",自己的心情得到被理解的愉快。他"随便写一两行,并无别的意思,聊以对付这雨天的气闷光阴罢了"。周作人"空想"乃至"随便写几行"亦当归在"无用的游戏与享乐""片刻优游"之列,或者反过来说,"一点无用的游戏与享乐""偶然的片刻优游"应该理解为"聊以对付这雨天的气闷光阴"的手段。

他用写作这种"片刻优游"的方式来寻求排解和解脱,这便有了由雨而生的心情和思想的续写。他在《雨天的书》的续写中,仍旧做着"道德家",仍有浓厚的"师爷气"。"田园诗的境界是我以前偶然的避难所,但这个我近来也有点疏远了。"周作人洞见了世事的荒芜,加之固有的不可拔除的"师爷气"让他本有志做京兆人的温柔敦厚而不得,做平淡自然的文章而不得。正因生在了中国这样的国度,正因对中国的情意绵长而给予深度的关注与思考,在这种深思中揭现实的痛,虽痛,却也毫不留情地骂骂咧咧,甚至剥得体无完肤、鲜血淋漓,这可谓大爱之下的大痛。他写一些与现世格格不入的文章,不是更增了一种反差与不和谐吗?而这种由读者感受到的反差与不和谐,正是周作人的深意所在。他如此反常地写文章是为了对付谁?他这种貌似"闲适"的"知堂风",足够让人有深刻的解读与思考。这时的"聊以对付这雨天的气闷光阴"也就成了貌似不经心却是在自我思想基础上的对社会现实敏锐的思考和洞见。他潜心写作的书斋生活在"聊以对付雨天的气闷光阴"的同时,又并非一味逃离隐遁。他并不甘心仅仅咀嚼身边的小小的悲欢,而且就看这小悲欢为全世界,"我看自己一篇篇的文章,里边都含有道德的色彩与光芒,虽然外面是说着流氓似的土匪似的话"。他常怀忧患,作为思想深厚之人,苦心作着文化思想上的建设和斗争,在写作中寻得自我精神的重生,收获明智通达、博大深厚的气象。

(二)苦中取乐的人生哲学

周作人不排斥苦,而是在苦中自得其乐。虽名《苦雨》,但其间充溢的是苦中取乐的情怀,有着淡淡的快乐,犹如从苦茶中品咂出的甘味。"果然不出所料,水浸满了全屋,约有一寸深浅,这才叹了一口气,觉得放心了,倘若这样兴高采烈的跑来,一看却没水,恐怕那时反觉得失望,没有现在那么的满足也说不定。"对于文人来说,书房有如对女儿的疼爱,夜雨侵袭了书房,而周作人却没有明显的怨气,反而将此种遭遇作为与希望相符的愉悦。他能预知苦,当苦真正来临,也就不以为苦了,也才有另找地方给伏园兄写信的索然兴味。周作人出人意料地将雨后的蛤蟆也作为自己悦情的对象,在雨后畅听蛤蟆的叫声。周作人善于发现生活之趣,蛤蟆在雨天不同寻常地叫得欢喜,让他"很有趣味""欢喜极了"。

虽然雨带来的是无数的麻烦,周作人却能够对麻烦淡然视之,尽情享受着自己在雨中寻得的乐趣。可以说周作人是一个乐天的诗人,更进一步说,他这样的独到欣赏是一个爱智者的发现而非诗人的发现。在周作人的《苦茶随笔·小引》中有"谁谓茶苦，其甘如荠"。在周作人的《雨天的书·死之默想》中，他提到"我现在的快乐只是想在闲时喝一杯清茶，看点新书（虽然近来因为政府替我们储蓄，手头只有买菜的钱），都足以使我人生欣幸"；"就这平凡的境地中，寻得些许的安闲悦乐，即是无上幸福"。在贫困来袭的平凡生活中，周作人的生活之趣完全可以从喝茶、看书中获得。他用一颗平静而又充满智慧的心品味着茶之韵、书之香，让茶韵、书香浸润他苦味的人生。周作人的弟子废名关于周作人的评价中有说"豆棚瓜架雨如丝，心贪爱雨，一旦又记得了是一个过路人，我以为唯有这个躲雨的人最没有放过雨的美"。周作人的苦涩竟是可以用来品味的，别人看似悠远而无奈的苦境，他却能够把玩。

（三）将生活作为艺术的赏析

水寄托了周作人腴润生活的追求。他认为安闲而丰腴的生活，应是"我们于日用必需的东西以外，必需还有一点无用的游戏与享乐，生活才觉得有意思。我们看夕阳，看秋河，看花，听雨，闻香，喝不求解渴的酒，吃不求饱的点心，都是生活上必要的——虽然是无用的装点，而且是愈精炼愈好"。周作人这段文字叙述中的"看秋河""听雨"，已不是简单的看看、听听罢了，而是寄托了周作人精细腴润的生活之姿。他不求于生活表面，不愿让生活干燥粗鄙。他认为生活理应作为一种艺术的装点，并且应该很精致，给人一种追求精致过程中能细细享受的安闲和丰腴。因此，周作人追求一种"看秋河""听雨"的生活的艺术，在艺术的赏析中来腴润渐已干涸而粗鄙的死寂生活。

《喝茶》是周作人将生活作为艺术的赏析的最好诠释。周作人笔下的茶可作为水意象的一种变体。正是在喝茶中，周作人道出了他对茶特殊的品味：在红茶和绿茶中选择其一，周作人会毫不犹豫选择更接近本味，无须太多人工加工的绿茶。他将绿茶视为正宗，他喝茶寻求的不是一种排场，因此也就厌弃"太是的洋场化"，而是"喝茶于瓦屋纸窗之下，清泉绿茶，用素雅的陶瓷茶具"，即使是简陋万分的器具也可不在乎了，如有二三人与之共饮，共叙茶话，再配以精心制作不求甚饱的茶食，那么这样一种喝茶的情形也能抵"十年的尘梦"。犹可见，周作人喝茶喝的是素雅、清淡，就连茶话也尽显清淡，正如"所说的都是清淡的，如茶余的谈天"。周作人自我琢磨着茶之韵味，周作人品味到的茶之韵味也即是他对精细生活的追求，追求在"清茶淡饭中寻其固有之味"，"在不完全的现世享乐一点美与和谐，在刹那间体会永久"的生活的艺术。

周作人将生活作为一种艺术的赏析，正如他借用蔼理斯的话，"最好是闲静的招呼那熹微的晨光，不必忙乱的奔向前去，也不要对于落日忘记感谢那曾为晨光之垂死的光阴"。周作人自己也说过"何必那样急迫，我们也可以缓缓的，从从容容的赏玩人生"。他悠闲品茶，静静享受时光流逝，自有一种闲适之美，一种处世不惊的坦然。周作人认为"艺术是独立的,却又原来是人性的"。即他用艺术的方法,表现他对于人生的情思,以获得艺术的享受与人生的解释。周作人的高妙之处就在于"在不完全的现世"也能从秋河、秋雨、素茶中品味着艺术,品味着人生,品味着仙人掌似的外粗粝而内腴润的生活。

周作人以淡淡的抒情来建构生活中的艺术,这似乎与当时的环境是格格不入的,但他在生活中进行着艺术品味的同时,并不肯消极,不肯逃避现实,不肯心死,终其一生。他所崇尚者,在于天然而非雕琢,在于简素而非繁艳,在于质朴而非奢华,在于陶冶而非沉溺。周作人将生活作为艺术的装点,他的人生是处在现世平淡烦琐的生活中,即是一种平民大众所熟知的生活,并非脱离生活本身的让人难以到达的神性生活。他对生活有理智的平静,处之泰然,能将平凡的生活演绎得鲜活,自我建构起一个神性的精神世界,正因有了这样高超的对人生的驾驭能力和深刻的精神寄寓,也就铸就了他回味有余的生活,也才有了对清茶、春花、秋河、残落的雨滴等的独到感悟。他的文笔太好,会让我们误以为他在追求纯而又纯的艺术,但他所建构的"看秋河""听雨"等看似远离尘世的艺术之塔怎么也离不开"十字街头",虽谈艺术,但实为人生与社会,一言以蔽之,玩物并非丧志。这样,周作人的喝茶不是为了喝茶而喝茶,而是品味和深思茶之外的一切,不然怎会有"可怜现在的中国生活,却是极端地干燥粗鄙"无奈之音。

朱光潜曾就《雨天的书》谈了自己读后的感悟,"'书'与'雨'

像是偶然的凑合，但是实际上并非偶然，除了《雨天的书》，这本短文集找不出更恰当的名目了","这本书的特质，第一是清，第二是冷，第三是简洁，你在雨天拿这本书看过，把雨所生的情感和书所生的情感两相比较，你大概寻不出区别"。钱理群也曾说过，"周作人的哲学、气质与水的关系，这是一篇大文章"，水内在的纯净、自然、风趣、清澈、透明、柔和，以及它外在的轻、白颜色，汨汨水声，都滋润着周作人的心田。不错，《雨天的书》就是一个水意象的织构图。因冬雨而生气闷，酿就心里的"雨天"；在乌篷船"靠塘来，靠下去"的呼声中对水乡之趣的追忆；雨夜辗转难眠的苦闷，夜雨之后而生的淡淡的苦趣；在瓦屋纸窗下对清泉绿茶的悠然享用。这些浓浓的水气息是周作人生活中"美与悦乐"的背景，同时也是他苦闷和忧惧的隐喻。水是他情感表现的承载物，同时也寄托了他作为智者的思考：他通过读书作文，试图摆脱因"雨"而生的持久的气闷；他在《苦雨》的苦味中，自有一套苦中取乐的人生哲学；在"看秋河""听雨"、品茗亲妙拙实的雅致中，将生活作为艺术的赏析。周作人作为一个爱智者的形象，骨子里始终透着对水的缱绻之意，一生都割舍不断，在与水的潜心交流对话中，与水发生着一生千丝万缕的联系。

吃与不吃的文化选择

哈里斯的《好吃：食物与文化之谜》[①]基于这样的问题意识，不同的吃的文化差异与民族个性。如犹太教和伊斯兰教信仰者不吃猪肉，印度教信仰者不吃牛肉，美国人不吃山羊肉、马肉和狗肉，法国人和比利时人爱吃马肉，一些社会喜欢蛆虫和蚱蜢，大约有42个社会会吃死去的尸体，新几内亚的弗瑞人要吃死去亲人的尸体。肉食是重要的营养来源，但为什么各个社会又充斥着各种肉食禁忌？

为了回答这个问题，哈里斯整个研究重在探讨吃与不吃背后的生态与文化要素。他认为形态各异的饮食习俗背后，有生理学的、营养学的、文化学的因素。文化习俗并不是饮食偏好和禁忌的万能答案，真正的答案要到生态史和文化史的结合中去寻找。

哈里斯的研究发现，为人所爱吃的食物（好吃）是那些比被

[①] [美]哈里斯：《好吃：食物与文化之谜》，叶舒宪译，济南：山东画报出版社2011年版。

人们回避的食物（不好吃）具有更明显的物美价廉优势的食物。世界上的食谱主要的差异在于生态的限制以及在不同地区所存在的机会，如肉食食谱出现在人口密度相对较低，土地不需要或不适宜耕种农作物的地区；素食食谱出现在高密度人口、食物生产技术不足以供应动物肉食的地区。

世界人口中自愿放弃所有种类肉食的人不到1%，而这1%中只有不到1/10是地地道道的素食者。从全世界的范围看，为饲养家畜而消费的粮食比人所消费的粮食增长快得多，几乎达到两倍。对游牧民族而言，动物是活着的储藏室。在欠发达国家，禁绝食肉的欲望与其说是自愿，不如说是被迫的。其实，全世界都普遍有对肉食的渴望，如领袖与英雄的宴会、杀猪宴、婚宴，无不是肉食的盛宴与天堂。有趣的是，动物性食物消费的增加和谷类食物消费的减少还同增加寿命紧密联系在一起。

哈里斯的第一个研究，专门分析了印度圣牛的例子，成为支撑文化唯物观的经典研究。在当下的印度社会中，牛被奉为神圣，为牛设立"养老院"，将母牛称为"我们的母亲"，牛被赋予宗教、政治象征意义。然而从历史来看，印度在公元前1000年里，牛是北部地区最常食用的动物。当吠陀的首领无法继续维持牛的大量饲养以作为财富储存时，慷慨的杀牛和普遍吃牛的时代便告终结了。出于社会的和经济的压力，佛教应运而生，这是世界上第一个不杀生的宗教。佛教的兴起和民众的苦难有关，也同环境资源的枯竭有关。印度人对牛肉的厌弃才使这个国家巨大的人口吃到的动物性食物更多一些，而不是更少。因此，吃什么，怎么吃，其实是紧密地与当时的社会文化背景相联系的，伴随社会变迁，饮食习惯与禁忌也会随之变迁。宗教中的食物禁忌，恰好有利于其信仰者们的营养和生态利益的平衡状态。

哈里斯的第二个研究是探讨伊斯兰禁食猪肉的习俗。按原理，在所有的家畜哺乳动物中，猪在把植物转化为肉的效率和速度方面拥有最大的潜力，在其一生中，猪能够将它的饲料中35%的能量转化为肉，相比之下，羊只能转化13%，牛转化6.5%，这可以用来解释为什么猪肉一般比牛肉和羊肉便宜。然而在古代以色列，伊斯兰教的禁食猪肉的习俗是适应生态、实现成本与收益的最佳选择。猪肉在宗教义旨中被禁食，《利未记》中明确指出，凡偶蹄、反刍的走兽，你们都可以吃，将偶蹄和反刍的要素作为食物选择的标准。猪是偶蹄，但不反刍。反刍类动物不会与人争食物，反而会通过提供粪肥和劳力促进人类的农业生产。在伊斯兰教信仰群体中，有对牛、羊的偏好而厌恶猪，这种偏好发生的基础是反刍动物作为奶、肉、拉力的供应者，也作为在炎热、干旱气候下的其他服务和产品的供应者，在成本与收益方面优于其他家畜。

哈里斯的第三个研究关注欧洲吃马肉的习俗。以欧洲为例，当地对马肉的兴趣遵循着一种奇怪的忽上忽下的模式。当马成为战争需要的一种稀有而危险的物种，而其他肉食资源还比较丰富的时候，教会和国家就会禁食马肉。当战争过后，马从战马成为日常农耕的马,马的数量逐渐增多而其他肉食资源变得紧张之时,马肉禁忌就会松弛下来,马肉消费量开始增加。当马变得越来越少,而其他肉食者资源却更为丰富的时候,马肉的消费自然又走了下坡路。

哈里斯的第四个研究关注美国食用牛肉的习俗。在美国的肉食消费中,牛肉居于首位,占肉食消费的60%;其次是猪肉,占肉食消费的39%;极少量的羊肉,占肉食消费的1%。然而,这样的食肉排序仅仅在第二次世界大战后才形成,之前的美国历史是以猪肉为首位的消费,成为"吃猪肉共和国"和"猪肉共和国"。牛肉成为肉食之王,是通过牛肉生产和市场体制中一系列变化的组合,这些变化极为理想地适应了第二次世界大战之后美国出现的生活方式。

哈里斯的第五个研究关注世界范围内对牛奶的认知。世界不同地区对牛奶的偏好有很大差异,在中国、日本、韩国、印度,鲜有喜食牛奶的情况,而在西方人眼中,牛奶是精华,能让男人胸膛生出毛发,能让女人面色如凝脂。于是饭前喝,吃饭时喝,两顿饭之间喝,午夜喝。为什么不同地区对牛奶有喜欢与厌恶之别呢?一是体质的因素,乳糖酶(分解乳糖之酵素)缺乏者,无法消化吸收牛奶中的乳糖,喝下牛奶会有身体的不适应。二是饮食结构的因素。例如中国,取自牛奶的蛋白质和钙质,主要从猪肉、蔬菜和谷物中获取。现在中国人喝牛奶的饮食新风尚,也是近几十年才有的。

哈里斯的第六个研究关注食用昆虫的习俗。美国和欧洲人拒绝食用昆虫，对其厌恶程度正如穆斯林和犹太人眼中的猪。但世界很多地方的人们有食用昆虫的习俗。一种动物是被神化还是被厌弃取决于它是有额外的用途还是有害。对于食用昆虫的民族而言，昆虫成为最小成本获取蛋白质的来源。

哈里斯的第七个研究关注人与宠物的关系。宠物就是我们待之以温情、精心喂养和护理，并且自愿和它们生活在一起的动物。与受到蔑视的动物相反，我们让宠物更接近我们，把它请进我们的屋子，视之为家庭成员。这些动物何以成为宠物而不被杀害，在于选择吃还是不吃，取决于它死去的价值是否大于活着的价值。活着的宠物，可以取悦人类，满足人类天生需要亲近、支持和关爱的需求。

哈里斯的第八个研究关注极端的吃人行为。他在此不讨论紧急状况中的吃人行为，而是讨论在食物供应正常的情况下的吃人行为。一般而言，为保持社会的相安无事，都会用禁令来防止成员之间的相互杀戮和相食。哈里斯专门讨论了历史上在一些部落出现的战争性食人风俗。他指出战争非为了吃人，战争性吃人习俗只是战争的一个副产品。一年中最饥饿的时候，却是战俘被吃掉最少的时候。吃人最多的时候，是收获食物的季节，因此，吃人行为与肉食渴望无关。吃人仅作为一种仪式，将献祭和吃人肉作为人神共享食物的一种圣餐形式，用以向神表示感激和报答。对于游邦和部落而言，获胜者能够从中获益最大的军事策略就是把邻近族群的人们杀掉或者驱散,以减轻人口对环境的压力,吃掉或杀掉俘虏就不难预料。当战犯除了被吃之外可以更多发挥额外的用途,那么使他们活着也就比让他们死去能够发挥更大的价值。哈里斯专门从人道的立场,对比了野蛮人食人与当代战争对人的摧残。随着国家形式的政治组织的兴起,帝国主义国家持有的特有道德制度和伦理制度拒绝战争吃人的行为。但哈里斯亦反思,面对当今战争的参与者越来越多,伤亡越来越大,其发动战争的范围和残忍令任何可怜的吃人者都无法想象。

在以上逻辑缜密的若干个个案研究基础上,哈里斯以"如何吃得更好"来作结。一个民族饮食方式的生成,是食物利用的最佳组合。要吃得更好,必须要了解正在变化中的饮食方式的前因后果,必须要了解作为营养品的食物,更多地了解作为利润的食物。只有那个时候,才能真正懂得作为思想的食物。这也就启发我们去思考,在不同社会情境中,什么是好的食物的定义,一定要放在特定的生态的、文化的背景下来考量。看哈里斯的研究何以取得突破,主要看他的主位视角。在生态人类学的研究和历时性的变迁研究方面,使得关于"好吃"的研究具有耳目一新之感。

糖的社会生命史

西敏司(Mintz)的《甜与权力——糖在近代历史上的地位》[①]，从政治经济学视角，强调资本主义，世界理论体系，具体通过历史文献与田野调查的研究方法，向我们呈现了蔗糖的社会生命史。

糖在饮食演化历程中呈现出清晰的脉络，1000年时，很少有欧洲人知道蔗糖的存在。1650年，英格兰的贵族和富翁们开始嗜糖如癖，同时，蔗糖频频现身于他们的药品、文学想象以及社会等级的炫耀过程中。1800年，蔗糖成为英格兰人日常饮食的必需品，但其价格不菲。1900年，蔗糖飞入寻常百姓家，在英国人的日常饮食中提供了近1/5的热量。

那些当初连欧洲贵族都感到陌生的舶来奢侈品，究竟是如何得以在短短几个世纪的时间里便迅速栖身于不列颠人日常生活的中心，成为这个世界上疆域最广袤之帝国社会生活中的普通食物

[①] [美]西敏司(Sidney W. Mintz)：《甜与权力——糖在近代历史上的地位》，王超、朱健刚译，北京：商务印书馆2010年版。

的。这是西敏司在研究中所追问的问题,他在具体的研究中用政治经济的视角来回应。同时,西敏司也关注到不同文化中对糖的依赖程度是不一样的,例如,中国人生日中咸的面的表达与西方人生日中甜的生日蛋糕的表达。例如,英国人特殊的嗜甜癖为什么比很多国家都更甚,这就是西敏司想要从特殊社会文化建构的层面阐释的问题。西敏司回应,蔗糖的意义生成是社会文化的构建过程,不同环境与"嗜甜癖"所表现的强烈程度是完全不同的,人对味道的天然嗜好被文化性的实践所强化。

在不同历史及经济背景下,糖被赋予的意义完全不一样。糖从 15 世纪的作为药品、调味品的稀有物,到成为奢侈品与装饰品,到 18 世纪末以后成为大众化的日常用品,其食用量在不断增加,功能与意义不断改变。蔗糖的意义是一个在社会历史变化过程中的文化构建过程。虽是一部写糖的历史,但是牵引出糖、奴隶劳动、殖民历史、资本主义的扩张等宏大的历史叙述。西敏司意在阐明在一种全新经济体中,糖将彼此互为不联系的人们产生时空的关联。因此,西敏司的用意在于通过发掘那些日常生活中平凡事物在宏大历史中的位置,赋予微小事物以格外的意义,同时也可以使宏大历史本身得到更好的理解。

现在我们称之为糖的东西是一种古老的、复杂的艰难过程的最终成果。作为殖民地的蔗糖生产成为宗主国的附庸,所产之糖供应于作为宗主国的英国。蔗糖最初作为服务于英国当地的商品,其后作为有利可图的商品被放到更大的不断增长的欧洲市场。在这一过程中,因对蔗糖需求的急剧增加,错误的商品——奴隶被卷入到资本主义生产环节,蔗糖成为悲伤的带血的意涵。放之到更大的层面,在整个过程中,建立殖民地、捕获奴隶、集聚资本、保护航运以及所有实际的消费,都是在强大的宗主国国家羽翼的保护之下形成的,于是,整个环节过程不止是经济意味,更赋予政治意味。

作为不同消费需求的蔗糖:药品、香料、装饰品、甜味剂、防腐剂。糖从稀有品,到奢侈品,再到生活必需品。蔗糖消费能力与消费方式差异体现出明显的经济与社会分层。例如糖雕,将精致的甜食与社会地位的确立关联在一起。在蔗糖作为稀缺物的时候,蔗糖的价格比蜂蜜昂贵。随着蔗糖产量的增加,蔗糖变得越来越充裕,越来越便宜,其所代表的阶层身份也从贵族到社会中产再到平民。糖的身份地位的象征意义逐渐衰落,但糖在经济与日常饮食中的重要性逐渐增强,在欧洲人的厨房与饮食中,糖是不可或缺的。

社会地位与消费商品对象匹配,一个人可以通过消费变得与众不同,在消费中也就伴随着权力的生成与身份的确认。当蔗糖在社会上层中消费且内化为上层身份象征的过程中,居于下层的群体会对这一特殊商品的认识形成顺延的能力,在顺延过程中,权力阶层决定了新事物的出现及一定程度上决定了赋予新事物的意义。顺延之外,也形成广延,即权力阶层虽然可以控制新事物的获得,但新的使用者们却能赋予新事物新的意义。阶层权力也就在顺延与广延过程中强化与固化、创造与替换。蔗糖的生产与消费背后也彰显了帝国权力。帝国在蔗糖需求的增长中扩张和获利。一是对殖民地的权力的强力施展,二是对本国消费民众围绕税收为中心的榨取系统。

蔗糖浓缩了一个社会向另一个社会的转型,由蔗糖延伸开来的饮食被整个重塑,社会生产、时间、工作、闲暇的时间被整个重塑。蔗糖消费大国集中于欧洲,平均每人每年蔗糖消费量125磅,嗜甜癖成为国民性的特征。当下,糖伴随人的日常,在仪式与庆典中成为常客,甜的味道用来象征甜蜜的生活。

从糖与社会重塑的维度,西敏司敏锐地捕捉到了当下非直接食用糖的饮食变革。非直接消费蔗糖的比例增加,65.5%的蔗糖消费来自于预加工食物。糖的消费从直接使用糖到非直接食用糖。生活的快节奏,使得对直接赋予蔗糖和脂肪的快餐类食物的需求增加,如麦当劳,人们以快餐化的方式享受正餐。在当下社会变迁中的食物,饮食变得个人化和缺少互动,成了去社会化的饮食,成为一种无时间束缚的饮食模式,表现为预加工食物的兴起,外出就餐的兴盛,家庭聚餐减少,以及吃饭本身作为一项仪式的衰落。

云南的土地与人民

《云南三村》①的顺利出版，了却了费孝通先生的一桩心事。费老的研究，始终在调查研究中装着问题意识，早年开始并且贯穿费老一生研究的重要问题是"中国的农村是什么样的？农民的出路何在？"费老的出生没有农村背景，但以自己的身体力行与学术坚守，成为全盘把握农村的学术人。费老初次的农村田野调查，是与前妻王同惠的广西大瑶山之行，在此行中，王同惠丧失了生命，这段痛心的经历是当下每位人类学学人都能道来且以此作为奉献田野、奉献学科的励志典型。其后，费老在英国学习人类学，这时期的研究正式开启了"田野与理论"的结合模式，以《江村经济》为代表，费老试图通过对位于江苏以缫丝业为手工业主打的村落进行解剖麻雀式的研究，试图回答"资本入驻后的中国农村何去何从的问题"。此书以英文的形式出版，书名为"Peasant Life in China"，从书名也可看出费老的宏愿及此书的代表性与影

---

① 费孝通、张之毅：《云南三村》，北京：社会科学文献出版社2006年版。

响力。

费老的《江村经济》选取的是沿海发达地区的农村。除沿海之外,再看看中国内地的农村是什么状态,这成为费老继《江村经济》之后要解答的疑问,以期形成不同区域的对比研究与整体关照。正如费老在《云南三村》序言中指出的:"就是想看一看一个受现代工商业影响较浅的农村中,它的土地制度是什么样的?在大部分还是自给自足的农村里,它是否也会以土地权来吸收大量的市镇资金?农村土地权会不会集中到市镇而造成离地的大地主?"

正值战争时期,费老一脉的学者跟随学术机构转战后方,来到昆明,他们的到来,以"魁阁"为研讨基地,开辟了云南诸多的田野,也正是这一脉的学者,开创了"魁阁精神"。"魁阁的学风是从伦敦政治经济学院人类学系传来的。采取理论与实际密切结合的原则。"不管时局如何艰难,魁阁研究仍然坚持田野调查与研究,《云南三村》正是"魁阁精神"的表达。"云南三村"的选取别有用意,比较而言,禄村以农业为主要生计模式,易村的手工业具有特色,而玉村则兼具农业和商业特色。

费老正是想通过不同生计模式支撑的村落,来看具体的土地问题,并试图得到概括式的结论。因此,《云南三村》是精致而全面呈现云南20世纪三四十年代土地使用、土地权流转及土地问题的代表之作。虽然费老亲自执笔的是禄村,易村与玉村由张之毅亲自调查与书写。但三村的调查内容、呈现方式、问题的回应方式都具有同一指向性。在最初调查的禄村，费老亲自带着张之毅做调查，手把手教会他调查的技巧，其后，才由张之毅独自开展调查。由此，我们在易村与玉村的书写中，很容易看到费老禄村研究的框架与思路。"云南三村"初见于世，是费老于1943—1944年访美期间依据"云南三村"的材料写就的"Earthbound China"。其后中文版的面世，是为了体现其研究的整体性，及对先于自己去世的张之毅的缅怀，费老亲自校对稿件，才得以有《云南三村》的中文版本。

《云南三村》中选取的三个田野点，分别是禄村、易村、玉村，均隐匿了真实地名，调查中出现的人名与事件出于保护调查对象的需要，也均作了匿名处理。《云南三村》从费老1938年进入调查至今已80年。80年，四代人的生命历程，又可以回溯一段变迁史。人类学的研究也偏爱做回访研究，在回访中回应既有研究，同时展开进一步的学术交流，于学习及学术研究都是极好的手段。例如，周大鸣教授对凤凰村的调查研究，让我们看到一个村落变迁背后的学理探讨。基于一份学术的敬仰与追随之心，读罢此书，我也产生了要去"云南三村"看看的心愿。经美芬姐提供的前期准备信息，对应的三个村落的现实地名，禄村现位于楚雄州禄丰县金山镇大北厂村，易村位于楚雄州禄丰县恐龙山镇九渡村委会李珍庄村，玉村位于玉溪市红塔区玉带路街道中卫社区。"云南三村"当下的现实样貌，容我去了之后再与大家分享。

在费老江村、云南三村等田野类型的把握之上，他概括提炼了"乡土中国"的概念,即"以土为中心的中国"。正是费老切中了"土"这一要素来理解中国,在《云南三村》的研究中,也充满着土的气息与泥的滋味。《云南三村》作为《江村经济》的续篇,也正是对中国农村社会结构及要素运作的整体概括。整个研究脉络围绕土地的使用与呈现的问题展开,具体又延展为若干小问题,如土地作物、土地上的劳动力投入、土地的利用方式、土地的继承、土地的买卖等,来立体、深度呈现土地问题及预测未来走向。具体解答了沿海的土地使用与内地的土地使用有何差异,沿海的土地所有权变化与内地的土地所有权变化有何差异,同时,二者之间的共通性与存在的问题是什么。

透过《云南三村》,更为细化与深化我们对农村形态的观感与思考。整体看来,农村的"土"是农民的命根子,土地比起手工业与商业,虽然不能提供最大化价值,但是土地是最为安全的生计要素,因此,不论是地主阶层,还是贫困人群,毕生都在忙活于土地的获得。直到当下人们对土地的眷恋也多受了以上文化观念惯习的影响。如文中所述"生活愈不安定,生命财产愈是不得保障,土地的价值愈是显明";"究竟还是有田的靠得住——这是农民们由痛苦的经验中体悉出来的结论"。以"土"为基底的农民生存实现策略又是丰富多彩的,所谓的"农业文明"基底,只能是其中的一个理解项,之外要冠以更多意涵的理解。以"土"为基底的农村社会,农业、手工业、商业并置,互为嵌合,实在不好划分纯粹的农业、手工业抑或商业,不同地区具有不同比例的组合方式，塑造了自给自足的中国农村。"农夫和工人不分的情形，是自给经济的特色。"比如，三村的禄村、易村、玉村，有不同偏向的产业主导，但不管是更有农业基底的禄村，还是更有商业偏向的玉村，我们都可以找到三村共有的土地、农业、手工业、商业要素。

这一中国农村的特质，也可以用于回答中国工业的特点。西方话语解释下的工业，是以动力革命，蒸汽机、电能利用之下的工业，而中国本土话语解释下的工业，是内嵌在土地、农业之中，以满足区域需求，自产自销的个体式样态。书中对农业与工业赋予了新的认识"农业靠土地的生产力给我们植物性的原料，工业是把这原料制造成可以消费的物品"，并总结到中国工业的特点"中国的传统工业，就是这样分散在乡村中。我们不能说中国没有工业。中国原有工业普遍地、广大地和农民发生密切的关系"。由此，对农村有了深入了解之后，我们可以将问题从"中国有没有工业？"转化为"中国自己的工业形态是什么及为何？"

同样，回望80年前的"云南三村"，费老探讨的问题，农村的贫富分化、农村的人口流动、农村的土地出路、工业化进程中的农村发展等，直到现在仍是需要继续讨论的问题。在此，针对这些具有延续性的问题，我们不妨少一些学术的冒进，静下心来好好揣摩费老当年的研究。

重新审视山地与文明

斯科特《逃离统治的艺术：东南亚高地的无政府主义历史》[①]，或者翻译为《不被统治的艺术：东南亚高地的无政府主义历史》，有着强大的学术创新能力，很久没读到一本书有如此令人眼前一亮的理论架构了。此书一出，引来学术界一片讨论，不管是学术新人，还是学术前辈，都对此书多有评述。声音有赞赏、有质疑，亦有批判，这即是学术真正的声音，哪怕针对一本天才之作，学界总会擦亮眼睛找到不足。这本书一些论证虽然也可以被证伪，但作者可以将观点与理论自圆其说，且令人耳目一新，这样的作品不失为学界的亮眼之作。

一、山地的重新定位

斯科特《逃离统治的艺术：东南亚高地的无政府主义历史》

[①] ［美］斯科特：《逃离统治的艺术：东南亚高地的无政府主义历史》，王晓毅译，北京：生活·读书·新知三联书店 2016 年版。

三步之外是田野

向我们陈述了另类的历史，针对历史而言，因不同视角、不同身份、不同背景，会产生不一样的历史，斯科特在国家精英主笔的大历史之外，向我们呈现了小历史的部分，即位于山地民众立场的历史书写。除了另类人群的历史，斯科特也选取另类空间的叙写，即"国家空间"（State space）历史之外的"非国家空间"的叙写，国家空间的叙写，即"一个理想的征用空间"的生成，是"通过消除游耕和大量的游耕民，从而使国家空间之外的生存机会被最小化"。非国家空间这样的叙写，并未将国家进程当作必要性的规律来看待。斯科特选取 Zomia（赞米亚）东南亚大陆区域，该区域横跨五国（越南、柬埔寨、老挝、泰国、缅甸），及包括中国西南区域的云南、贵州、广西、四川一部分，共 250 万平方公里的面积，居住近 1000 万人口。此区域处于国家视角下的边缘地带，具有流动性，社会结构灵活，宗教具有异质性，人与人之间是平等的关系，文明通过口头文化来传承。这一区域居住的人群是典型的逃避者（runaway）、逃亡者（fugitive）、被放逐者（maroon）。他们通过"自我野蛮化"，利用山地的"地形阻力"（friction of terrain），成功躲避了国家强制给他们的奴役、征募、赋税、徭役、战争与瘟疫，正如"分散开，你就不会被统治"。山地族群的认同是建构的，且是流动与摇摆的，既有的口述历史往往有各种版本而无权威，也不需要追根溯源去强调祖先的来源，族谱与宗族观念相对弱化，族群的原生性特质几乎是被忽略的。因有山地阻隔的地形，族群在很多时候不需要扩展更大的联盟，这也就是山地族群小而分散的原因。因此，从一定意义而言，Zomia 是典型意义的避难区，对

Zomia 逃离统治人群的研究,即是从一个侧面对国家的研究,不理解 Zomia 逃离者的历史,也就无从理解国家如何形成的历史。

斯科特最核心的学术贡献是对"山地"形象的重新释义,对既有山地话语的重新思考。不管是学术还是大众的认知,都将山地列入劣于谷地的、不安全的、充满隐患的、不文明或欠文明的标签中。比如"山猓猓""她是从山上嫁过来的""山里人米都没得吃"之类的言语,多少有些对山地及生活于其中的人们的鄙夷。但是,在斯科特的逻辑阐释里,将山地作为可以逃避国家强制力量的居所,在山地,人们可以免却赋税、徭役、征兵、劫掠、战争与瘟疫。这样看来,我们心目中"不被外人道"的"桃花源",也可能出自山地。山地,是自由之所在。山地的野性、山地的自由,正是对正统世界堂而皇之且温和的拒绝。山地,因作为公共资源的土地较为广阔,如采集、狩猎等食物获取方式,往往可以"不劳而获",诉诸到食物获取的劳动力与谷地以水稻种植需要密集型劳动力相比,是比较少的。因此,于山地生活的人们,习惯闲散,崇尚自由。崇尚自由意味着也喜于迁徙,游耕方式就是典型的迁移类型。而迁移,也便于人们去寻找更安全的、逃避国家统治的居所。而从山地视角来看谷地,谷地是危险的、脆弱的、拥挤的,比如多发的瘟疫足以致命。之前的研究,多"谷地看山地",而斯科特给我们提供了"山地看谷地"的另类视角。

二、山地与谷地关系

斯科特在陈述山地新立场的时候,是在山地与谷地关系陈述中来表达山地特点的。山地的研究,必然不能脱离山地与谷地的关系加以讨论。斯科特在此破除陈见,打破山地/谷地关系即野蛮/文明、生/熟的对立关系。指出山地与谷地关系,最重要的是生成在区域民众互动基础上的"经济共同体",这意味着山地与谷地稳固结构性关系的建立。斯科特强调,山地与谷地的关系是共生的,山地与谷地的发展史就是一部互为协同的共生史,之间形成"稳定和互利的交流系统","任何一方如果没有与对方的自然贸易,经济上就会陷入贫困","山地和谷地经济上的融合全面深远,因为它是自愿、互利的"。同时,山地之间,山地与谷地之间存在文化上的分歧,这也体现出共生基础上的相互对立关系。因此,山地的产生与平地的产生,是国家的双生子,有相互敌对,却不能相互分离。"如果没有与低地中心的持续对话,我们不可能写出一部条理清楚的山地历史。同样如果忽略了其山地的边陲,也不可能写出条理清楚的低地中心历史。"因此,不能孤立地理解谷地或山地,而应该在与国家及相对位置中才能被周全地理解。不管是对山地还是对谷地的研究,必须将二者联系起来。

就云南的生态而言,区域与区域之间,同一地区的不同海拔之间,生态是互补的。生态的互补意味着不同群体之间的人们会天然形成贸易的伙伴,因为天然的贸易,形成自发的市场。市场中的交易是民间基于需要形成的,具有稳定性与持久性。而斯科特在关注 Zomia 地区时也如此强调,"两个区域之间在生态上是互补的,是天然的贸易伙伴,但是贸易很少是被迫的,而往往采取自愿交换的方式"。正是基于山地的流动特性与彼此嵌合起来的经济维系,物资可以自由往来。当然运距与成本挂钩,当超出一定区域,商品利润就降低,这体现出依赖人力与畜力来实现物资移动的瓶颈。通常,在平原,一对牛在走完250公里之后,会吃完它们所驮运的同等重量的粮食,而每天的移动距离一般是24公里。因此,所驮运的商品的价值是获利的重要维度,不是任何商品都适合长途运输。一些价值较高,体积较小的物资,适合在山地的通道间源源不断流动,比如食盐,因为价值高、体积小,可以自由畅通运输到达更远的地方,提高了其在更广区域的活跃度,商品的流动于稳定区域社会具有重要意义。

因经济自发形成的山地与平地的经济往来,不同区域间的经济往来,正好与国家统治力背道而驰,山地民众为了自由的需要,是拒绝接纳国家统治的,民众不需要这样的强制力。因此,我们可以看到山地的区域整合力,主要依赖生态多元基础上的经济依赖。在经济依赖过程中,不同身份与背景的民众参与进来,如商人、脚夫、小贩、中间代理商、借贷人、投机家。经济的彼此依赖就形成"经济共生"的稳固架构,经济共生从而促进文化的交流。"山地与谷地人群的共生是如此地持久且得到相互的认可,两个'人群'可以被看作无法分割的双生子。"这样的整合具有稳定性,"将国家的'硬'权力与其经济和象征的影响区分开是很重要的,后者要更广泛"。因此,山地地区文化多样、和而不同而又有交流互动的文化生态的形成,民众是构造的主体。这也就可以重新思考以国家构造为主力的区域文化的形成模式。斯科特通过经济联系来关注山地之间、山地与谷地之间的文化联系，不是典型的国家视角，不同于国家整合过程中的政治治理方式，而是另辟蹊径梳理出民间互动的路径。

三、无法逃离的国家

山地的形成，自然是与谷地对话，与国家话语对话之后形成的结果。因此，山地是国家化的作品。有国家，就有徭役税收等的强制力用以维持这部国家机器的运转，而想要不被包纳进国家化进程中，逃往山地成为最佳去处。在斯科特的逻辑里，有国家就会有逃亡，就会有深居山中的山民存在。尤其在税收与压榨比较严重的时候，逃亡就会更为频繁，原来居住在平原的农民即会摇身一变成为山里的山民。因此，山民的身份构成就比较多元，有农民身份自动躲避者，有被作为奴隶或娃子劫掠而来者，有政治犯，有逃避国家法律制裁者。反倒是山地，给了个体不被国家统治的自由，得以过上乌托邦式的生活。山地所具备的流动性，使得山地民众具备一种"文化两栖"的特质，"一个群体可以通过变更其居住地点、社会结构、习惯和生存模式来调整与国家的距离"。正如利奇的《缅甸高地的政治制度》所表现出来的"钟摆理论"，当国家不是作为强势的主角，山地民众可以从国家庇护中获得利益，而自然与国家呈现亲密度。而当国家过于强势之时，人们要么选择起义，要么选择逃离，而山地民众往往选择逃离。

他们会分散藏匿,以躲避国家带来的重压,所谓"分开,你就不会被统治"。那么这样来理解,对世界的区分不应该是"文明"与"不文明"这样不恰当且过时的划分,而应该用"国家臣民"与"非国家臣民"取而代之。

而斯科特的研究,于当下的研究与国家政策层面可以有借鉴意义。尽管山地人口较少,但是这部分人口却占据了较为广阔的山河,因此,斯科特针对山地较少人群的研究,于国家统治需要而言,也起到维系山地所居边疆安全的作用。国家统治的正常运转,依托可靠清晰的税收来源,"一个有效的税收系统首先且特别重要的是要有清晰的纳税对象。人口册和耕地的地政地图是清晰性的重要管理工具"。人与土地成为重要的两块抓手,因此,户籍制度就是国家实现统治的基础。编入户籍的个体,就有缴纳税款、履行国家税收的义务,谷地可以实现人的具体数量的统计,而水稻种植更是将纳税一项明晰化,"由单一作物所塑造的社会比多样性农业塑造的社会更容易监测、评价和征税"。因此,国家统治基于便利性的需要,是鼓励谷地的人口聚集与水稻种植的。

这样,诸多国家对山地施以相似的政策:山地移民搬迁,搬迁到谷地地区,将山地民众作为贫困的代表,而扶贫的一种策略就是将山地民众搬到谷地,这样的迁移成为摆脱贫困的良方。还有"游牧民定居运动"(Campaign to Sedentarize the Nomads),"固定耕作和固定居住运动"(Campaign for Fixed Cultivation and Fixed Residence),"冲击山地运动"(Storm the Hills Campaign),

"用火炬照亮山地运动"（Clear the Hills by Torchlight Campaign）等诸多运动，都以消灭山地为口号。在国家认可的文明视野里，历史文明的序列，从处于较低文明序列的采集与刀耕火种到处于较高文明序列的定居农业，从处于较低文明序列的山地聚居点到处于较高文明序列的城镇与城市，我们的教科书上也都是这样叙写的。山地的"高"、谷地的"低"进入到文明序列的高低排序，这样的高地序列里，山地总是被置于底端。为了统治之需要，国家在进行一场魔法，试图将生态、人口和地理条件都适合国家及其统治者的需要。"文明化"作为主流的声音，到现在变成了不需要质疑的真理，"发展""进步""现代化"成为不同阶段文明化进程并无二致的提法。

然而，斯科特也特别申明，作为逃离统治的艺术，在物流、信息流通达的当下，显然在慢慢消解。斯科特试图描写与理解的世界正在迅速消失，"从各种意义上来说，Zomia是'国家作用的结果'，或者更精确地说，是国家建设与国家扩张的结果"。随着国家力量的"无孔不入"，Zomia区域将会逐渐缩小，从区域呈现到零星的点的呈现，直至消失，这样，每个区域，包括Zomia区域，将变成"逃离不了的区域"。而不管是"逃离统治的艺术"还是"无法逃离的艺术"，国家力量将成为地方发展的无可回避的因素。

后　记

此书收录的是我还未发表见刊的文字，这些文字包括田野调查笔记、日常生活随笔、读书笔记与书评、田野调查报告等。书中文字的表现形式虽显杂糅，但我喜欢这些文字，比之严肃纯粹的学术论文，这些文字更具温度。

此书得以顺利出版，总有一堆说不完的感谢话，感谢遇见的每一个田野，喜获的每一本书，陪我一起生活与工作的家人、朋友、同事，正是这些构成我所理解的广义的田野。感谢田野的各种遇见，也才得以形成此书的每个文字。

感谢黄正良老师！他在医院照看父亲的过程中还坚持帮我修改稿件，祝愿他的父亲早日康复。感谢我的好友韦小鹏、郑艳姬、张超等，与我一起分享、分担生活工作的苦与乐，包括此书出版过程中细至书名的敲定、篇章结构的安排，他们都为我花费了颇多心力。最终的书名《三步之外是田野》来自简内大哥的灵感，感谢您！感谢博士后资助项目对我出版的资助！感谢南京大学范

三步之外是田野

可教授为我著作的出版牵线搭桥，此书才得以有幸在知识产权出版社出版。感谢编辑李学军老师的敬业与耐心，他是认真读完此书的第一人，我想也难有人超越他读我这本书的境界了。感谢我的家人，我有很浓的恋家情结，是我的爸爸妈妈，用厚实的肩膀为我提供庇护，哪怕我已到了而立之年，他们的肩膀依然厚实如初，为此，我感动，亦会伤心。

这本书从书写到出版的整个过程，伴随着我起起落落的心情，有时连自己都会否定自己的文字，一些文字也还尚缺火候。这个时候，另外的声音会跳出来，告诉自己，你不能做到尽善尽美，你只需要尽力。确实，这本书呈现的是我当下的学识修养与思想境界，我还有成长的空间。若干年之后，我期待自己可以"小视"这本书，那证明我真的成长了。

于是，我又有了新的成长目标，期冀若干年之后，依然再出一本随笔，且是可以超越此书的。

李陶红
2019 年 11 月 17 日于大理大学苍洱小筑